断絶と新生

中近世ヨーロッパとイスラームの信仰・思想・統治

神崎忠昭【編】

慶應義塾大学言語文化研究所

序

　本書のきっかけは、やはり 2011 年 3 月 11 日の東日本大震災である。ちょうど 5 年前、春の到来を感じさせるような穏やかな午後が、まったく異なる容貌をあらわにしたあの日である。突然下から突き上げられ、屋外に逃れたものの、地は波の上の皿のように回っていた。個人的には深刻な被害を受けることはなかったが、爆発する白煙と停電と無人の街のなかで、ゴドーを待つエストラゴンとヴラジーミルのように[1]、何が来るのか、いつ来るのか、なぜ来るのかも分からず、ただ来ることだけは確実だと感じる日々だった。そのような宙ぶらりんの不安のなか、黙々と自らの仕事に励み果たす人たちを見て、まったく微力ながらも、何か自分も自分なりに果たすことはできないかと思った。それが本書へとつながった。

　人類の歴史をふりかえると、さまざまな断絶が訪れている。戦争、飢饉、疫病、そして自然災害。しかし、私たち人間は、数多の困難を抱えつつも、それを克服してきた。たとえば人類史上においてもっとも大きな断絶のひとつである黒死病は当時の社会に深い傷跡を残し、死生観に大きな変化をもたらした。だが、それは悲惨と苦悩にとどまるだけではない。ペトラルカやボッカッチョの作品に見られるように、新しい言語表現と瑞々しい感情をも生み出している。また断絶は劇的な衝撃によってのみもたらされるものでもない。さまざまな共同体や個人のレベルにおいても、人々は繰り返し「断絶」を経て、未来を築いてきたのである。本研究プロジェクトは、そのような人間の営為と努力を問うことを目的とした。目指した課題は以下の 5 つである。

1）人々は、前述の黒死病の事例に見られるような、実存そのものを揺るがすような「断絶」をどのように受けとめ、どのように「新生」へと向き直ったのか。
2）キリスト教世界とイスラーム世界の歴史観に大前提として組み込まれている終末論という枠組の中で、人々はどのように「断絶」と「新生」を理解し、自分と世界を位置づけたのか。
3）現実の有為転変において、あるいはアイデンティティの強化あるいは新たな誕生を模索する試みの中で、人々はどのように自らが属する共同体や身分を正当化し、未来に対処することができたのか。
4）個人として迎えたさまざまな転機（病、迫害、回心、神秘体験など）において、人々はどのように「新しい自分」を据えることができたのか。
5）人々は「断絶」や「新生」をどのように言葉に託し、さらにその言葉をどのように多様な表現（たとえば美術や音楽）に展開していったのか。

これらの課題に答えて、多様な10本の論攷が集まった[2]。本書はそれらを4つに分けることとした。第1は、知の挑戦、すなわち救済史や星辰あるいは形而上学に関わり新しい体系を築こうとするものである。野元論文「預言者の聖なる「旅」に終末のヴィジョンを見る──イスマーイール派思想家ラーズィー（322／934歿）[3]によるムハンマドの「夜の旅」と「昇天」の物語解釈から」は、断絶をめぐって欠かすことのできない終末論を取り上げ、イスマーイール派の代表的思想家ラーズィーはイスラーム思想に新プラトン主義の宇宙論を融合したと述べ、さらにクルアーン第17節「ムハンマドの夜の旅」および同第53節「ムハンマドの昇天」に関する彼の終末論的理解を指摘する。そして、これらの節はイスマーイール派の預言者論によって解釈し直されて彼のヴィジョンに

組み込まれ、独自の救済史論を展開したと結論する。

　また岩波論文「中世地中海世界における科学知の継承と占星術的天文学」と山内論文「中世存在論における断絶と改革——超越概念をめぐって」はともにイスラームからの知の衝撃を受けて、西洋がどのように新たな展望を生み出したかを問うものである。岩波論文は、しばしば主張されるように、12世紀に始まるアラビア語からの翻訳活動によって科学知が西洋に受容され、天体の運行などに関する数理的理解が深まり、「自然学」から「自然科学」へと至る長い道程の第一歩を踏み出したと述べる。だが、それは占星術的天文学の受容と表裏一体をなすものであり、たとえばアブー・マアシャル（787—886）を通じて再発見されたプトレマイオスの著作は、近代科学へと至る数理的天文学とルネサンスに花開く占星術的天文学という双子の姉妹を学知の表舞台へと躍り出させたことを明らかにする。

　一方、山内論文は、13世紀にアヴィセンナ（980—1037）をはじめとするイスラーム形而上学者の影響によって、西洋では〈もの〉（res）を捉える枠組みが大きく変容を蒙ったと指摘する。アリストテレスの10のカテゴリー以外に、カテゴリーを超える〈存在〉〈もの〉などの概念を構想し、スコラ学は創造説や三位一体論と両立する新たな存在論を築いた。特にガンのヘンリクス（1217頃—1293）は「実現しなくとも可能な〈もの〉」を認め、〈非存在〉という分類を存在論に取り込み、それは新たな様相理論という変革につながったと論じる。

　第2はことばをめぐるものである。神崎論文「時代の分かれ道で——ニコラ・ド・クラマンジュの聖書主義」はフランスの人文主義者ニコラ・ド・クラマンジュ（1363頃—1437）を取り上げ、うちつづく飢饉と疫病、外寇、殺戮と悲惨をもたらす百年戦争と暴動、さらに教会大分裂と不安のただなかにあって、ときに終末論や栄達に惑わされながらも、聖書に立ち返ることを説き、ことばを重視する聖職者への新しい教育を唱え、それまで教会の関心が届いていなかった一般信徒の内面と品行に

配慮する新しい潮流が現れようとしていたことを示している。

　一方、松田論文「イメージの効用をめぐる不安——15世紀イングランドの宗教文学をめぐって」は、15世紀はイングランド文芸の停滞期であるとする通説に反論し、この世紀は変革と論争の時代と呼ぶにふさわしく、それは特にイメージの効用や安全性をめぐって顕著であると主張する。そして聖書を重視するウィクリフ派を中心に、平信徒にイメージを用いることに対する懐疑が提示される一方で、ジョン・リドゲイト（1370頃―1451頃）をはじめとする人々は、イメージの危険性に不安を抱きつつも、イメージの効用を評価し、イメージをテクストによる解題や教訓で補完し、さらにはパラテクストを工夫することでテクスト自体をイメージとして提示する、いわばテクストを視る手法によって、このイメージの危機に対処したと論じる。

　第3は、統治に関わるものである。藤井論文「カレル4世の『国王戴冠式式次第』にみる伝統と国王理念の変容」は、400年以上にわたって支配したプシュミスル朝が断絶して1306年にチェコ王位を得たルクセンブルク朝の戴冠式式次第に注目する。ここには世襲王権の成立にともない「選出」よりも「塗油」を強調する傾向が見られるが、それ以上に、ドイツおよびフランスからの影響も見られる一方で、プシュミスル朝期におけるよりもチェコ的要素が儀式に組み込まれていると指摘する。王統が断絶したゆえに、かえって伝統が再生され、前朝との継続性が主張されたと論じる。

　池上論文「中世都市トゥールーズの執政制」と原田論文「宗教改革導入にともなう死者追悼儀礼廃止に対する請願——カトリック共同体からプロテスタント共同体への移行の狭間で」は都市の統治に関わるものである。池上論文は、11世紀後半から12世紀のトゥールーズを取り上げる。北フランスやイタリアと異なり、トゥールーズでは伯や司教および有力者の力関係から、執政官（consules）が現れるが、際立った対立を生むことなく既存勢力とも互恵関係にあり、封建制の原理を利用しながら、

さまざまな分野の権限を握るようになったことを明らかにする。そして商人層や農民層だけでなく、領主層までもが市民権を獲得し、その結果市民層と貴族層の合体が進み、領主権の伸長と都市の自由が共存したと論じる。

また原田論文は、宗教改革でプロテスタントに移行したドイツ帝国都市ニュルンベルクを例に、カトリック共同体からの「断絶」とプロテスタント共同体としての「新生」の過程で戸惑う人々の姿と市参事会の対応を描き出す。そして市民らの請願および法律顧問団の法鑑定書から、聖職禄や寄進財産などをめぐって、市参事会という統治機関がどのように共同体の「断絶」と「新生」に責任を負っていたかを考察する。衝撃にもかかわらず、両論文においてともに継続性の根強さが主張される。

第4は信仰のはざまにあって、流浪する人々を論じる。関論文「第2次アルプハーラス反乱再考——レコンキスタ運動はいつ終焉したのか」は、グラナダ陥落（1492）後も、イベリア半島にはイスラーム的習俗が根強く存続し、スペイン王に対する「新キリスト教徒」の反乱は続いたと指摘する。そしてフェリーペ2世（在位1556—98）が強圧的なモリスコ教化策を断行すると、1568年急進派のモリスコが蜂起し、オスマン帝国やプロテスタントと結び、イスラーム国家の独立を宣言した。この「国際的陰謀」は短期間で鎮圧され、多数のモリスコが「旧グラナダ王国」から追放され、モリスコは人口面でもマイノリティへ転じ、レコンキスタ運動は名実ともに終焉したと結論する。

佐藤論文「17世紀チュニジアのモリスコ」は、関論文に続く時代にあって1609年スペイン王フェリーペ3世（在位1598—1621）による全モリスコの国外追放後に、彼らが移住先のマグリブでどのように生きたかを論じる。彼らはアンダルス文化の系譜を受け継ぐことを誇りとしたが、同時に多様で、アラビア語を自由に使いこなす者もいれば、スペイン語で著述する者もいた。彼らは時にアラビア語とスペイン語の架橋となって翻訳活動を展開した。そして受入先から疎外されることがあろう

序

とも、追放をイスラーム的な文脈で肯定的に捉える主張も見られると結論する。

　本書は慶應義塾大学言語文化研究所の公募研究「「断絶」と「新生」──キリスト教世界とイスラーム世界におけるその多様なあらわれ」（2012年4月─2014年3月）の成果の一部である。メンバーは池上俊一、岩波敦子、佐藤健太郎、関哲行、高橋圭、野元晋、長谷部史彦、原田晶子、藤井真生、松田隆美の各氏（50音順）と神崎忠昭（代表）からなる。ヨーロッパとイスラームという垣根を越え、いつも闊達な議論を繰り広げることができた。以下に、本研究プロジェクトの活動概要を示すと、

2012年
　　4月28日　　第1回研究会
　　　　　　　趣旨説明と今後の活動についての打ち合わせ
　　6月30日　　第2回研究会
　　　　　　　野元　晋「魂の上昇と変容──初期イスマーイール派黙示思想が語るもの」
　10月20日　　第3回研究会
　　　　　　　上尾信也「音楽芸能の「断絶」と「新生」──古代・中世・近代」
　12月1日　　公開シンポジウム
　　　　　　　「断絶を超えて──前近代のキリスト教世界とイスラーム世界における多様な試み」
　　　　　　　　　提題者：山内志朗「西洋中世の〈もの〉概念──近代的リアリティの源泉として」
　　　　　　　　　　　　長谷部史彦「中世ムスリムの災害観──スユーティーの地震論を中心に」
　　　　　　　　　コメンテーター：野元晋、神崎忠昭、堀越宏一

2013 年
　3 月 30 日　　第 4 回研究会
　　　　　　　原田晶子「ドイツ宗教改革導入期における都市共同体の「断絶」と「再生」——死者追悼儀礼廃止に対する市民の反応からの一考察」
　5 月 25 日　　第 5 回研究会
　　　　　　　関　哲行「近世スペインのモリスコ——同化と異化の狭間に」
　　　　　　　神崎忠昭「教会大分裂期（1378—1417）における「危機」と「改革」——ニコラ・ド・クラマンジュ（1360 頃—1437）の事例から」
　9 月 28 日　　第 6 回研究会
　　　　　　　池上俊一「フランスの兄弟団、その伝統と革新」
　　　　　　　髙橋　圭「カリフなき時代の「イスラーム的」連帯——東洋連盟の事例から」
　12 月 7 日　　第 7 回研究会
　　　　　　　藤井真生「中世チェコの国王戴冠式——カレル 4 世時代を中心として」

2014 年
　1 月 11 日　　第 8 回研究会
　　　　　　　佐藤健太郎「16 〜 18 世紀フェスの遺産相続——東洋文庫所蔵獣皮紙文書から」
　　　　　　　松田隆美「イメージの効用をめぐる不安——15 世紀イングランドの宗教文学をめぐって」

である[4]。

諸般の事情により御寄稿いただけなかった方もいらっしゃるが、シンポジウムに登壇いただいた山内志朗氏から興味深い論文をお寄せいただいた。厚く御礼申し上げるものである。また本研究プロジェクトに御高配いただいた言語文化研究所の歴代所長および所員のみなさま、事務を担ってくださった鎌倉美保さま、大場美佳さま、編集作業をお引き受けいただいた慶應義塾大学出版会の上村和馬さまにも深く感謝するものである。

註
1)　サミュエル・ベケット（安堂信也・髙橋康也訳）『ゴドーを待ちながら』（白水社、2013 年；原著は 1952 年）参照。
2)　なお註の表記等は、それぞれの分野の方式に従っている。
3)　以下において年号が 2 つ並んでいる場合は、前者がイスラーム（ヒジュラ）暦を、後者が西暦を表すものとし、それ以外の場合は西暦を表すものとする。
4)　加えて「15 〜 17 世紀における絵入り本の世界的比較研究の基盤形成」研究会との共催で、2013 年 3 月 5 日に国際シンポジウム「地獄を描く——東西ユーラシアが見た終末」を、2014 年 3 月 4 日に国際シンポジウム「天国を描く——東西ユーラシアが見た来世」を開催した。

目　次

序　　　　　　　　　　　　　　　　　　　　　　　　神崎忠昭　　i

I　知の挑戦

預言者の聖なる「旅」に終末のヴィジョンを見る
　　──イスマーイール派思想家ラーズィー（322／934歿）による
　　　　ムハンマドの「夜の旅」と「昇天」の物語解釈から
　　　　　　　　　　　　　　　　　　　　　　　　野元　晋　　3

中世地中海世界における科学知の継承と占星術的天文学
　　　　　　　　　　　　　　　　　　　　　　　　岩波敦子　　31

中世存在論における断絶と改革
　　──超越概念をめぐって
　　　　　　　　　　　　　　　　　　　　　　　　山内志朗　　57

II　ことばをめぐって

時代の分かれ道で
　　──ニコラ・ド・クラマンジュの聖書主義
　　　　　　　　　　　　　　　　　　　　　　　　神崎忠昭　　87

イメージの効用をめぐる不安
　　──15世紀イングランドの宗教文学をめぐって
　　　　　　　　　　　　　　　　　　　　　　　　松田隆美　　115

III　統治について

カレル4世の『国王戴冠式式次第』にみる伝統と国王理念の変容
　　　　　　　　　　　　　　　　　　　　　藤井真生　137

中世都市トゥールーズの執政制
　　　　　　　　　　　　　　　　　　　　　池上俊一　161

宗教改革導入にともなう死者追悼儀礼廃止に対する請願
　——カトリック共同体からプロテスタント共同体への移行の狭間で
　　　　　　　　　　　　　　　　　　　　　原田晶子　185

IV　信仰のはざまで

第2次アルプハーラス反乱再考
　——レコンキスタ運動はいつ終焉したのか
　　　　　　　　　　　　　　　　　　　　　関　哲行　209

17世紀チュニジアのモリスコ
　　　　　　　　　　　　　　　　　　　　　佐藤健太郎　233

次代に向かって——あとがきに代えて　　　神崎忠昭　261

I

知の挑戦

預言者の聖なる「旅」に終末のヴィジョンを見る
――イスマーイール派思想家ラーズィー（322／934 歿）による
ムハンマドの「夜の旅」と「昇天」の物語解釈から[1]――

野元　晋

はじめに

　本論は、イスマーイール・シーア派が如何に、伝統的に預言者の「夜の旅」（isrā）及び「昇天」（miʿrāj）の物語と関係が深いクルアーンの節（Q 17: 1 及び Q 53: 6-15）[2]を解釈したかについて、同派がヒジュラ暦 4 世紀／西暦 10 世紀[3]に新プラトン主義宇宙論を導入するにあたって大きな役割を果たした 1 人で、代表的な思想家アブー・ハーティム・ラーズィー Abū Ḥātim al-Rāzī（322／934 歿）を例にとって考察するものである[4]。
　預言者の「夜の旅」と「昇天」の物語はこれまでイスラームにおいては歴史的に様々な思想潮流で論じられ、かつムスリムの民間信仰や文化的営為においても取り上げられ、これに対応するように多くの研究が書かれて来た[5]。さらにまたこのイスラームの伝統における物語と、他の宗教的伝統、なかんずく中東やその周辺地域の終末論や黙示文学的性格を帯びた異界旅行譚、ことに昇天物語との類似するテーマは夙に指摘されるところである[6]。このような天上への旅と昇天というテーマの普遍性は、イスマーイール・シーア派における預言者の「夜の旅」と「昇天」の物語解釈の研究をイスラームにおけるそのテーマの展開の 1 つのケース・スタディとしても要請するであろう。本論ではイスマーイール

派思想家ラーズィーの遺した著作の中、『訂正の書』（*Kitāb al-Iṣlāḥ*）を特に取り上げる。

現在、イスマーイール派による預言者の「夜の旅」と「昇天」物語解釈の研究としてはイヴ・マルケ Yves Marquet とリサ・アレクサンドリン Lisa Alexandrin のものがあるが、両者ともラーズィーは取り上げていない[7]。ラーズィーの『訂正の書』はその多くの部分で、クルアーン中の預言者ムハンマドなど諸預言者の物語のイスマーイール派的解釈を展開するもので、かつその理論的基礎としては、当然ながらイスマーイール派の預言者論、さらにそれと深く関わる新プラトン主義の宇宙論の影響を受けた宗教的位階論がある。『訂正の書』はこれら教理の要素が質・量ともに纏まった形で論じられた最古の現存する例の1つである[8]。

本論ではラーズィーがその著作『訂正の書』において、「夜の旅」と「昇天」といういわば預言者の行動が宇宙論的広がりで展開される物語が、位階秩序論を伴う預言者論の理論的枠組みの中で如何に意味を与えられるか、また一連の預言者たち——預言者ムハンマドがクルアーンの「預言者たちの封印（Khātam al-nabīyīn）」（第33章第40節）の呼称に基づき、その系譜の掉尾を飾る最高の存在とされる——とともに進行する歴史、すなわち救済史の中でどのように解釈されるかを捉えてみたい。さらに基礎となる理論を含めてその解釈が、「断絶」と「新生」という本プロジェクトのテーマに如何に関わるかを考えるものである。

1　初期イスマーイール派預言者論の基本形態[9]

本論ではラーズィーの時代、つまりイスマーイール派運動からファーティマ朝とカルマト派が生まれ、運動全体が隆盛に向かう4/10世紀に確立した預言者論のうちで、その歴史を通じて部分的であっても7/13世紀までペルシア語圏では基本的な形としてほぼ保たれたものを以下に記したい[10]。論題は1）歴史観（救済史観）、2）位階秩序論と関わる預

言者論の2つになる。ことに1）の歴史は預言者たちが果たす役割が中心的に大きく、これは預言が時間軸に沿って、言わば「水平方向」に、また「水平の次元」に展開して行くことを示すと考えられる。また2）は啓示がいわば神と天使の天上から、預言者のいる地上へ到達するという、上から下への垂直の次元、垂直軸の問題となる[11]。

1）歴史観（救済史観）——水平（時間）の次元の預言者論

　最も基本的な歴史的図式は、人類の宗教発展の歴史はメシア的人物であるマフディー（Mahdī、「正しく導かれた者」）もしくはカーイム（Qāʾim、「立てる者」）の登場をその頂点するもので、歴史の全体は7つの周期（dawr, pl. adwār）に分けられるとするものである。各周期は預言者にあたる告知者（nāṭiq、字義的には「語る者」）が、新しい聖法（sharīʿa）をもたらし、前周期の旧い聖法を廃することで開かれる。

　以上のようにしてアダム Ādam、ノア Nūḥ、アブラハム Ibrāhīm、モーセ Mūsā、イエス ʿĪsā、そしてムハンマド、さらにメシア的人物であるマフディーまたはカーイムが次々と立つようになる。以上のうちで、聖法にかんする使命については最初のアダムと最後のカーイムは例外となる。前者は最初の告知者であり、前任者はおらず、そのため前の周期の聖法を廃棄することはない。一方、後者は最後の告知者であり、新しい聖法をもたらさないが、前の聖法を廃棄し、以前の全ての聖法のうちに秘められた諸真理（ḥaqāʾiq, sg. ḥaqīqa）を明るみに出す。この諸真理の開示（kashf）は特にカーイムに授けられた権能であり、使命である。

　各周期の時間軸による発展を見ると、告知者の後継者となるのが基礎者（asās）であり、宗教の基礎を外面と内面から打ち立てる[12]。例えば第6代告知者の後を継いで基礎者となったのがアリー・イブン・アビー・ターリブ ʿAlī ibn Abī Ṭālib（前ヒジュラ暦21-40／601-661）である[13]。基礎者の後を継ぐのが次々と7代にわたって現れるイマームであり、これはまた完成者（mutimm, pl. atimmāʾ）と呼ばれる。周期の宗教的秩序を

完成へと導くためである。第7代のイマームが次の告知者となる。

2）預言者と位階秩序——垂直の次元の預言者論

さてイスマーイール派は恐らくかなり初期から天上に天使的存在の位階秩序と地上に預言者を頂点に据えた位階秩序を考え、啓示はこの位階秩序を通して人間に至ると説く。これといわば組み合わされたのが、4／10世紀にラーズィー等がイスマーイール派教義に導入した、プロティノス的三原理——一者（神）・知性・魂——のモデルをもつ新プラトン主義宇宙論である。

ラーズィーや、その次の世代にあって新プラトン主義的イスマーイール派思想を体系化したアブー・ヤアクーブ・スィジスターニー Abū Ya'qūb al-Sijistānī（361／971 以降に歿）は、天上の高次の霊的な位階として五位階が存在すると考えた。そして新プラトン主義の普遍的知性（al-'aql al-kullī、または単に知性 al-'aql）と普遍的魂（al-nafs al-kullīya、または単に魂 al-nafs）にそれぞれなぞらえられる「先行者（al-sābiq）」と「後続者（al-tālī）」に下位の三者の天使的存在——上からジャッド（Jadd、「幸運」）・ファトフ（Fatḥ、「開き」）・ハヤール（Khayāl、「想像」）の三者——を加えたのである。そしてこれに対応する形で、地上の肉体的（物質的）位階として五位階があるとし、告知者を頂点とし、先の基礎者やイマーム、そして宣教員（dā'ī, pl. du'āt）などにより成るとしている。この位階秩序によって、啓示は天上の位階秩序の天使的諸存在を経て、預言者に達して地上に至り、地上の位階秩序を介して、宗教的教導（ta'līm）として共同体の成員にまで至る[14]。

またイスマーイール派においては地上の位階秩序の中でも高位の者ほど、天上の霊的な位階秩序の中で、高位の天使的存在に接触出来るという思想がある[15]。これはすなわち、未来の預言者、つまり未来にそうなるべく定められた者は位階秩序の中で徐々に天使的存在と接触し、最後には神や天使的最高位の位階にある普遍的知性や普遍的魂との接触によ

り、真に己れの告知者の位階に達することになる。このように預言という宗教現象はイスマーイール派思想では天上と地上の2つの位階秩序によって成立するのである。

2 ラーズィーとイスマーイール派思想家たちの解釈による天上の旅と昇天1
―――「夜の旅」の節（クルアーン第17章第1節）

1）ラーズィーの解釈

すでにリサ・アレクサンドリンがカーディー・ヌウマーンについて、またイヴ・マルケがスィジスターニーについて述べたように、ラーズィーを含む幾人かの4／10世紀のイスマーイール派思想家は預言者の天上の旅と昇天の物語を、その告知者の位階へのイニシエーション、すなわちより高次の段階への導き入れと上昇の物語と解釈している。またこの未来の預言者が、次の周期の告知者となるため到達せねばならない導き入れの最終の、かつ最高点がある。これはまさにラーズィーのようなイスマーイール派の新プラトン主義者たちが「夜の旅」の節の解釈において論じて来た問題の1つであった。少なくともその新プラトン主義者たちのうちにはある種の合意点があったように見える。すなわち最終・最高の到達点は最高の宇宙の位格である普遍的知性（もしくは先行者［al-sābiq]）との、下位の三位格のうち最高位のジャッドを通しての接触（ittiṣāl）である[16]。ラーズィーのクルアーン中の「夜の旅」節の解釈を以下に見てみよう。

　　「ああなんと勿体なくも有難いことか、（アッラーは）その僕を連れて夜（空）を逝き、聖なる礼拝堂から、最遠の礼拝堂まで旅させたお方」（Q 17: 1)[17]。つまり彼（預言者ムハンマド）は後続者（al-Tālī, つまり普遍的魂）との接触から先行者との接触へと挙げられ、

告知の位（martabat al-nuṭq）を得た、諸位階（aqṣā al-ḥudūd）の最遠点に至った[18]。

ここでラーズィーによれば預言者ムハンマドは普遍的魂（文中では後続者）との接触から普遍的知性との接触へと挙げられ、それによって己れの周期の告知者位に就いたことになる。

この夜の旅に預言者をその背中に乗せて運んだのが天馬ブラーク（Burāq）であるが、これが前述の天使的位格ジャッドであり、それは媒介者にして秘技伝授者の役割を果たしたと言える。そのブラークことジャッドは預言者を昇天へと導き、そのため彼は告知者位に就くことが出来たのである。このことをテクストは次のように語っている。

> 彼はブラークに「聖なる礼拝堂から最遠の礼拝堂へ」（Q 17: 1）に乗って行った。すなわち彼は、後続者のハヤールによって彼に輝いた（baraqa）ものからジャッドへと［まず］接触したのである。……そして彼は階段（miʿrāj）を昇り、天へと上がっていった。つまりジャッドは彼を先行者へと結びつけ、それで彼は告知の位に登ったのである[19]。

2）アブー・ヤアクーブ・スィジスターニーとカーディー・ヌウマーン al-Qāḍī al-Nuʿmān（363／974歿）による「夜の旅」の節の解釈

アブー・ヤアクーブ・スィジスターニーは前述のように初期の新プラトン主義的イスマーイール派思想を代表する人物の 1 人だが、そのクルアーンの「夜の旅」の節に見られる物語は預言者ムハンマドを告知者位に就けた導き入れを意味すると解釈する。スィジスターニーの以下のテクストでは、この際に実際に預言者に助力を与えたのは先行者、すなわち普遍的知性であるが、後続者、すなわち普遍的魂が預言者を秘儀への

導き手であるとしている。

　それ（Q17: 1）が意味するのは以下のことである。先行者が与える利益の助力を受けて、後続者は創出者——物質世界における彼の僕たちの諸属性から［超越した］——の栄光（ṣubḥānīyat al-Mubdiʿ）を顕わさんと意図した。［その時］後続者はムハンマド——神がその一族を祝福し給わんことを——をして夜の旅を明らかなあり方でイマームの位階から告知者の位階へとなさしめた。それは彼が、彼とその共同体のために保持されていた霊的徴しを知るようになるためである——さすれば彼は神の栄光を明らかにその民の言葉で述べるであろう[20]。

　カーディー・ヌウマーンはスィジスターニーやラーズィーらと比べれば新プラトン主義の影響を受けなかった思想家であることと関係するかもう少し考察が必要であるが、細かく諸位階のそれぞれの名を挙げることはしない。そしてクルアーンの「夜の旅」の出来事を、預言者ムハンマドは「高次の位階」（al-ḥudūd al-ʿulwīya）——つまり物質的ではなく、霊的な天使的存在——を示され、「霊的な助力（taʾyīd）と［啓示の秘密の］開示（mufātaḥa）」という祝福を得たことを意味するとしている[21]。

　「我らの徴を目のあたり拝ませようとし給うた……」（Q 17: 1）。神——力強く栄光に満ちんことを——の徴しから、彼のお方——栄光あらんことを——は彼（預言者ムハンマド）に、御自身と預言者たちの間に、置かれた諸位階と天使たちが存することをお示しになった。そこでそれらの間に預言者は偉大な徴しを見た[22]。

　［Q 53: 5～17の情景とは］全体としては、彼（ムハンマド）がその純粋な洞察力のある心で見て、鋭い聴覚の耳で受けた高次の諸位階の

ことである。……「我らにあたりを浄められた」（Q 17: 1）。かくして「浄める」とは霊的助力（ta'yīd）であり、開示（mufātaḥa）なのである。それはそのもの（浄め）とは彼以前にいた者たち、彼の後に来る者たちのうちにあったものである。そして彼のお方の御言葉がある、「彼に我らの徴しの幾つかを見せるために」（Q 17: 1）。つまり神は彼に高次の諸位階と低位の諸位階を示されたのである[23]。

ヌウマーンとスィジスターニーの両者にとって「夜の旅」の節は預言者ムハンマドが高次の諸位階の天使的存在との接触に導かれて、啓示を得たこと、すなわち告知者位に就いたことを語っているのである。

さてこの「夜の旅」の節の解釈では、神はスィジスターニーとヌウマーンの両者で異なる扱いを受けている。ヌウマーンでは預言者ムハンマドに働きかけるのは聖典の節の字義通りに「神」であるが、スィジスターニーでは普遍的知性や普遍的魂で、神自身とはされていない。この問題は本論の最後でもう一度考察してみたい。

3　ラーズィーによる、クルアーン第53章における預言者の黙示的ヴィジョンの解釈

『訂正の書』のテクストではラーズィーは、クルアーン第53章は第17章の「夜の旅」に続いて一連の物語を作るものとして解釈している。

1）預言者の天上での体験1（最初のヴィジョン）――第53章の諸節の宇宙論上及び神学における意味

ラーズィーは第53章に見る神的存在の2つのヴィジョンを解釈して、第53章第6節から7節の第1のヴィジョン（地平線上に現れた「恐ろしい力の持ち主」）はムハンマドが先行者、すなわち普遍的知性の力を目の当たりにしたことを示しているとしている[24]。そしてさらに預言者ムハ

ンマドが人間の到達しうる最遠の地点、つまり告知者位に達して得たものがある。それは、より低い位の天使的存在であるジャッドを介して啓示を伝える、普遍的知性のいわば霊的影響力の「流れ」(al-jārī) なのである。これは以下のテクストに見られるようである。

　「……智力衆にすぐれたお方が立たれて」(Q 53: 6)。すなわち彼（ムハンマド）先行者の力によって在るのである。かくして彼は告知の段階（martbat al-nuṭq）に「立った」[25]。
　「遥かに高い地平の彼方に現れ」(Q 53: 7)。すなわち彼（ムハンマド）は肉体もつ者たち（人間たち）の諸位階中、最遠の位に、また段階においては最高点にあったのである。
　「……と見るまにするすると下りて近づき」(Q 53: 8)。すなわち彼は、その同輩の誰も達し得なかったほどに先行者に「近づいた」。かくして霊的な流れ（al-jārī）が先行者からジャッドの媒介によって「するすると下りて」きたのである[26]。

またこの最初のヴィジョンは神が創造の際に発した「御言葉」(al-Kalima) であるとも解釈される。彼と「御言葉」の間には「弓2つ」しかなかった（Q 53: 9）というが、この「弓2つ」は2大根源者（al-aṣlān）、つまり普遍的知性と普遍的魂の謂である。次のテクストを見られたい。

「その近さほぼ弓2つ、いやそれよりもっと近いところまで」(Q 53: 9)。彼ら（クルアーン注解者たち）は言っている。「弓2つ」とは「2つの弓［の長さ］」で、2ズィラーア（dhirāʿ、つまり前腕ほどの長さの単位）ほどの長さの謂であると。また2クブダ（qubḍa、つまり2つの手ほどの長さの単位）であると。つまり彼と御言葉の間には2代根源者以外にはなかったということである[27]。

預言者の聖なる「旅」に終末のヴィジョンを見る

かくして預言者ムハンマドがヴィジョンを得たということは、彼は神の創造の御言葉に接したということである。これはつまり預言者ムハンマドといえども、神自体の知覚は難しい、端的には不可能なことを示している。この神認識の不可能性の背後には新プラトン主義的イスマーイール派の極めて先鋭な否定神学の思想がある、つまり創出者（al-Mubdi‘）と言われる神自身と全宇宙をつなぐものは、神の創造の「御言葉」しかない、神と全宇宙は「御言葉」によってのみつながるというものである。そして我々は神をどのような属性によっても叙述出来ないし、また神からどのような属性をも否定出来ないとする[28]。この問題は本論の末尾で再び触れたい。

2）預言者の天上での体験 2（第 2 のヴィジョン、または周囲のヴィジョン）
　　——第 53 章の諸節の終末論的意味

　ラーズィーは、クルアーン第 53 章の、その第 13 節から第 18 節に記された第 2 のヴィジョン、つまり「（天の）涯なる聖木」（sidrat al-muntahā）で、また傍に「終の住居の楽園」（jannat al-ma'wā）、つまり来世の天国の楽園があるところで、預言者がもう一度邂逅した神的なヴィジョンについて解釈する前にも第 1 のヴィジョンにおいても預言者ムハンマドは来るべき「諸周期中の周期の主」（ṣāḥib dawr al-adwār）、つまりカーイムというメシア的人物の位階を認めたとしている[29]。これは預言者が終末に現れる告知者について予知したことを示している。以下に示すテクストの箇所でラーズィーはいよいよ第 2 のヴィジョンを解釈するが、そこでもカーイムについて言及し、彼と預言者それぞれの位階と属性について併記する形で述べている。

　　「（天の）涯なる聖木のところであった」（Q53: 14）。すなわち彼のお方は告知の知識（‘ilm al-nuṭq）について預言者を一驚させた。そ

して彼はその知識について究極点に至った。

「終の住居の楽園があるところ」（Q53: 15）。すなわち、預言者は諸周期中の周期の主（ṣāḥib dawr al-adwār、つまりカーイム）に関係づけられたのである。というのも彼の位階は、その終焉が様々な報いの主（ṣāḥib al-mujāzāt）との接触へと至る実践行為（'amal）については究極点であるから。それゆえ「涯の聖木（sidrat al-muntahā）」は告知者の位を意味し、「終の住処の楽園（jannat al-ma'wā）」とは諸周期中の周期の主である。これら2つ［の位階］は2つの究極点である。これ（告知者の位階）は実践行為にとって［の究極点］であり、他方（カーイム）は知識（'ilm）にとって［の究極点］なのである[30]。

以上見た箇所では新たに到来するカーイムとその周期について言及されるが、カーイムと預言者ムハンマドと関係は両者の位階について複雑な問題を示すように見える。というのは、聖法及び聖典の教えの実践行為（'amal）、つまり現在という時代を統べる規則は預言者ムハンマドによって「究極点」に到達するが、一方で実践行為はその終焉が「様々な報いの主」と接触するとされ、その文脈から終末には終焉に至ることが示唆される。ここで救済史上において1つの「断絶」があると言えよう。さらに預言者はカーイムと関係づけられる。

もう少し実践行為について見れば、それは知識（'ilm）と引用部分の最後で対比されるが、預言者ムハンマドと結びつけられる前者に対して後者はカーイムと結びつけられることが示唆される。両者の対比はムハンマドがもたらす外的な活動の究極点（＝完成）とカーイムがもたらす内的な精神の営為の究極点（＝同じく完成）を対比させたものであろう。4／10世紀以降のイスマーイール派では聖法や、宗教的な教えの実践行為が優勢な時代は「隠蔽の周期（dawr al-satr）」とされ、それはこれまでのあらゆる聖法の内的真理が明らかにされる、カーイムの「開示の周期（dawr al-kashf）」へと移行する。世界はこれまでの聖法という原理が終末

を迎えること——前述のように聖法が支配した時代の「断絶」と言える——でいわば新しい原理が支配する時代へと移ることになり、いわば歴史は新しい高次の段階に移るのである[31]。これは1つの「新生」であろう[32]。カーイムが具現化する内的な精神の営為である知識がこの新しい原理——内的真理の開示、または内的真理そのもの——である、あるいは少なくともそれと結びつけられるとすれば、ムハンマドが具現化する実践行為より高次の原理であると言える。とするとラーズィーにおいては知識の究極点を持つカーイムは実践行為の究極点を持つムハンマドよりも高い境地にある存在と見なされるとも考えられる。

さらに上の引用では預言者ムハンマドを象徴するものは「涯なる聖木」であるが、カーイムを象徴するものは「終の住処の楽園」である。「涯なる聖木」は正に如何なる被造物も越えられぬ境界であり、かつ天国の楽園の川の源であるといい、一方「終の住処の楽園」は天国の楽園の1つであり、殉教者や敬虔な信徒が来世で住む場所であるとされる[33]。何れが優位にあるか決め難いものがあり、それはムハンマドとカーイムの間の位階の微妙な関係を指し示しているとも考えられる。

3) 預言者ムハンマドとカーイム

預言者ムハンマドとカーイムについて上の節の考察から引き継ぐかたちで述べたい。イスマーイール派の歴史観においては、カーイムはムハンマド以上に高い位に就いているのか？ これはシーア派の歴史においては様々な時と所、また場合においてしばしば問題となることである。すなわち預言者ムハンマドと——「預言者の封印」であり、預言の完成体を示したと考えられる——、その後に現れた（または現れるであろう）神意が導く指導者——聖典と聖法の秘密を知るとされる——の間にある関係の問題である。この問題については本論の最後に「問題提起」のセクションで考えたい。その前に、ラーズィーはムハンマドの夜の旅と昇天のクルアーン中諸節を、シーア諸派が預言者ムハンマドの後の神意を

受けた最初の指導者——イスマーイール派では「基礎者」——であるとするアリー・イブン・アビー・ターリブと結びつけて解釈しているので、これが救済史上、例えばカーイムと如何に関係するのかを見てみたい。

4　アリー・イブン・アビー・ターリブと夜の旅と昇天についてのクルアーン諸節

1) アリーと天使との接触——夜の旅と昇天の物語において

　ラーズィーはクルアーン中の夜の旅と昇天の諸節に関連する物語中にアリー・イブン・アビー・ターリブが受けた天使的存在との接触への導き入れを読み込んでいる。夜の旅と昇天の物語で預言者ムハンマドは天馬ブラークをエルサレムの岩につなぐが、ラーズィーはこの出来事をムハンマドが後続者（つまり普遍的魂）からやってきた天使的存在ハヤールを、自らの基礎者、つまりアリー・イブン・アビー・ターリブへと導きつなぎ止めたということと解釈する。このことは、天馬ブラークはハヤールであり、エルサレムの岩はアリーであることを意味する。こうして預言者ムハンマドはアリーにブラーク、すなわちハヤールを引き会わせることで、アリーを天使的存在の霊的な影響下に導いたのである。以上のアリーの言わば天使の影響下への参入の有様は次のテクストの箇所に見られる。

　　……それから彼（預言者ムハンマド）はブラークをエルサレムの岩へと引いて行き［そこへとつないだ］。つまり彼は己れの基礎者（アリー）を後続者（普遍的魂）から［遣わされたところ］のハヤールへと結びつけたのである。岩は基礎者を意味する。人々は言うが、ブラークは騎乗用の動物以上のものだが、駱駝以下のものであるとか。つまり2大根源者（普遍的知性と普遍的魂）から基礎者への付与物は、完成者（mutimm、つまりイマーム）への付与物以上のものであ

預言者の聖なる「旅」に終末のヴィジョンを見る

15

るが、告知者へのそれに劣るのである[34]。

　上の引用の後半では、天使的存在からの付与物を例にとって、基礎者は告知者とイマームの間に位づけられることが示唆されている。

2）アリーと終末——クルアーン諸節をめぐって[35]

　さらにラーズィーは上で見た第53章のカーイムを論じた解釈に続いて（上記III-2及び3参照）直ぐ第54章第1節にアリーを結びつけている。この節は終末の徴しを示す黙示録的なものと考えられるが、その解釈ではアリーとカーイムが論じられる。

> 「あのとき眺めたのは主のお徴のなかでも最高のもの」（Q 53: 18）。それ（預言者ムハンマドが得た位階）が最高の位階だからである。
> 「時は近づき、月は裂けた」（Q 54: 1）[36]。この「時（al-sāʿa）」とは既知の定められた時（al-waqt al-maʿlūm）の謂いである。すなわち彼の出現（ẓuhūru-hu、つまりカーイムの出現）において、基礎者の使命（amr al-asās）が明らかになるということであるが、その使命が「月が裂けること（inshiqāq al-qamar）」なのである。その「裂けること」とは、神の使徒——神が彼とその一族を祝福し給いますよう——の時代にあっては、基礎者がその属僚たちに彼を霊的に助けているものは何かを明かしたことである。かくして、我々が説明したように、その裂けることは「時が近づくこと（iqtirāb al-sāʿa）」の際に起こるのである[37]。

　この箇所の解釈は少し難しい。「彼の出現」、つまりカーイムの出現の暁に「基礎者の使命」、つまりアリー・イブン・アビー・ターリブの「使命が明らかになる」の「使命」とは何かという疑問が起こる。『訂正の書』の別の箇所でラーズィーが示唆する所ではアリーの「使命」とは

I　知の挑戦

タアウィール、つまり宗教の外的、もしくは字義的意味の内面を解釈によって探り出すこと、あるいは秘教的な解釈なのである。この秘教的解釈とは宗教の基礎（当然、外面と内面双方からなる）を確立する「基礎者」の主な職能の1つである。アリーはまた「秘教的解釈の主（ṣāḥib al-taʾwīl）」とも呼ばれるが、一方でカーイムによって秘教的解釈はその究極点（nihāyat al-taʾwīl）に達するとされる[38]。カーイムの主な使命の1つに「開示（kashf）」があるのだが、その開示と秘教的解釈に共通するものは宗教の教えや聖法、また信仰実践の行為の内的な、隠れた意味を明らかにするという機能である。

　以上のことを考えると、カーイムによって秘教的解釈が究極点に達するということは、アリーの使命の一部はカーイムの開示の権能によって完成したということになる。これが、上で見たカーイムの出現の時に「基礎者の使命が明らかになる」ことの意味ではないか。またアリーを中心に見れば、彼はその秘教的解釈によって、預言者ムハンマド以後の時代では終末に現れるカーイムの先触れとなり、それによって終末の到来を予告する「徴」の役割を果たすことになる[39]。

　さてラーズィーによるムハンマドの夜の旅と昇天をめぐるクルアーンの諸節の解釈をまとめると次のようになる。そこではクルアーン第17章第1節に従来イヴ・マルケなどが指摘してきたイスマーイール派の解釈の特徴、すなわち預言者ムハンマドの告知者位に至る位階上昇、さらに天使的存在との接触を読み込んだ。さらに第53章の諸節の解釈では次の周期の告知者、カーイムと預言者ムハンマドを対比して論じている。さらにこの間に第17章第1節及び第54章第1節にムハンマドの後の基礎者とされるアリー・イブン・アビー・ターリブが読み込まれ、そして第54章第1節の解釈と合わせれば、アリーのカーイムの先触れ、先駆者としての姿が浮かび上がってくる。こうしてクルアーンの諸節に基づく預言者ムハンマドの夜の旅と昇天の物語は、預言者ムハンマドからアリー、そして終末に現れるカーイムに至る時間軸（水平方向）、2大根源

者（普遍的知性と普遍的魂）、ジャッド、ハヤールという天使的存在と預言者ムハンマドとの接触、そしてより高位の天使的という垂直軸（上下方向）、という預言者論の両方向から捉えられている。言わばラーズィーによって預言者の夜の旅と昇天の物語はイスマーイール派の預言者論によって解釈し直され、その中に組み込まれることになったのである。そしてそれによってこの物語はカーイムによる新しい時代の始まり、言わば「新生」を、アリーというカーイムの先触れを伴い、告げ知らせるものとなった[40]。

5 問題の提起──結びに代えて Discussions

以上のテクストの分析とそれについての議論を通して、今後考察すべき問題としては以下の2点が残ると考えられる。

1）預言者ムハンマドかカーイムか？

初期イスマーイール派の歴史観は内的真理の宗教の外的側面に対する優越、つまりを主張する傾向があり、ここから真理は聖法の中に秘匿されるより、「開示」されることがより価値あることとされるのである。この傾向からイスマーイール派においては聖法の内的真理を開示するカーイムが、神からの啓示により聖法をもたらし人々に伝えた預言者ムハンマドに優越しているとされているのか？　ラーズィーはカーイムの優越性を明確には主張しなかった。彼やほかのファーティマ朝期のイスマーイール派思想家たちは「預言者たちの封印」である預言者ムハンマドと、新しい時代を開く次周期の告知者であるカーイムの間で、それらの関係を如何に調整するかという解決の難しい問題を抱え込んでいたと考えられる。この問題はファーティマ朝期以後をも含めてイスマーイール派思想の歴史全体からも見る必要があるだろう。

2）如何に神を知覚するかという問題

　この夜の旅と昇天のクルアーン諸節の解釈に関わる形での神のヴィジョン、つまり見神を最初に否定神学の問題を論じたい。その第53章第5章から第9章、そして第13章から第18章でムハンマドに見えた存在とは神自身のものか天使のものか解釈が分かれるところだが、ラーズィーは第17章第1節を加えた諸節の解釈では神の直接的ヴィジョン、もしくは神の直接的知覚については言及していない。登場する役者としての神の存在感はあまり強いとは言えない[41]。如何なる属性によっても神自身の叙述は不可能とするイスマーイール派の否定神学の立場から当然とも言える帰結である。ラーズィーと、そのやや後に現れ同様にペルシア語圏で活動した思想家スィジスターニーはクルアーン解釈では主として啓示の神を普遍的知性また普遍的魂としている[42]。そして前にも見たがクルアーン第17章第1節でも、そこで言及された「神」を普遍的知性か普遍的魂として解釈している。ラーズィーやスィジスターニーの解釈において普遍的知性と普遍的魂は、「隠れた神」（Deus Absconditus）である創出者、神自身に対して、啓示の「神」として「顕わされた神」（Deus Revelatus）となったのだと言えよう[43]。

　よく知られるようにイスマーイール派はイスラーム思想史上、最もラディカルな否定神学の伝統を展開してきた。この知的伝統と神の知覚に関して以下の問題についての考察が今後の問題として残るであろう。つまりイスマーイール派においてこれまで見たラーズィーやスィジスターニーなど新プラトン主義の影響を受けた思想家の否定神学的クルアーン解釈と新プラトン主義の影響が比較的少ない（か、あるいは無い）思想家のクルアーン解釈では啓示の神の捉え方にはどのような相違がありうるか、という問題である。

　この問題について一旦答えを出せば新プラトン主義の影響が比較的少ないと考えられるカーディー・ヌウマーンと、ラーズィーやスィジスターニーなど思想家たちとの間に、夜の旅と昇天のクルアーン諸節解釈に

おける神と預言者との間の関わり、あるいは前者から後者への働きかけには相違がある。前のヌウマーンのテクストからもう一度以下に見てみたい。

> 「我らの神兆を目のあたり拝ませようとし給うた」（Q 17: 1）。神──力強く栄光に満ちてあれ──の徴から御自身──栄光あれ──が示そうとされたもの、それには諸位階があり、御自身と預言者たち、天使たちの間に打ち立て給うたものである。それらのうちに彼（預言者ムハンマド）は偉大な徴を見た[44]。

> また彼のお方の御言葉がある、「我らの神兆を目のあたり拝ませようとし給うた」と（Q 17: 1）。つまり神は彼に高次の諸位階について知らしめ、それに対応する低位の諸位階を打ち立て給うた[45]。

　上に引用したヌウマーンの解釈では神は預言者ムハンマドに対して働きかける「役者」となっている。つまり神はムハンマドに諸位階を示そうとし、それら高次の諸位階を「知らしめ」、地上の「低位の諸位階」を「打ち立て給うた」のである。この神自身が活動することは、上で見たラーズィーとスィジスターニーの解釈にみる普遍的知性または普遍的魂が神の役割を果たしていることとは対照的に異なるのである[46]。カーディー・ヌウマーンが新プラトン主義の影響をより少なく受けているとすれば、ラーズィーやスィジスターニーに比して、よりイスラームの主流的な神学的立場を反映させているとも考えられるが、これは推測に留まるであろう。
　以上のヌウマーンやラーズィー等の4／10世紀のイスマーイール派思想における神の認識の背景について、またヌウマーンについて「推測に留まる」と考えたこととの関連でも、もう少し見てみたい。新プラトン主義導入以前の宇宙論を示すとされる、ファーティマ朝第4代カリフ・

イマーム、ムイッズ（al-Muʻizz, 在位 341-365／953-975）の時代に活躍したアブー・イーサー・ムルシド（Abū ʻĪsā al-Murshid、生歿年不詳）の論考があり、それによれば否定神学的に神の超越性を強調し、神が創った中間的存在が造物主の役割を担うのである[47]。その中間的存在は二位格いて、女性原理を具現する「クーニー（Kūnī）」（神の創造の命令の言葉 Kūnī［「在る kāna」の命令形「在れ！Kun」の女性単数形］）、男性原理を具現する「カダル（Qadar）」と呼ばれる[48]。またこのクーニーとカダルは普遍的知性と普遍的魂、あるいは先行者と後続者に比せられることがある[49]。同様にカーディー・ヌウマーンは、これらの二位格にあたる存在で「筆（al-qalam）」と「書板（al-lawḥ）」について記している[50]。このために記したようにイスラームの主流派神学的に神を考えていたのではなく、これら二位格の何れか、あるいは双方が啓示の神の役割を果たすと考えていたかの確認を行う必要がある。つまりイスマーイール派の否定神学がどのようにその思想中に現れたか、あるいはそれに基づく議論はなかったのか、あらためて考えてみたい。これはイスマーイール派思想史における否定神学の展開を跡づける作業へとつながるであろう。またイスマーイール派と十二イマーム派の夜の旅と昇天の諸節についての解釈や伝承において如何に両派で神と預言者とのコミュニケーション[51]が異なるか比較も必要となるであろう。つまり十二イマーム派ではクルアーンの諸箇所における啓示の神はどのように捉えられるか、またそのイスマーイール派の否定神学との懸隔はどのようなものかを考察する必要があるということである。

註
1) 本論は最初、筆者が 1999 年 12 月にマッギル McGill 大学（カナダ・モントリオール）に提出した Ph.D. 論文（Nomoto 1999）の一部として書かれ、また現在も未来の出版を目指して準備中の著書の一部となる予定のものである。また大幅に改定された英語版で 2014 年 10 月にシカゴ大学にて開催された第 1 回 The Ismaili

Studies Conference で口頭発表され、この際の発表原稿が実際に本論の元となっている。今回、本論文集に寄稿するにあたり、さらに大幅に改稿した。この Conference を主催され、筆者をお招き下さったシカゴ大学近東文明言語学科 (Department of Near Eastern Languages and Civilizations) 及び同学科所属の大学院生で Conference のスタッフを務められたマイケル・ベクテル Michael J. Bechtel 氏とシーラーズ・ハッジャーニー Shiraz Hajjani 氏に深く感謝致します。

2) 本論では預言者ムハンマドの、マッカからエルサレムへの一夜の旅とする解釈が主流である「夜の旅」に関連するクルアーンの第 17 章第 1 節と同じくその「昇天」に関連する同じく第 53 章を、連続する出来事とする伝統的なムスリムの見解に従う。この「夜の旅」の章の解釈の歴史的展開とクルアーン両章間の「夜の旅」と「昇天」に関する連関については Amir-Moezzi *EIr*; Schrieke and Horowitz *EI*^{2}; Sells *EQ* を見よ。

3) 本論では年号はヒジュラ暦と西暦（グレゴリウス暦）をともに記すが、これ以降、最初に挙げる年号はヒジュラ暦、次に挙げる年号は西暦とし、そのつど、どの暦年であるかは記さない。

4) ラーズィーを初めとするこれらイスマーイール派の思想家の生涯と著作についての基本的情報は特に断りのないときは以下の研究に従う。Daftary 2005; Poonawala 1977. また Madelung 1988, pp. 97-101 はイスマーイール派運動と同派思想史を中心にラーズィーとその時代背景を簡潔に記述している。

5) また欧米においても今日に至るまで、この主題については多くの研究がなされてきたが、ここではそのうち、以下のような最近の研究状況を示す幾つかに言及したい。Amir-Moezzi (ed.) 1996; Amir-Moezzi *EIr*; Buckley 2013; Colby 2008; Gruber 2010; Gruber and Colby (eds.) 2009; Schrieke and Horowitz *EI*^{2}; Sells (transl., ed. and intro.) 1996; Ess 1996; Ess 1999.

6) 本論の主題はこのムハンマドの「夜の旅」と「昇天」の物語の起源を求めることにはないが、ここではその物語のモティーフ──魂の空の旅や昇天、そして天国や地獄などを目の当たりにする黙示録的な異界訪問など──が古代以来、中東や地中海地方という広大な地域で様々な形で記録されており、その普遍性に目を留めておきたい。そのため、この旅の物語の起源を求める研究、あるいはそれらモティーフの時代を越えての他の文化圏からイスラームへの影響、あるいはイスラームから他の文化圏への影響を辿る研究の幾つかを以下に挙げる。Asin-Palacios 1968; Culianu 1983; Culianu 1984 ［クリアーノ 2009］及び Widengren 1955. またイスラーム以前と非ムスリム文化圏における魂の空の旅や昇天のモティーフについて関潔に記した Amir-Moezzi *EIr*. 欧米におけるムハンマドの夜の旅と昇天の物語の研究史を非イスラーム、前イスラーム期の思想と比較したものを含めて概観したものに Buckley 2013, pp. 177-261, 304-323 がある。

7) アレクサンドリン論文とマルケ論文はそれぞれ Alexandrin 2009 と Marquet 1996

I 知の挑戦

である。

8) なお他にラーズィーが『訂正の書』で論駁しようとし、同書でかなりの引用をしたアブルハサン・ムハンマド・ナサフィー Abū al-Ḥasan Muḥammad al-Nasafī（332／943 歿）の『成果の書』（*Kitāb al-Maḥṣūl*）もイスマーイール派の教義への新プラトン主義宇宙論導入の最初期の例の１つである。さらにラーズィーのこの書への批判に反批判すべくスィジスターニー（この人物については本文で後述）を守るために『援護の書』（*Kitāb al-Nuṣra*）を書き、ハミードゥッディーン・キルマーニー Ḥamīd al-Dīn al-Kirmānī（411/1020）が以上の三者の論争を調停すべく、『諸庭園の書』（*Kitāb al-Riyāḍ*）を書いた。このようにナサフィーの『成果の書』はラーズィーの『訂正の書』に先行して著され、かつ影響力の強い文献であるが、他の思想家の引用の形で殆ど断片的にしか現存していないので、やはりイスマーイール派における新プラトン主義導入については『訂正の書』が現在、より纏まった形でその最古の証拠を保存している例と言える。このテクスト間の事情については Daftary 2004, pp. 125, 148; Poonawala pp. 42, 38-39 を見よ。また主に宇宙論についてこの論争を詳述したものに Walker 1993, pp. 51-63 がある。

9) この１は以下に基づく。Daftary 2007, pp. 128-136; Madelung 1976, pp. 54-56; Walker 1993, pp. 46-63.

10) イスマーイール派思想が展開した地域は中東から中央アジア、そしてインド亜大陸、さらに近代以降は欧米もあり、極めて広大である。また同派の活動は 2／8 世紀中頃から始まり現在に至るという長い歴史を持つ。これらの理由のためイスマーイール派預言者論全体の基本を成すものを簡潔に記すことはかなりの困難を伴うためである。

11) この預言の「水平の次元」と「垂直の次元」については野元 2012, pp. 91-92, 111 を見よ。この概念については Ph.D. 論文（Nomoto 1999）の準備中にマッギル大学での指導教授、ヘルマン・ランドルト（Hermann Landolt）博士（現マッギル大学名誉教授）がされた御示唆によるところが大きい。この場をお借りして同博士に厚く御礼を申し上げる。

12) 彼はまた聖法をもたらすことについては「沈黙」しているので沈黙者（ṣāmit）と呼ばれ、また告知者の遺言を執行するので執行者もしくは権限代行者（waṣī）とも呼ばれる。

13) イスマーイール派ではアリー・イブン・アビー・ターリブはシーア派の最大宗派である十二イマーム派でのように初代イマームとされない。

14) なお 4／10 世紀のイスマーイール派は、啓示が聖典になる際は、預言者がまず啓示を自分の民族の言語に翻訳し、様々なイメージによりつつテクストへと変換すると説く。そしてこの聖典テクスト成立へ至る過程を「構成」（taʾlīf）という。例えば al-Sijistānī, *al-Ithbāt*, pp. 56, 118 を見よ。以上の記述は野元 2012, pp. 99, 110 n. 23 に基づく。

預言者の聖なる「旅」に終末のヴィジョンを見る

15） Nomoto 1999, pp. 215-236 を見よ。Feki 1978 も参照。
16） 例えば al-Rāzī, *al-Iṣlāḥ*, p. 120 と al-Sijistānī, *al-Iftikhār*, p. 120 を見よ。また Nomoto 1999, pp. 220-225 も参照せよ。
17） クルアーンの引用に際しては、訳文は井筒俊彦訳（井筒 1964）によるが、文脈に合わせて一部、文言を改変した。
18） Al-Rāzī, *al-Iṣlāḥ*, p. 120.
19） Al-Rāzī, *al-Iṣlāḥ*, p. 120. これに続いてラーズィーは、「『我らにあたりを浄められた』（Q 17:1）［の「あたり」］とは「浄め」によって霊的助力を受けた基礎者とその属僚たち（lawāḥiqu-hu）である」と記している。ムハンマドの夜の旅の際にアリー・イブン・アビー・ターリブ、ムハンマドの基礎者、つまり宗教の基礎を打ち立てるべく後継者となる人物がその直属の部下たち、「属僚たち（lawāḥiq, sg. lāḥiq）」とともに天使的存在の影響下に入ったことを示している。ラーズィーがこのように「夜の旅」と「昇天」の諸節の解釈においてアリーの論じたという問題は以下の「IV. アリー・イブン・アビー・ターリブと夜の旅と昇天についてのクルアーン諸節」で考察する。
20） Al-Sijistānī, *Ithbāt*, p. 44.
21） Al-Nuʿmān, *Asās*, pp. 339-340.
22） Al-Nuʿmān, *Asās*, p. 339.
23） Al-Nuʿmān, *Asās*, pp. 339-340.
24） クルアーン第 53 章のヴィジョンが神であったか天使であったか（具体的にはガブリエル［アラビア語でジャブラーイール Jabrāʾir もしくはジブリール Jibrīr］）、イスラーム古典期（4／10 世紀まで）の歴史学とクルアーン注釈（タフスィール tafsīr）学の基礎を築いた 1 人であるアブー・ジャアファル・ムハンマド・イブン・ジャリール・タバリー Abū Jaʿfar Muḥammad ibn Jarīr al-Ṭabarī（224〜5-310/839-923）が記録するところを見れば、タフスィール学と伝承の形成過程において、論争があったと言われる。Ess 1996 及び Ess 1999 の全体をそれぞれ見よ。また Colby 2009, pp. 17-21 も参照。
25） この地平線に見えるヴィジョンの持ち主、あるいはそこに見える行為の主体であるであるが、通常の解釈とは異なり、ラーズィーはムハンマドであるとも解釈している。
26） Al-Rāzī, *al-Iṣlāḥ*, p. 121.
27） Ibid.
28） 例えば al-Sijistānī, *Kashf*, pp. 13-14（English transl. p. 87/French transl. pp. 34-35 を見よ。野元 2012, pp. 96-97, 109-110 nn. 11-13 にもとづく。Kamada 1988, pp. 5-6 も参照せよ。またこのようなスィジスターニーによる、神から全ての属性を否定し、その否定をも否定する論理を、ポール・ウォーカー（Paul E. Walker）は「二重否定の方法（method of twofold negation）」と述べている。Walker 1993, p. 78.

29) ラーズィーは次のように記している。「『いやそれよりももっと近かったか』（Q 53:9）。つまり彼（預言者ムハンマド）は次第に周期中の周期の主の位階について気がついたのである」。Al-Rāzī, *al-Iṣlāḥ*, p. 121.
30) Al-Rāzī, *al-Iṣlāḥ*, p. 121.
31) たとえばスィジスターニーは「隠蔽の周期」における人間の魂を病人に喩え、各預言者がそれぞれに異なる治療（聖法を喩えたものか）を試み、最後に復活の主（khudāwand-i qiyāmat）が人々を健康（durustī）の状態へと導くとしている。新しい状態を「健康」に喩えているのである。Al-Sijistānī, *Kashf*, pp. 82–83 (English transl. pp. 115–116/Ferench transl. pp. 115–116)。野元 2012, pp. 94-95, 109 n. 8 にもとづく。
32) またラーズィーは、告知者たちの系譜とその一連の聖法を人体が各部位から成ることに喩え、カーイムを他の6つの体の部位（つまり6人の告知者たちの聖法）に新しい生命を与える第7の実体（al-jawhar al-sābiʿ）に喩えている。Al-Rāzī, *al-Iṣlāḥ*, pp. 212, 215-216.
33) Gardet *EI²*; Rippin *EI²*; Kinberg, *EQ*.
34) Al-Rāzī, *al-Iṣlāḥ*, p. 120.
35) 本節は Nomoto 1999, pp. 240-243 に基づくが、新しい研究をも参照しつつ修正を加えた。
36) この節のすぐ前で現行の校訂版刊本では、"faṣl"（節、セクション）という一語が記されている（p. 122, *l*. 5）。これは恐らく、校訂版が用いた3つの写本のうち、ヒジュラ暦1313年に筆写された（校訂版を準備したメフディー・モハッゲグ Mehdī Moḥaghegh 教授による）、alif と名付けられた写本のみに基づくものである。Moḥaghegh 1377Kh./1998, p. viii (*hasht*) 及び al-Rāzī, *al-Iṣlāḥ*, p. 122, *l*. 5 への校訂者の注を見よ。この校訂者の注を見ると他の大体同時代に筆写された、校訂版に使われた他の2つの写本はこの "faṣl" の語を欠き、かつ本論の筆者が参照し得たハムダーニー写本（MS. Hamdani [現在ロンドン・イスマーイール派研究所所蔵], f. 59v, *l*. 3）およびテュービンゲン大学写本（MS. Tübingen, f. 58r, *l*. 14）もそれを欠いている。このことと終末論という論題の連続性から、本論では "faṣl" を落として読み、このクルアーン第54章第1節の引用は前の第53章第18節の解釈と連続したものと読む。この貴重なハムダーニー写本の複写と使用を、筆者に Ph.D. 論文の準備のためにお許し下さった当時の所持者アッバース・ハムダーニー（Abbas Hamdani）教授（ウィスコンシン大学ミルウォーキー校名誉教授）に深く感謝申し上げます。なお本注は Nomoto 1999, p. 242 n. 9 に加筆したものである。
37) Al-Rāzī, *al-Iṣlāḥ*, p. 122. なおここでの「基礎者」が持つ「使命」は文脈を考慮した "amr"（「事柄」、「権威」、「命令」）の意訳である。
38) 以下を見よ。Al-Rāzī, *al-Iṣlāḥ*, pp. 248-249（アリーの秘教的解釈の使命について），pp. 226-228（カーイムと秘教的解釈の突極点について）。

39) いわばアリー自身が終末の先触れとして黙示録的な役割を果たしていると言えよう。Al-Rāzī, *al-Iṣlāḥ*, pp. 112-31 を見よ。また研究としては Nomoto 1999, pp. 306-310 を見よ。

40) なおもう 1 つのシーア派の流れである十二イマーム派の夜の旅と昇天の物語についての伝承や解釈でもアリーがムハンマドの後継職に任ぜられるか、その後継職が告知され、またアリーの名が将来のメシア的人物、マフディーまたはカーイムの到来に関連づけられて言及される例が報告されている。十二イマーム派の夜の旅と昇天の解釈については Amir-Moezzi, "The Imam in Heaven," a chapter in Amir-Moezzi 2011, pp. 169-191, 及び R. Buckley, "The *Isrā'* and the *Miʿrāj* in the Imāmī Shīʿism," a chapter in Buckley 2013, pp. 139-176 を見た。ここで 2 つのシーア派において、預言者ムハンマドの夜の旅と昇天の物語は、アリーのムハンマドの後継者職、未来のマフディー・カーイムの到来という双方共通の歴史観上の教義を説明し正当づけるために用いられていると言えるかもしれない。この物語解釈を手がかりに両派で考えられる説かれるアリーの終末論的役割についても考える必要があるだろう。またそれぞれの派の教義的な特色から出る差異も想定されることであり、詳細な比較研究は今後の課題といえるであろう。

41) Al-Rāzī, *al-Iṣlāḥ*, pp. 120-122.

42) ややラーズィーの文言はやや微妙であるが、他の諸節について彼が解釈するところから見れば、第 17 章第 1 節でも啓示の神はやはり普遍的知性か普遍的魂であろう。ラーズィーやスィジスターニーなど 4／10 世紀のイスマーイール派がクルアーンに登場する神を否定神学の立場から普遍的知性、または普遍的魂と解釈したことについては Nomoto 2012 の全体を見よ。

43) 鎌田繁教授はスィジスターニーを中心とするイスマーイール派神学における創出者（al-Mubdiʿ）、つまり神自身を *Deus Absconditus*（隠れた神）、そしてその下位にある普遍的知性を *Deus Revelatus*（顕わされた神）になぞらえている。Kamada 1988, p. 18. 本論ではこの捉え方を採用させて頂いた。また Nomoto 2012 の全体も参照せよ。

44) Al-Nuʿmān, *Asās*, p. 339.

45) Al-Nuʿmān, *Asās*, p. 340.

46) なおハインツ・ハルム Heinz Halm はカーディー・ヌウマーンの新プラトン主義的な著作として『排除論』（*al-Risāla al-Mudhhiba*）を引き、そこでは「知性」と「魂」が霊的な天上の位階秩序に組み込まれていると述べている。Halm 1978, p. 72. しかしプーナワーラーは『排除論』は他の資料にいっさい言及がないためヌウマーンの真作であるか疑わしいとし（Poonawala 1977, p. 67）、ダフタリーも真作であるか疑わしいかもしれないとしている（Daftary 2004, p. 143）。またヌウマーン自身が「知性」や「魂」という言葉を使う人々を「哲学者ぶる人々」（mutafalsifūn）、「論理家たち」（manṭiqīyūn）と軽侮するような言葉使いで呼んでいることは見逃せないであろう。Al-Nuʿmān, *Asās*, pp. 41-42.

47） Al-Murshid, "Al-Risāla," p. 8. 校訂者サミュエル・M. スターン（Samuel M. Stern）が死後出版された論文中に論考の部分英訳も参照。Stern 1983, p. 13.
48） Al-Murshid, "Al-Risāla," p. 8. また Stern 1983, p. 13 における部分英訳も参照。
49） Al-Sijistānī, *al-Iftikhār*, p. 124.
50） Al-Nuʿmān, *Asās*, pp. 41-42. なおこれら今まで見て来た普遍的知性と普遍的魂のイスマーイール派における諸異称は Walker 1993, p. 96 がまとめている。
51） 啓示を神と預言者の間のコミュニケーションと考えたのは井筒 1988 と Madigan *EQ* である。

参考文献
一次資料

Al-Nuʿmān, al-Qāḍī 1960: *Asās al-Taʾwīl*, ed. by ʿĀrif Tāmir, Beirut. [Al-Nuʿmān, *Asās*]

Al-Murshid, Abū ʿĪsā 1983: "Al-Risāla," ed. by S. M. Stern in Stern 1983, pp. 7-16. [Al-Murshid, "Al-Risāla"]

Al-Rāzī, Abū Ḥātim 1377Kh./1998: *Kitāb al-Iṣlāḥ*, ed. by Ḥ. Mīnūchehr [and] prepared for publication by M. Moḥaghegh, Tehran. [Al-Rāzī, *al-Iṣlāḥ*]

Al-Sijistānī, Abū Yaʿqūb 2001: *Kitāb al-Iftikhār*, ed. and intro. by I. K. Poonawala, Beirut. [Al-Sijistānī, *al-Iftikhār*]

Al-Sijistānī, Abū Yaʿqūb 1982: *Ithbāt al-Nubūʾāt*, ed. by ʿĀrif Tāmir, Beirut. [Al-Sijistānī, *Ithbāt*]

Al-Sijistānī, 1327A.H.S./1949C.E.: *Kashf al-Maḥjūb*, ed. H. Corbin, Tehran/Paris, (Partial English translation by H. Landolt as "*Kashf al-Maḥjūb*: Unveiling of the Hidden," in *An Anthology of Philosophy in Persia*, ed. S. H. Nasr and M. Aminrazavi, vol. 2 [Oxford, 2000]; French translation by H. Corbin as *Le dévoilement des choses cachées: recherches de philosophie ismaélienne* [Paris, 1988]). [Al-Sijistānī, *Kashf al-Maḥjūb*]

二次資料

Alexandrin, Lisa 2009: "Prophetic Ascent and the Individual Initiatory Experince in Qāḍī al-Nuʿmān's *Asās al-Taʾwīl*," in Gruber and Colby (eds.) 2009, pp. 157-171.

Amir-Moezzi, Mohamad Ali (ed.) 1996: *Le voyage initiaique en terre d'Islam: Ascension célestes et itineraries spirituals*, Leuven/Paris.

Amir-Moezzi, Mohamad Ali 2011: *The Spirituality of Shi'i Islam: Beliefs and Practices*. London.

Amir-Moezzi, Mohamad Ali *EIr*: "MEʿRĀJ i. DEFITION," in *EIr* (http://www.iranicaonline.org/articles/meraj-1).

Asin Palacios, Miguel; Harold Sutherland (transl.) 1968 : *Islam and the Divine Comedy*. London.

Buckley, Ronald. P 2013: *The Night Journey and Ascension in Islam*, London.

Colby, Frederick S 2008: *Narrating Muḥammad's Night Journey: Tracing the Development of the Ibn ʿAbbās Ascension Discourse*, Albany, N.Y.

Culianu, Ioan 1983: *Psychanodia I: A survery of the Evidence Concerning the Ascension of the Soul and Its Relevance*. Leiden.

Culianu, Ioan 1984: *Expérience de l'extase*, Paris〔邦訳：クリアーノ、ヨアン・P.『霊魂離脱とグノーシス』（桂芳樹訳、岩波書店、2009 年）〕.

Daftary, Farhad 2004: *Ismaili Literature: A Bibliography of Sources and Studies*, London.

Daftary, Farhad 2005: "'Alī in Classical Ismaili Theology," in Ahmet Y. Ocak (ed.), *Ali in Islamic Beliefs*, Ankara, pp. 27-58.

Daftary, Farhad 2007: *The Ismāʿīlis: their History and Docrines*, 2nd Revised Edition. Cambridge.

Ess, Josef van 1996: "Le Miʿrāğ et la vision de Dieu dans ler premières speculations théologique en Islam," in Amir-Moezzi (ed.) 1996, pp. 27-56.

Ess, Josef van 1999: "Vision and Ascension: *Sūrat al-Najm* and Its Relationship with Muhammad's *miʿrāj*," *Journal of Qurʾānic Studies* 1 (1999): pp. 47-62.

Feki, Habib 1978: *Les ideés religiueses et philosophique des l'ismaélisme fatimide*. Tunis.

Gardet, Louis EI^2: "Djanna," in P. Bearman, Th. Bianquis, C. E. Bosworth, E. van Donzel, and W.P. Heinrichs (eds.), *Encyclopaedia of Islam*, 2nd Edition, Brill Online, 2015 (Reference Keio University, Tokyo, 30 December 2015) <http://referenceworks.brillonline.com.kras1.lib.keio.ac.jp/entries/encyclopaedia-ofislam-2/djanna-COM_0183>.

Gruber, Christiane 2010: *The Ilkhanid Book of Ascension: A Persian-Sunni Devotional Tale*. London/New York.

Gruber, Christiane and Frederick Colby (eds.) 2009: *The Prophet's Ascension: Cross-Cultural Encounters with Islamic Miʿraj Tales*, Bloomington, Indiana.

Halm, Heinz 1978: *Kosmologie und Heilslehre der frühen Ismāʿīlīya: Eine Studie zur islamischen Gnosis*, Wiesbaden.

井筒俊彦 1964:（邦訳）『コーラン』上・中・下、改版、岩波書店.

井筒俊彦 1988:「言語現象としての「啓示」」、長尾雅人・井筒俊彦・福永光司他編『岩波講座・東洋思想』、第 4 巻『イスラーム思想 2』、岩波書店、pp. 3-47.

Kamada, Shigeru 1988: "The First Being; Intellect as the Link between God's Command and Creation according to Abū Yaʿqūb al-Sijistānī," *The Memoirs of the Institute of Oriental Culture (University of Tokyo)* 106 (1988): pp. 1-33.

Kinberg, Lea *EQ*: "Paradise," in J. D. McAuliffe (general editor), *Encyclopaedia of the Qurʾān*, Leiden, 2001-2006, vol. 4: pp. 12-20.

Madelung, Wilferd 1976: "Aspects of Ismāʿīlī Theology: The Prophetic Chain and the God Beyond," in S. H. Nasr (ed.), *Ismāʿīlī Contributions to Islamic Culture*, Tehran, pp. 51-65.

Madelung, Wilferd 1988: *Religious Trends in Early Islamic Iran*, Albany, N.Y.

Madigan, Daniel *EQ*: "Revelation and Inspiration," in J. D. McAuliffe (general editor),

Encyclopaedia of the Qurʾān, vol.4, pp. 437–228.

Marquet, Yves 1996: "L'ascension spirituelle chez quelques auteurs ismaïlienne," in Amir-Moezzi (ed.) 1996, pp. 117–132.

Moḥaghegh, Mehdī 1377Kh./1998: "Sar-Āghāz (Preface)" to the edition of al-Rāzī, *Kitāb al-Iṣlāḥ,* ed. by H. Mīnūchehr [and] prepared for publication by M. Moḥaghegh, Tehran, pp. v (*panj*) -viii (*hasht*).

Nomoto, Shin 1999: "Early Ismāʿīlī Thought on Prophecy According to the *Kitāb al-Iṣlāḥ* by Abū Ḥātim al-Rāzī (d. ca. 322/934-5)," Ph.D. dissertation, McGill University, Montréal.

Nomoto, Shin 2012: "The Early Ismāʿīlī-Shīʿī Notion of the World-Maker: The Intellect, the Soul, and the Lord of Creation and Revelation," *Horizons: Soul Journal of Humanities* 3/1–2 (2012): pp. 195-220.

野元　晋　2012：「イスマーイール派の預言者論──初期の新プラトン主義的学派を中心として」、竹下政孝・山内志朗（編）『イスラーム哲学とキリスト教中世』III『神秘哲学』、岩波書店、pp. 91-112.

Poonawala, Ismail 1977: *Biobibliography of Ismāʿīlī Literature*. Malibu.

Rippin, Andrew *EI²*: "Sidra al-Muntahā," in P. Bearman, Th. Bianquis, C. E. Bosworth, E. van Donzel, and W.P. Heinrichs (eds.), *Encyclopaedia of Islam*, Second Edition, Brill Online, 2015 (Reference: Keio University Tokyo, 30 December 2015) <http://referenceworks.brillonline.com.kras1.lib.keio.ac.jp/entries/encyclopaedia-of-islam-2/sidrat-al-muntaha-SIM_7015> (First appeared online: 2012; First Print Edition: isbn: 9789004161214, 1960-2007).

Schrieke, B and J. Horowitz *EI²*: "Miʿrādj," in P. Bearman, Th. Bianquis, C. E. Bosworth, E. van Donzel, and W.P. Heinrichs (eds.), *Encyclopaedia of Islam*, Brill Online, 2016 (Reference: Keio University, Tokyo, 10 January 2016) <http://referenceworks.brillonline.com.kras1.lib.keio.ac.jp/entries/encyclopaedia-of-islam-2/miradj-COM_0746>.

Sells, Michael A. (transl., ed. and intro.) 1996: *Early Islamic Mysticism: Sufi, Qurʾan, Miʿraj, Poetic and theological Writings*. New York/Mahwah.

Sells, Michael A. *EQ*: "Ascension," in J. D. McAuliffe (general editor), *Encyclopaedia of the Qurʾān,* Leiden, 2001-2006, vol. 1: pp. 176-181.

Stern, Samuel M. 1983: "The Earliest Cosmological Doctrines of Ismāʿīlism," in *Studies in Early Ismāʿīlism*, Jerusalem/Leiden, pp. 3-29.

Walker, Paul 1993: *Early Philosophical Shiism: The Ismaili Neoplatonism of Abū Yaʿqūb al-Sijistānī*, Cambridge.

Widengren, Geo 1955: *Muḥammad, the Apostle of God and his Ascension*, Wiesbaden.

中世地中海世界における
科学知の継承と占星術的天文学

岩波敦子

　天文知の系譜を辿ることは、時に対する人間の能動的な関わりの歴史を紐解くことである。天上に現れる天体の運行を通じて人は、過去―現在―未来という時間軸を具現化する術を知ったが、さらに現象の意味を問い、そこに暗示される未来の事象を予測することで、天上の現象と地上界での人の営みが時を越えて結ばれる道を拓いた。

　天体の運行の把握には数理的理解が不可欠だが、西欧の学問において天文知は、文法・修辞学・論理学の trivium と算術・幾何・天文学・音楽の quadrivium からなる自由七科の 1 つとして、学問体系の基盤を形成したのである。

1　科学知の継承と翻訳活動

　西欧における自由七科の学識は、中世盛期まで古代末期の水準を大きく上回るものではなかったが、数学、天文学に関していえば、異文化との知の邂逅のたびに進歩を遂げたといっていいだろう。10 世紀から 11 世紀にかけて、イベリア半島のコルドバ、あるいはリポイ修道院などを中継地として、天体観測儀アストロラーベの使用法や計算法に関する実用的知識が、当時学識の先進地域だったイスラーム圏から北西ヨーロッパに入ってきた[1]。これら最新の学識に関する論稿を収めた写本の伝播

状況から、イスラーム世界との接触の多い地域に限定されず、広い範囲に渡って最先端の天文知が求められ、筆写、伝播していったことが分かる。中世ラテン世界は、異文化からの知識の受容に決して後ろ向きではなかったし、むしろ積極的に摂取していたのである。

　そのような漸次的進歩に大きな変化を促したのは、12世紀ルネサンスと呼ばれる翻訳活動だ[2]。12世紀トレド、シチリアあるいは北東イタリアなど、イスラーム圏との接触が日常的な多文化共生地域で翻訳活動が精力的に行われ、知の水平線は飛躍的に広がった。12世紀はたびたびイスラーム世界に十字軍の遠征が送られた時代であるが、まさに同時期、知の最前線にいる人々によって異文化から最新の学識が摂取されていたのである。

　12世紀の翻訳運動は、とりわけ自然科学知の分野で推し進められた。12世紀に主としてアラビア語からラテン語へ翻訳された学術書の種類と数は、当時の情報量からすれば桁外れだったといって過言ではない。古代ギリシアからの知の継承とともに、天文学、数学、医学あるいは光学の分野で先端的学識を有していたイスラーム圏の文献がラテン語に翻訳され、理論と実践の統合への礎が築かれたのである[3]。

　12世紀精力的に翻訳活動を繰り広げた翻訳者には、セベリャのヨハンネス（ca. 1090―ca. 1150)[4]、バースのアデラルドゥス（1075/80―ca.1152)[5]、クレモナのゲラルドゥス（ca. 1114―1187）、チェスターのロベルトゥス（1141―1147北スペインに滞在）、ドミニクス・グンディサリヌス（―1178/80頃までトレド滞在）、そしてアヴェロエス（イブン・ルシュド 1126―1198）が挙げられる。彼らによる翻訳の多くは1140年から1160年代に集中して行われたが、翻訳活動によって相互の知識が連関し、さらにその進度が加速したともいえるだろう。

　12世紀に地中海世界で繰り広げられた翻訳運動の特徴の1つ目は、各々学識者が網羅的に翻訳を行っている点である。

　トレドで翻訳活動を牽引したクレモナのゲラルドゥスは、古代から中

I　知の挑戦

世への学識の継承において重要な 70 を超える著作の翻訳を手がけている[6]。その中には、プトレマイオスの『アルマゲスト』[7]、エウクレイデスの『原論』[8]と『与論 Data』、ガレノスの医術に関する著作、アルキメデスの『円の計測について』をはじめとするギリシアの自然科学知のほか、アル゠フワリズミー（ca.780―ca.850）の『代数論』、アル゠キンディー（ca.801―ca.866）の『視覚論』、アル゠ファルガーニー（9 世紀）の『天球の運動に関する天文学の諸要素について』やアル゠ファーラービー（ca.870―950）の『諸学の区分について』、イブン・アル゠ハイサム（ca.965―ca.1040）の『視覚論』、11 世紀にコルドバで活躍したアル゠ザッカーリーの『トレド天文表』などイスラームの諸学識が含まれており、ゲラルドゥスはそれらをアラビア語から翻訳した[9]。さらにアリストテレスの著作のうち『自然学』『生成消滅論』『気象論』『天界地界論』などの自然学論稿、そして『分析論後書』を翻訳している。

　12 世紀に繰り広げられた翻訳活動の特徴の 2 つ目は、同じ原典に対して複数の翻訳バージョンがある点である。ここでいう原典とは同じ定本テクストとは限らない。ギリシアの学識の多くは、重要な知の媒介者であるアラビア語を経由しヨーロッパに伝えられた。異なるルートを通って入手されたテクストはそれぞれ註釈が加えられたテクストだったため、翻訳の精度すなわち原典に忠実かどうかは、翻訳者の技量のみならず、どの版を入手したかによって左右されることになった。

1）ユークリッド幾何学

　その代表的な例が、エウクレイデスの『原論』、そしてプトレマイオスの著作である[10]。古代ローマにおいて土地測量 agrimensura を主とする応用幾何学への関心は高かったが[11]、エウクレイデスのギリシア語テクストから直接翻訳されたラテン語訳は現在伝来していない。いわゆるユークリッド幾何学は 6 世紀にボエティウスが翻訳した *De geometria* を通して中世ラテン世界に伝えられたものの[12]、中世の学知に多大な影響

を与えた彼の他の著作とは異なり[13]、ボエティウスによる幾何学論のオリジナル訳はその死後失われ、さまざまなテクストを加筆した拡大版が普及した[14]。そのため偽ボエティウス作 *Geometrie I, II* と呼ばれた当該の著作は、オーリャックのゲルベルトゥスの *Geometria*、ノトカー・バルブスやウィトルウィウス等の論稿を収めた *Corpus Agrimensorum* と並んで[15]、古代から中世へとユークリッド幾何学を伝える重要な知の泉となったのである。

　12世紀になるとエウクレイデスの『原論』は、より原典に近いテクストから直接ラテン語に翻訳された。バースのアデラルドゥスによる複数のバージョンのほか[16]、クレモナのゲラルドゥス[17]、そしてバースのアデラルドゥスの『原論』訳を校訂したチェスターのロベルトゥスによる翻訳がある[18]。12世紀半ばシチリアでギリシア語からの翻訳も行われ、これはサレルノの医学生ヘルマヌスの手によるものと考えられている[19]。

2）プトレマイオスの天文学

　一方天動説を唱えたプトレマイオスを中心とする古代ギリシアの天文知は、プリニウスやカルキディウス、マルティアヌス・カペッラ、マクロビウスなどを通じパラフレーズされた形でラテン世界に継承されていたが、12世紀にプトレマイオスの『アルマゲスト *Almagest*』がアラビア語、ギリシア語からそれぞれラテン語に翻訳されたことによって、より数理的な理解への道が拓かれた。

　プトレマイオスの著作の仲介役としてイスラームの学識者の役割はきわめて大きい。とりわけアル゠キンディーの弟子アブー・マアシャル Abū Ma'šar（787―886年）の『大天文学序説 *Introductorium Maius in Astronomiam*』を通じて、プトレマイオスの天文知は中世ラテン世界に普及した[20]。12世紀半頃『アルマゲスト』を求めてトレドに向かったクレモナのゲラルドゥスは、1133年頃セベリャのヨハンネスによって翻

訳されたアブー・マアシャルの『大天文学序説 Introductorium maius』[21]を参照して、『アルマゲスト』を翻訳したと考えられている[22]。1140年にはカリンティアのヘルマヌスもまた『大天文学序説』を翻訳しており[23]、アブー・マアシャルの著作のうち、『小天文学序説 Ysagoga minor』をバースのアデラルドゥスが同じ時期に翻訳している[24]。一方ギリシア語からの『アルマゲスト』の直接の翻訳は1150年頃パレルモで、おそらくエウクレイデスの『原論』同様サレルノの医学生ヘルマヌスによって完成された[25]。

3）アリストテレスの翻訳

　12世紀の翻訳活動の特徴の3つ目は、知識の大波を引き起こしただけでなく、続く世紀に花開く知の種を蒔いたことにある。とりわけ大きな知識の花を咲かせたのが一連のアリストテレスのラテン語訳だ。*Aristoteles latinus Codices* と呼ばれるアリストテレス写本校訂プロジェクトによる緻密な文献学研究のお陰で、12世紀末までの翻訳について概要を把握することができる[26]。

　まず諸学を網羅的に翻訳したクレモナのゲラルドゥスは、アリストテレスの著作のうち『自然学』『生成消滅論』『気象論』『天界地界論』などの自然学論稿、そして『分析論後書』を翻訳している。

　中世ラテン世界におけるアリストテレスの受容に寄与した学識者として忘れてならないのが、コルドバの法曹家門出身のアヴェロエス（イブン・ルシュド 1126—1198）である[27]。アヴェロエスは、『カテゴリー論』、『命題論』、『分析論前書』、『分析論後書』、『トピカ』、『詭弁論駁論』、『修辞学』、『詩学』、『自然学』、『天界地界論』、『生成消滅論』、『気象論』、『動物部分論』、『動物発生論』、『霊魂論』、『自然学小論集』、『形而上学』、『ニコマコス倫理学』など、アリストテレスのほぼ全ての著作に註釈を加えた。特筆すべきは、彼が原典の要約である小註釈、一部省略もある中註釈、原典すべてに註釈を加えた大註釈の3段階に分けている点だろ

う[28]）。

　これらアヴェロエスの註釈に基づき、13世紀初頭マイケル・スコット（―1235）がアラビア語から、アリストテレスの『自然学』、『天界地界論』、『生成消滅論』、『気象論』、『霊魂論』、『自然学小論集』、『形而上学』、『動物論 Historia animalium』を翻訳した[29]）。

　12世紀ルネサンスというとアラビア語からの翻訳を中心に取り上げられる傾向が強いが、ギリシア語からのアリストテレス翻訳もまた13世紀以前に少なからず着手されていた[30]）。従来それらの多くはヴェネチアのジャコモが中心的役割を担ったと考えられてきた[31]）。ジャコモは、『分析論後書』や『自然学』、『霊魂論』、それから『自然学小論集』のうち『記憶について』、『若さについて De iuventute』『人生の長さについて De longitudine vitae』『人生論』『気息について De respiratione』の5編、そして Metaphysica vetustissima と呼ばれる『形而上学』の古版をはじめ、数多くの重要なアリストテレスの著作を翻訳しているが、ジャコモの翻訳と並んで特定できない翻訳者たちの存在も看過してはならないだろう。『分析論前書』に関して言えば、8つの翻訳のうち6名が無名であるし[32]）、トレドの参事会図書館で発見された『分析論後書』は、ヨハネスという名以外不明の翻訳者の手によるものである。『生成消滅論』と『ニコマコス倫理学』の一部は別の無名の翻訳者によって[33]）、また Physica Vaticana と呼ばれる『自然学』の1巻および2巻の一部を翻訳した別の人物は[34]）、『形而上学』の11巻を除いた1巻から10巻、12巻から14巻を翻訳している[35]）。『自然学小論集』のうち、『眠りと目覚めについて De somno et vigilia』そして、『感覚と感覚されるものについて De sensu et sensato』および『夢占いについて De divinatione per somnum』はそれぞれ別の人物の手になる翻訳である。

2　暦算法と天体観測

　このように新しい学問知識が 12 世紀に潮流となって押し寄せたが、天文知はラテン世界にあって諸学とどのような関係にあったのだろうか。

　中世ラテン世界で天文学の知識が必要とされた主たる理由は、キリスト教の暦の中で最も大切な祝祭日である復活祭が移動祝日だからだ。

　復活祭は、太陰暦ニサンの 14 日神に子羊が生贄にされたユダヤ教の過ぎ越しの祭りに由来する。ニサンはメトン周期による閏調整を加えた太陰暦の最初の月だが、過ぎ越しの祭りは春分の日より前にきてはならないうえ、イエスは日曜日に復活したので、復活祭は春分の日の後の最初の日曜日という移動祝日となった。ユダヤ教の過ぎ越しの祭りと重ならないようにするため、キリスト教会は復活祭の期日を正確に定める必要があったが、古代から中世にかけて暦をめぐってたびたび対立・混乱が生じ、綿密な計算の必要に迫られていた。現在私たちが用いる computer という語も、実は復活祭の時期を正確に算出するための中世ヨーロッパの暦算法 computus に由来しているのである。

　古代から中世へ学知をつなげる拠点だった修道院の所蔵目録を繙くと、この暦算法に関する著作が数多く収められていることがわかる。とりわけ中世の暦算法の礎を築いた尊師ベーダ（673/674―735）[36]の 2 つの著作『時について *De temporibus*』、『時間計測について *De temporum ratione*』は中世広く筆写されていて、中世の暦法 computus が修道院において基本知識だったことを示している[37]。中世ヨーロッパで天体の運行を観察することは、神に祈る人々にとってきわめて重要な仕事だった。アストロラーベや四分儀など正確な天体の位置を計測する道具が 10 世紀から 11 世紀にかけてイスラーム世界から輸入され、その使用法に関する論稿が数多く訳されたが、その背景には正確な暦への高い需要があった。ラテン語の天文学論稿にアラビア語のテクニカルタームが多く用いられている事実はまた、12 世紀ルネサンス以前の天文学の受容においてイスラ

ームからの学知が前提となっていた証左といえるだろう[38]。

3　占星術的天文学の継受

　中世ヨーロッパの自然科学が、イスラーム世界からの学知の継受を基盤とし飛躍的な展開を遂げたことは周知の事実だが、アラビア文化圏においてもアッバース朝（750—1258年）統治下8世紀から10世紀にかけて、バグダードを拠点にアラビア語への網羅的な翻訳運動が推進されていた。これによって、エウクレイデスの『原論』やプトレマイオスの『アルマゲスト』、アリストテレスの論理学等古代の学知が知の遺産としてイスラーム世界で継承され、アラビア語からの翻訳を通して中世ラテン世界へと伝播する基盤が形成されたのである。

　第2代カリフのマンスール（ca.713—775年）はサーサーン朝ペルシアの占星術を積極的に取り入れ[39]、占星術が政治の行方を占う統治手段としての機能を担うことになった。[40]中世ラテン世界にとって天文知の源泉であるイスラームの学識において、天体の運行を測る数理的天文学と並び、天体の運行からその現象の意味を読み解く占星術的天文学が重用され、中世ラテン世界への道筋がつけられたのである。

4　アストロノミアとアストロロギア

　私たちは、天体の運行の規則性を探究する天文学は科学であり、未来に起こる現象を読み解く占星術は非科学と考えている。天体の観測から、天体の運行の規則性を探究する天文学と、天体の運行に内包された「意味」を明らかにする占星術が生まれたが、古代ローマ世界ではその双方に対してアストロロギアastrologiaという語が用いられ、そもそも両者は決して明確に分かれていたわけではない。中世ラテン世界に教育基盤となる自由七科を伝えた学識者の1人マルティアヌス・カペッラ（410

―439年頃活躍）もまた、その著作『フィロロギアとメルクリウスの結婚 De nuptiis Philologiae et Mercurii』の中で両者を区別せず用いている[41]。

初めてアストロノミア astronomia とアストロロギア astrologia を区別、定義したのは、学識者セベリャのイシドルス（ca.560―636）だ。イシドルスは、中世ヨーロッパにおいて百科全書として広く影響を与えた『語源』の中で、「アストロノミアを『天球の回転、星の出没と運行、星座の名称の由来』を扱う」と述べている[42]。一方アストロロギアに関しては、太陽と月の運行路や季節ごとの恒星の位置を扱う自然的占星学と、恒星によって予言、黄道12宮と心身とを関連させ、天体の運行によって人々の誕生や性格を占おうとする、星占い mathematici が従事するような迷信的占星術とを区別している。イシドルスによるこのアストロノミアとアストロロギアの区分は、その後中世ラテン世界において基礎となったが、アストロノミア astronomia とアストロロギア astrologia は中世を通じて互換可能であったのである[43]。

それでは中世ラテン世界で天文学と占星術の違いはどのように理解されていたのだろうか。

前述のように、アストロノミアとアストロロギアを区分し定義づけたのはセベリャのイシドルスであるが、12世紀に教育論を著した学識者サン・ヴィクトールのフゴ（1096年頃―1141年）は、イシドルスに大筋依拠しつつ、『学芸論 Didascalicon』第2巻第11章で、天文学と占星術の違いについて以下のような説明を加えている。

> 天文学 astronomia と占星術 astrologia の違いについていえば、天文学は星の諸法則からそう呼ばれるのに対して、占星術はいわば星についての論説である。すなわちノモス nomos は法を意味し、ロゴス logos は論説を意味する。従って天文学は、星の諸法則、天空の回転、星座の位置、円、進路、出没、そしてそれぞれがなぜそう呼ば

れるかということを扱うように思われる。占星術は、誕生、死、そしてその他のあらゆる種類の出来事を見ることに関係する星を考察するものであり、一部は自然に基づき、また一部は迷信に基づいている。自然に基づく部分は、身体に関すること、その性質、そして天界の構成によって変化するものを扱う。たとえば健康と病気、嵐と穏やかな天候、肥沃と不毛などである。迷信に基づく部分は、偶発的な出来事と自由意思のもとに起こる出来事に限り、占星術師 mathematici が扱うものである[44]。

フゴは、「誕生、死、そしてその他のあらゆる種類の出来事を見ることに関係する星を考察するもの」を占星術と規定し、天体の観察から身体や天候そして農作物などの予見は自然に基づく占星術とする一方で、恣意的な判断に基づく占星術を迷信と見做し、mathematici が扱うと述べている。フゴはアブー・マアシャルの『大天文学序説』、『小天文学序説』が翻訳された時代に、中世ラテン世界で学問と教育を論じた学識者であり、彼の言説は 12 世紀中葉の知的理解を言い表しているといってよい[45]。

5　アブー・マアシャルと占星術的天文学

先述したように、プトレマイオスの『アルマゲスト』の中世ラテン世界への受容はイスラームの学識なしには語れない。その中心に座しているのがアブー・マアシャルだ。

アブー・マアシャルの『大天文学序説』は、アラビア語写本でもしばしば 300 頁以上ある大著だが、プトレマイオスをはじめ、アリストテレスやヘルメス、さらにガレノス、ヒポクラテスの医学書、アラトゥスなど多くの著作に依拠している。『大天文学序説』は、前述のように 1133 年頃セベリャのヨハンネスによって[46]、1140 年にカリンティアのヘル

マヌスによってそれぞれ翻訳されたが[47]、8部からなる著作のうち最初の4部で占星術的天文学を論じており[48]、蝕や合などの天体現象から王朝の変遷や戦争などを読み解いている。

プトレマイオスの著作の中で中世ラテン世界に最も影響力を与えたのは『アルマゲスト』だが、彼の占星術的天文学に関する書『テトラビブロス Tetrabiblos/ Quadripartitum』も1138年にティボリのプラートによって翻訳されている。この抜粋であり、プトレマイオス作と見做されていた100の占星術的警句集『ケンティロクイウム Centiloquium』も、同時期セベリャのヨハンネス、Hugo Sanctallensis 等によって翻訳された[49]。

アブー・マアシャルの合に関する『大いなる合について De magnis coniunctionibus』も同様に、セベリャのヨハンネスによって翻訳されたと考えられる[50]。一方バースのアデラルドゥスが Ysagoge minor と名づけた『小天文学序説』は、『大天文学序説』に比せば広く流布していたとは言えないものの[51]、占星術的天文学を中世ラテン世界に紹介した論稿として重要である[52]。

このように、12世紀にアブー・マアシャルの複数の著作が翻訳され、数理的天文学と並び占星術的天文学がラテン世界に入ってきた。しかし、アル゠ファーラービー、アヴィセンナ、アル゠ガッザーリー、アヴェロエスが後者に対して否定的態度を示していたように、イスラームの学識者たちがすべて占星学的傾向を有していたわけではない[53]。プトレマイオスの天文学の継承において、中世ラテン世界ではアブー・マアシャルの著作が中心的役割を担っていたことにより、占星術的天文学を学問として受け入れる土壌が準備されたのである。

6　占星術的天文学とカリンティアのヘルマヌス

アブー・マアシャルの影響を受けて、数理的天文学と並んで占星術的天文学への関心が高まっていったことを示しているのが、12世紀半ば

から中世ラテンの学識者たちによって著された占星術的天文学に関する論稿である。

その1人目がカリンティアのヘルマヌスだ。

ヘルマヌスの生い立ちについては、オーストリアのケルンテンの出身でシャルトルのティエリを師と仰いでいた以外多くは分からない。1140年にアブー・マアシャルの『大天文学序説』を翻訳したヘルマヌスは、1141年クリュニー修道院長尊師ペトルスの指示により、ケットンのロベルトゥスとともに『クルアーン』のラテン語訳を手がけている[54]。1143年にはトゥールーズでプトレマイオスの *Planisphaerium* の翻訳を完成[55]、その年の後半ベジエの宮廷で *De essentiis* を著した[56]。ハスキンズは、*De essentiis* にはヘルマヌスが受けた教育内容と並び翻訳によって得られた知識が反映していると述べている[57]。ヘルマヌス自身が翻訳を手掛けたアブー・マアシャルの『大天文学序説』やエウクレイデスの『原論』と並び、アリストテレスの著作のうち *De anima* から直接引用しているほか、『生成消滅論』や『気象論』も知っていたようだ[58]。*De essentiis* には、『アルマゲスト』の第1巻と第5巻からの引用、および参照が見出せるが、バーネットによればアル＝キンディーによる『アルマゲスト』の註釈との類似性が確認できるという[59]。

アル＝キンディーは、アブー・マアシャルの師であり、占星術的天文学の学問的基礎を築いた学識者である。ヘルマヌスとともに『クルアーン』のラテン語訳を手がけたケットンのロベルトゥスは、数理天文学に基づく占星術的判断を論じたアル＝キンディーの *Iudicia* を翻訳し[60]、その序文にヘルマヌスへの献呈を表明している[61]。占星術的警句集『ケンティロクイウム』を翻訳し、ヘルマヌスと親しい関係を結んでいた Hugo Sanctallensis もまた、アル＝キンディーの *Iudicia* を翻訳したと考えられる[62]。ヘルマヌスは、彼の弟子ブルッヘのルドルフを介して、1134年から1145年バルセロナに滞在していたティボリのプラートとも知己を得ていたようだ[63]。ティボリのプラートは、アリストテレス作とされ、

中世から近世にかけて広く流布していた『秘中の秘 Secretum secretorum』を翻訳した人物である[64]。

7　占星術的天文学とマイケル・スコット

　中世ラテン世界に占星術的天文学の扉を開いたもう1人の人物が、マイケル・スコット（―1235）だ。

　マイケル・スコットは、前述のようにアリストテレスの著作をアラビア語から翻訳した学識者として知られている[65]。自称においても[66]、またしばしば写本の中でも「フリードリヒ2世の宮廷の占星学師 Michael Scotus, astrologus Friderici imperatoris romanorum」と呼ばれるマイケル・スコットは[67]、1217年にアル゠ビトゥルージーの De motibus caelorum を翻訳、さらに占星学の3部作である Liber introductorius、すなわち Liber quatuor distinctionum, Liber particularis そして Liber physionomie を著したと考えられている[68]。良き占星術師の振る舞いについて論じた Liber quatuor distinctionum は、Charles Burnett によればマイケル・スコットがトレドで利用できた様々な翻訳に負うところが大きいという[69]。

　以上概観したように、アル゠キンディー、アブー・マアシャルの著作が12世紀ラテン世界に入ってきたことによって、占星術的天文学が学問的関心を得るに至った。アブー・マアシャルの『大天文学序説』にアリストテレスの『生成消滅論』『気象論』『天界地界論』『自然学』などの自然学論稿が映し出されているように[70]、アリストテレスの『自然学』の注釈者としてアブー・マアシャルは、13世紀以降アルベルトゥス・マグヌス（ca.1193―1280）をはじめラテン中世の学識者に大きな影響を与えた[71]。中世ラテン世界における占星術的天文学とアリストテレスの自然学の受容は、同じ学識者を介していたのである[72]。

8　アルベルトゥス・マグヌスと占星術的天文学

アルベルトゥス・マグヌスの占星術的天文学に対する態度は、*Speculum Astronomiae* に表明されている[73]。当時必須の天文知の基礎文献として広く流布し、50以上の写本が現存する *Speculum Astronomiae* は、その作者をめぐって長い間論争となってきたが、現在ではアルベルトゥス・マグヌスの手になるものと考えられている[74]。この書はサクロボスコの *Sphaera* のように大学カリキュラムに取り入れられることこそなかったものの[75]、13世紀から16世紀まで最も流布していた占星学に関する論稿 *Liber novum iudicum* をはじめ[76]、批判的見解への考察を含め天文知に関する文献を網羅的に扱っていて、学説史を追う上でも重要な文献である[77]。

アルベルトゥス・マグヌスは、*Speculum Astronomiae* の序文で、占星術的天文学（アルベルトゥスは astronomia という語を用いている）への偏見を是正する意図で著されたこと[78]、第二章では、セベリャのヨハンネスの訳によるアブー・マアシャルの『大天文学序説』や、同じくセベリャのヨハンネス訳がある9世紀のアル゠ファルガーニー（al-Fargani; Alfraganus）[79]など、天文学に関するそれまでの学識を一覧している。そして第三章以下では、プトレマイオスを初めとする学識者たちの著作を論拠とし、神の意志を知る術である占星術と天文学そして神学との融和をはかっている[80]。一方トマス・アクイナス（1225—1274）は占星術に懐疑的であり、天体が人間の自由意志や運命に影響を与えるという理解を激しく非難した[81]。

9　ロジャー・ベイコンと秘学

アルベルトゥス・マグヌス、トマス・アクイナスとほぼ同時代人で、イスラームの科学知を熟知し体系的な著作を著したロジャー・ベイコン

（1213/4―1291/2）は、オクスフォードとパリで学び、後にオクスフォードでフランシスコ会士となった。ロジャー・ベイコンは 13 世紀経験主義の先駆者と評されるが、彼の主唱する経験学 scientia experimentalis とは、観察と数理的論証に基づく学問であり、とりわけ視学（光学）と気象学に顕著である[82]。

興味深いのは、ロジャー・ベイコンが、占星術や錬金術（鉱物学）に肯定的な見解を示し、学問体系の中に位置づけている点だ[83]。

経験学の重要性を説いた彼の『大著作』の第 6 部を読んでみると、偽アリストテレス作『秘中の秘』に註釈書を著したロジャー・ベイコンが、プトレマイオスの『アルマゲスト』に依拠しつつ、土占い geomancia、水占い ydromancia、空気占い aerimancia、火占い piromancia の 4 つからなる秘学を経験学と呼び、占星術よりも確実であると考えていたことが分かる[84]。ロジャー・ベイコンは、天文学を恣意的なものと実践的なものとに分け[85]、さらにサン・ヴィクトールのフゴと同じく人間の自由意思への影響力には否定的な一方で[86]、自然の法則に則って導かれる結果の予測は可能であると述べ、数理的な占星術的天文学を擁護している[87]。この説明自体は決して新機軸ではないが、合理的な「予測」に基づく占星術に道を拓こうとした点は特記すべきだろう[88]。

ロジャー・ベイコンは自然科学への道を切り拓いた中世の学識者として、さらに詳しい考察が必要なのだが、紙幅が尽きたので筆を擱くことにしよう。

12 世紀に始まる翻訳活動によって包括的に受容された科学知は、アリストテレスの自然学を投影しつつ、諸学問の布置を変更し、相互の連関を深める道を拓いた。アブー・マアシャルという偉大なイスラームの学識者を通じて再発見されたプトレマイオスの著作は、中世ラテン世界において天体の運行に関する数理的理解を深めたが、それは占星術的天文学の受容と表裏一体をなすものだった[89]。逆説的に聞こえるかもしれ

ないが、プトレマイオスの天文知を通して、近代科学へと至る数理的天文学と、ルネサンスに花開く占星術的天文学という双子の姉妹が学知の表舞台に躍り出たといえるだろう。それはまた、「自然学」から「自然科学」へと至る長い道程の第一歩をも意味していたのである。

註
1) 岩波敦子「ライヒェナウのヘルマヌスと中世ヨーロッパにおける天文学写本の伝播」『慶應義塾大学言語文化研究所紀要』第 43 号（2012）、43-67 頁 ; 同「アバクスからアルゴリズムへ——ヨーロッパ中世の計算法の系譜」『慶應義塾大学言語文化研究所紀要』第 44 号（2013）、43-68 頁。
2) 12 世紀ルネサンスについてはハスキンズの古典的名著がある。Charles Homer Haskins, *The Renaissance of the twelfth century*, New York 1957. ハスキンズの研究を踏まえて中世の翻訳活動を的確に概観しているのは、Marie-Thérèse d'Alverny, "Translations and Translators", in: Robert L. Benson and Giles Constable（ed.）, *Renaissance and renewal in the twelfth century*, Cambridge 1982, pp. 421-462. 邦語文献としてはまず伊東俊太郎『12 世紀ルネサンス』（岩波書店、1993 年）; 中世の科学知に関しては、Charles Homer Haskins, *Studies in the History of Mediaeval Science*, New York 1924, 1926². 古代から中世の学識の継承を概観するには、David C. Lindberg, The Transmission of Greek and Arabic Learning to the West, in: idem（ed.）, *Science in the Middle Ages*, Chicago 1978, pp. 52-90; 翻訳では E・グラント、小林剛訳『中世における科学の基礎づけ』（知泉書館、2007 年）。
3) アラビア語訳されたギリシアの学知の包括的文献リストは、Gernhard Endress, *Grundriss der arabischen Philologie*（ed.）Helmut Gätje, Bd. 2, Wiesbaden 1987, S. 400-506 および ibid.,（ed.）Wolfdietrich Fischer, Bd.3, S. 3-152. ディミトリ・グタス、山本啓二訳『ギリシア思想とアラビア文化——初期アッバース朝の翻訳運動』（勁草書房、2002 年）204-205 頁のギリシア語テクストとアラビア語対訳の一覧表も参照のこと。アラビア語の天文学文献のラテン語訳に関してはたくさん研究書がある。やや古い文献だが、写本解題は、Francis J. Carmody, *Arabic astronomical and astrological sciences in Latin translation : a critical bibliography*, Berkeley 1956.
4) Dominicus Gundissalinus とともに、トレドの翻訳活動を推進したセベリャのヨハンネス Johannes Hispalensis と、Johannes Hispanus および同時代活躍した同名の翻訳者の同定に関する議論は、Marie-Thérèse d'Alverny, "Translations and Translators", pp. 444 ff.; Charles Burnett, "Michael Scotus and the Transmission of Scientific Culture from Toledo to Bologna via the Court of Frederick II Hohenstaufen, in: *Micrologus* 2（1994）, pp.

101-126, p. 103 f.; idem, John of Seville and John of Spain: *a mise au point*, in: *Bulletin de philosophie médiévale* 44（2002）, pp. 59-78。セベリャのヨハンネス Johannes Hispalensis の著作一覧は ibid., p. 60 参照。Maureen Robinson, The History and Myths surrounding Johannes Hispalensis, in: *Bulletin of Hispanic Studies*, vol. 80-4（2003）, pp. 443-470.

5) バースのアデラルドゥスについては、Charles Burnett の研究書を参照。Charles Burnett, Adelard of Bath and Arabs, in: Jacqueline Hamesse et Marta Fattori (ed.), *Rencontres de cultures dans la philosophie médiévale : traductions et traducteurs de l'antiquité tardive au XIVe siècle : actes du Colloque international de Cassino, 15-17 juin 1989 /* organisé par la Société internationale pour l'étude de la philosophie médiévale et l'Università degli Studi di Cassino, Louvain-la-Neuve 1990, pp. 89-107.

6) ゲラルドゥスの略歴は、ガレノスの翻訳を収めた写本の序文で言及されている。Michael McVaugh による英訳は、in: Edward Grant, *A Source Book in Medieval Science*, Cambridge 1974, p. 35. ゲラルドゥスによる翻訳の一覧リストは、ibid., pp. 35-38 参照。

7) Paul Kunitzsch, Gerard's Translation of Astronomical Texts, Especially the *Almagest*, in: P. Pizzamiglio (ed.), *Gerardo da Cremona*, Cremona 1992, pp. 71-84; idem, Gerhhard von Cremona als Übersetzer des Almagest, in: M. Forstner (ed.), *Festagabe für Hans-Rudolf Singer, zum 65. Gerburtstag am 6. April 1990*, Frankfurt a.M.-New York-Paris 1991, S. 347-358.

8) H.L.L. Busard (ed.), *The Latin translation of the Arabic version of Euclid's Elements commonly ascribed to Gerard of Cremona*, Leiden 1984; Anthony Lo Bello (ed.), *Gerard of Cremona's translation of the commentary of Al-Nayrizi on Book I of Euclid's Elements of geometry, with an introductory account of the twenty-two early extant Arabic manuscripts of the Elements*, Boston 2003.

9) ゲラルドゥスによる一連の翻訳の概要は、14 世紀の写本（例えば BN lat 9335）から知ることができる。Axel Björnbo, Über zwei mathematische Handschriften aus dem Vierzehnten Jahrhundert, in: *Bibliotheca mathematica* 3 (1902), S. 63-75, BN lat 9335 については S. 67-75 参照。Cf. d'Alverny, "Translations and Translators", ibid., pp. 452, n.136.

10) これらの論稿の伝播に関しては、岩波敦子「学知の旅、写本の旅――中世地中海世界における科学知の継受と伝播」、長谷部史彦編『地中海世界の旅人――移動と記述の中近世史』（慶應義塾大学出版会、2014 年）、83-107 頁参照。

11) Cf. B. L. Ullman, Geometry in the Medieval quadrivium, in: *Studi di bibliografia e di storia in onore di Tammaro de Marinis* 4（1964）, pp. 263-285. ここでは 264 頁。

12) Cf. Menso Folkerts, The Importance of the Pseudo-Boethian Geometria during the Middle Ages, in: *Boethius and the Liberal Arts: A Collection of Essays*, ed. M. Masi, Berne 1981, pp. 187-209. ここでは p. 197.

13) 中世に作成された修道院の所蔵目録によれば（G. Becker, *Catalogi bibliothecarum antiqui*, Bonn 1885; Paul Lehmann u.a., Mittelalterlichen Bibliothekskataloge Deutschlands

und der Schweiz, München 1918 ff.; Max Manitius, *Handschriften antiker Autoren in mittelalterlichen bibliothekskatalogen*, Leipzig 1935)、Boethius による著作のうち算術に関する論稿は 64、音楽に関する論稿は 52 収められているのに比して（Manitius, *Handschriften antiker Autoren*, S. 275-300)、幾何に関する論稿は 18 の Library にしか所蔵されていない（Folkerts, The Importance, p. 197)。

14) 11 世紀前半ロレーヌ地方の学識者によって纏められた compilation である偽 Boethius 作 *Geometrie II* については、拙稿「アバクスからアルゴリズムへ――ヨーロッパ中世の計算法の系譜」、56 頁以下参照。Cf. Folkerts, The Importance、ここでは p. 187。

15) Cf. C. Thulin, *Zur Überlieferungsgeschichte des Corpus Agrimensorum*, Göteborg 1911, S. 9 ff.

16) *The first Latin translation of Euclid's Elements commonly ascribed to Adelard of Bath : books I-VIII and books X. 36-XV. 2*, ed. Hubert L. Busard, Toronto 1983.

17) *The Latin translation of the Arabic version of Euclid's Elements commonly ascribed to Gerard of Cremona, introduction, edition and critical apparatus* by Hubert L. Busard, Leiden 1984.

18) *Robert of Chester's (?) Redaction of Euclid's Elements, the So-Called Adelard II Version*, 2 vols., ed. Hubert L. Busard/ Menso Folkerts, Basel 1992.

19) J.E. Murdoch, Euclides Graeco-Latinus: A Hitherto Unknown Medieval Latin Translation of the Elements Made Directly from the Greek, in: *Harvard Studies in Classical Philology* 71 (1966), pp. 249-302; Hubert L. Busard, *The Mediaeval Latin Translation of Euclid's Elements made directly from the Greek*, Wiesbaden 1987.

20) Paul Kunitzsch, *Der Almagest : Die Syntaxis Mathematica des Claudius Ptolemäus in arabisch lateinischer Überlieferung*, Wiesbaden 1974. Richard Lemay, *Abu Ma'shar and Latin Aristotelianism in the twelfth century : the Recovery of Aristotle's Natural Philosophy through Arabic Astrology*, Beirut 1962. Lynn Thorndike, The Latin Translations of Astrological Works by Messahala, in: *Osiris* 12 (1956), pp. 49-72; Fuat Sezgin, *Geschichte des arabischen Schrifttums, VII*, Leiden 1979, pp. 139-151; Benjamin N. Dykes (trans. & ed.), *Introductions to Traditional Astrology: Abu Ma'shar & al-Qabisi*, Minneapolis 2010.

21) 完成時期については、Charles Burnett, John of Seville and John of Spain: *a mise au point*, in: *Bulletin de philosophie médiévale* 44 (2002), pp. 59-78. p. 61 以下参照。

22) Paul Kunitzsch, Gerard's Translation of Astronomical Texts, Especially the *Almagest*, in: P. Pizzamiglio (ed.), *Gerardo da Cremona*, Cremona 1992, pp. 71-84; idem, Gerhhard von Cremona als Übersetzer des Almagest, in: M. Forstner (ed.), *Festagabe für Hans-Rudolf Singer, zum 65. Geburtstag am 6. April 1990*, Frankfurt a.M.-New York-Paris 1991, S. 347-358; 翻訳の完成時期については議論がある。Charles Burnett, A Group of Arabic-Latin translators working in northern Spain in the mid-12th century, in: *The Journal of the Royal Asiatic Society of Great Britain and Ireland* 1 (1977), pp. 62-108、ここでは p. 73, n. 28 および Richard

Lemay, The True Place of Astrology in Medieval Science and Philosophy, in: (ed.) Patrick Curry, *Astrology, Science and Society*, Woodbridge 1987, pp. 57-73. ここでは p. 65, n. 7.

23) カリンティアのヘルマヌスによる著作および翻訳については、Charles Homer Haskins, *Studies in the History of Mediaeval Science*, pp. 43-66; Charles Burnett, Arabic into Latin in Twelfth Century Spain : the Works of Hermann of Carinthia, in: *Mittellateinisches Jahrbuch* 13 (1978), pp. 100-134; idem, 'Hermann of Carinthia's Attitude towards his Arabic Sources', in : Christian Wenin (ed.), *L'homme et son univers au moyen ge : Actes du septieme Congres international de philosophie medievale, 30 Auot - 4 Septembre 1982*, Louvain-la-Neuve 1986, I pp. 307-322.

24) Charles Burnett, K. Yamamoto, M. Yano (ed.), *The Abbreviation of the Introduction to Astrology : Together with the Medieval Latin Translation of Adelard of Bath*, Leiden-New York, 1994 (Arabic & Latin text).

25) Charles H. Haskins and Dean Putnam Lockwood, The Sicilian Translators of the Twelfth Century and the First Latin Version of Ptolemy's Almagest, in: *Harvard Studies in Classical Philology* 21 (1910), pp. 75-102; Charles H. Haskins, Further Notes on Sicilian Translation of the Twelfth Century, in: *Harvard Studies in Classical Philology* 23 (1912), pp. 155-166. 写本に関する従来の研究については、伊東俊太郎『12世紀ルネサンス』（岩波書店、1993年）194頁以下および岩波敦子「学知の旅、写本の旅――中世地中海世界における科学知の継受と伝播」（前掲書）93-95頁参照。

26) *Aristoteles latinus : codices*, (ed.) Georgius Lacombe, A. Birkenmajer, M. Dulong, Aet. Franceschini, 2 vols., Roma 1939-1955; *Aristoteles Latinus*, Bruges 1961; *Aristoteles Latinus, codices : supplementa altera*, L. Minio-Paluello, G. Vebeke (ed.), Bruges 1961. それぞれの序文に中世の翻訳が概観されている。

27) アヴェロエスに関する著作は枚挙に暇がない。没後800年に開催されたドイツでの記念シンポジウム論文集に Gerhard Endress によるアヴェロエスの校訂一覧を挙げておく。Gerhard Endress, Averrois Opera. A Bibliography of editions and Contributions to the Text, in: Raif Georges Khoury (hg.), *Averroes (1126-1198), oder, Der Triumph des Rationalismus : internationales Symposium anlässlich des 800. Todestages des islamischen Philosophen : Heidelberg, 7.-11. Oktober 1998*, Heidelberg 2002, pp. 339-381.

28) アヴェロエスによるアリストテレスの註釈書の幾つかは校訂されているが、ここでは列挙しない。Cf. Gerhard Endress, Jan Aertsen, Klaus Braun (ed.), *Averroes and the Aristotelian Tradition: Sources, Constitution, and Reception of the Philosophy of Ibn Rushd (1126-1198) : Proceedings of the Fourth Symposium Averroicum*, Cologne, 1996, Leiden 1999, pp.339-381. アヴェロエスによるアラビア語註釈、そのヘブル語訳、ラテン語訳の対照表は、ディミトリ・グタス、山本啓二訳『ギリシア思想とアラビア文化――初期アッバース朝の翻訳運動』（勁草書房、2002年）巻末のあとがき245頁参照。

29) マイケル・スコットについてはいまだ不明な点が多い。Charles Burnett, "Michael

Scotus and the Transmission of Scientific Culture from Toledo to Bologna via the Court of Frederick II Hohenstaufen, in: *Micrologus* 2 (1994), pp. 101-126. 彼に関するモノグラフィーは、Silke Ackermann, *Sternkunden am Kaiserhof. Michael Scotus und sein Buch von den Bildern und Zeichen des Himmels*, Frankfurt a.M. 2009. 彼はしばしば写本の中で「フリードリヒ2世の宮廷の占星術師 *Michael Scotus, astrologus Friderici imperatoris romanorum*」と紹介されている。Ibid., S. 39. マイケル・スコット作と考えられている著作については ibid., S. 53 ff. 参照。

30) 以下 Marie-Thérèse d'Alverny, "Translations and Translators", ibid., pp. 435 ff. 参照。Cf. L. Minio-Paluello, *Opuscula : The Latin Aristotle*, Amsterdam 1972 参照。

31) *Methaphysica Lib. I-IV, 4: Translatio Jacobi sive 'Vetustissima' cum scholiis et translation composite sive 'Vetus'*, (ed.) Gudrun Vuillemin-Diem, (=Aristoteles Latinus 25.1-1a), Brussels 1970.

32) *Aristoteles Latinus*, (ed.) L. Minio-Paluello, G. Vebeke, Bruges 1962, preface; Marie-Thérèse d'Alverny, "Translations and Translators", ibid., pp. 436 n. 61 参照。

33) *Ethica Nicomachea*, (ed.) Rene A. Gauthier, (=Aristoteles Latinus 26.1-3), Leiden 1972-1974.

34) *Physica: Translatio Vaticana*, (ed.) Auguste Mansion (=Aristoteles Latinus 7.2), Bruges 1957.

35) *Methaphysica Lib. I-X, XII-XIV: Translatio anonyma sive "media"*, (ed.) Gudrun Vuillemin-Diem, (=Aristoteles Latinus 25.2), Leiden 1976.

36) ベーダについては、Peter Hunter Blair, *The World of Bede*, Cambridge 1970; Charles W. Jones, *Bede, the Schools and the Computus*. Aldershott 1994.「尊師」という敬称については、Paul Lehmann, Mittelalterliche Beinamen und Ehrentitel, in: *Historisches Jahrbuch* 49 (1929), S. 215-239.

37) *Bede: The Reckoning of Time*, trans. Faith Wallis, Liverpool 1999. 暦法の歴史については、Arno Borst, *Computus. Zeit und Zahl in der Geschichte Europas*, Berlin 1990.［邦訳　アルノ・ボルスト『中世の時と暦』（津山拓也訳、八坂書房、2010年）］.

38) Paul Kunitzsch, *Mittelalterliche astronomisch-astrologische Glossare mit arabischen Fachausdrücken*, München 1977.

39) ディミトリ・グタス、山本啓二訳『ギリシア思想とアラビア文化──初期アッバース朝の翻訳運動』（勁草書房、2002年）33頁以下。

40) 中世の占星術の系譜とともに、グタスの研究書を踏まえてアッバース朝における占星術の布置を鮮やかに描いているのが、山内志朗「中世における占星術批判の系譜」金森修編『科学思想史』（勁草書房、2010年）371-431頁である。

41) *Martianus Capella*, ed. James Willis, Lepzig 1983; 英訳は William Harris Stahl, *Martianus Capella and the seven liberal arts*, Vol. 2, New York 1977; Cf. astrologia と astronomia の置換性については、テスター『西洋占星術の歴史』154頁、注30参照。

42) *Isidore Etymologiae*, vol. I. Books I-X, Lindsay, W. M., Oxford 1985, p. 148; *The etymologies*

of Isidor of Seville, Barney（et al.）, III. 27 p. 99. テスター『西洋占星術の歴史』、25 頁参照。

43) 1250 年頃カンタベリー大司教でドミニコ会士のロバート・キルウォードビは『学問起源論 *De ortu scientiarum*』の中で、両者が互換可能であると指摘、scientia と sapientia の類似性を指摘している。Robert Kilwardby, *De ortu scientiarum*, Albert G. Judy（ed.）, London 1976, ここでは 76 節参照。

44) *Hugonis de S. Victore canonici regularis s. Victoris Parisiensis*, Paris 1979, PL 176, col. 756. テスター／山本啓二訳『西洋占星術の歴史』192 頁以下より引用、一部改訳。

45) サン・ヴィクトールのフゴについては数多くの研究書がある。P. Sicard et D. Poirel（ed.）, *Hugonis de Sancto Victore opera*, 3 vols., Turnhout 2001; Jerome Taylor（trans.）, *The Didascalicon of Hugh of St. Victor : a medieval guide to the arts*, New York 1961, 1991; Rudolf Goy, *Die Überlieferung der Werke Hugos von St. Viktor*, Stuttgart 1976; Paul Rorem, *Hugh of Saint Victor*, New York 2009; Joachim Ehlers, *Hugo von St. Viktor : Studien zum Geschichtsdenken und zur Geschichtsschreibung des 12. Jahrhunderts*, Wiesbaden 1971; Ivan Illich, *Im Weinberg des Textes: Ein Kommentar zu Hugos》Didascalicon《*, Frankfurt 1991, Ivan Illich, I*n the vineyard of the text : a commentary to Hugh's Didascalicon,* Chicago 1993. 邦訳はイヴァン・イリイチ、岡部佳世訳『テクストのぶどう畑で』（法政大学出版局、1995 年）。

46) 37 余の写本が現存している。Lemay, *Abu Ma'shar and Latin Aristotelianism in the twelfth century*, pp. 381 ff.

47) 11 余の写本が現存している。Richard Lemay, *Abu Ma'shar and Latin Aristotelianism in the twelfth century*, pp. 384 f. および Charles Burnett, Arabic into Latin in Twelfth Century Spain the Works of Hermann of Carinthia, p. 126. カリンティアのヘルマヌスによる著作および翻訳については、Charles Homer Haskins, *Studies in the History of Mediaeval Science*, pp. 43-66. ヨハネスとヘルマヌスの翻訳手法の違いについては、Lemay, Richard Lemay, *Abu Ma'shar and Latin Aristotelianism in the twelfth century*, pp. 20 ff. ヘルマヌスはアラビア語テクストの冗長さを嫌い短くする傾向があり、Lemay によればヨハネスとヘルマヌスの翻訳の長さの比は 8:5 という。Ibid., p. 29, n.3. その一方で、ヘルマヌス独自のコメントも翻訳に加えられている。Ibid., p. 32.

48) セベリャのヨハネスは tractatus を、ヘルマヌスは libri を用いている。Richard Lemay, *Abu Ma'shar and Latin Aristotelianism in the twelfth century*, p. 41, n.（2）.

49) Haskins, *Studies in the History of Mediaeval Science*, pp. 68 ff. テスター『西洋占星術の歴史』124 および 205 頁以下参照。

50) Keiji Yamamoto, Charles Burnett（ed. & trans.）, *Abū Ma'šar: On historical astrology : the book of religions and dynasties（on the great conjunctions）*, Edition of Arabic Text, English Translation and 12th Latin Translation, 2 vols., Leiden 2000.

51) Charles Burnett, K. Yamamoto, M. Yano（ed.）, *The Abbreviation of the Introduction to*

Astrology : Together with the Medieval Latin Translation of Adelard of Bath, Leiden-New York, 1994（Arabic & Latin text), p. vii; Francis J. Carmody, *Arabic astronomical and astrological sciences in Latin translation : a critical bibliography*, Berkeley 1956, p. 98.

52)『大序説』は、クレモナのゲラルドゥスの改訳によって中世ラテン世界に広範に流布したと考えられる。Lemay, *Abu Ma'shar and Latin Aristotelianism in the twelfth century*, pp. 3 ff.『小天文学入門』以前の占星術に関する先行論稿として *Liber Alchandrei* が挙げられる。ibid., p. 2; Charles Burnett, 'Adelard, Ergaphalau and the Science of the Stars', in: *Adelard of Bath : an English scientist and Arabist of the early twelfth century*, London 1987, pp. 133-145 とくに p. 140 f.; *Liber Alchandrei* に関しては、拙稿「ライヒェナウのヘルマヌスと中世ヨーロッパにおける天文学写本の伝播」、64 頁以下も参照。

53) テスター『西洋占星術の歴史』202 および 211 頁参照。

54) ケットンのロベルトゥスは、『クルアーン』の他、*Chronica mendosa Saracenorum*、*De generatione Mahumet* と *Doctorina Mahumet* を手掛けている。Charles Burnett, Arabic into Latin in Twelfth Century Spain the Works of Hermann of Carinthia, p. 129. パンプローナの大助祭に任命されたケットンのロベルトゥスについては、1143 年から 1157 年の証書の証人欄などその足跡を跡付ける史料がある。Charles Burnett (ed.& trans.), *Hermann of Carinthia / De essentiis*, Leiden 1982, p. 5. ケットンのロベルトゥスとチェスターのロベルトゥスが同一人物かどうかはいまだ結論を見ない。

55) シャルトルのティエリに献呈されている。Haskins, *Studies in the History of Mediaeval Science*, p. 47.

56) Charles Burnett, *Hermann of Carinthia / De essentiis*, Leiden 1982; Cf. Lemay, ibid., p. 19 および pp. 197 ff.

57) Haskins, *Studies in the History of Mediaeval Science*, pp. 65 f.

58) Burnett, *Hermann of Carinthia / De essentiis*, pp. 33 ff.; Richard Lemay, *Abu Ma'shar and Latin Aristotelianism in the twelfth century*, pp. 217 ff.

59) Charles Burnett, A Group of Arabic-Latin translators working in northern Spain in the mid-12th century, in: *The Journal of the Royal Asiatic Society of Great Britain and Ireland* 1 (1977), pp. 62-108. ここでは p. 64-65. そこに、おそらくケットンのロベルトゥスによって翻訳されたアル＝バッターニーの *Opus astronomicum* からのパラフレーズも確認できるという。Haskins, *Studies in the History of Mediaeval Science*, p. 122.

60) 45 章からなる。Francis J. Carmody, *Arabic astronomical and astrological sciences in Latin translation : a critical bibliography*, Berkeley 1956, p. 78.

61) 序文は、Haskins, *Studies in the History of Mediaeval Science*, pp. 121-122.

62) edition の一部は、Charles Burnett, A Group of Arabic-Latin translators, pp. 98 ff.; Hugo の出身地については、Haskins, *Studies in the History of Mediaeval Science*, pp. 71 f. Charles Burnett and David Pingree (ed.), *The Liber Aristotilis of Hugo of Santalla*, London 1997.

63） Charles Burnett, A Group of Arabic-Latin translators, p. 63 および Burnett, *Hermann of Carinthia / De essentiis*, p. 5.
64） *Secretum secretorum* は、ラテン語写本でも 200 以上現存し、ラテン語のみならず俗語に翻訳された著作である。Haskins, *Studies in the History of Mediaeval Science*, p. 137. *Secretum secretorum* のうち医学に関する部分はセベリャのヨハネスによって翻訳されている。Steven F. Williams, *The Secret of Secrets, The Scholarly Career of a Pseudo- Aristotelian Text in the Latin Middle Ages*, Ann Arbor 2003; Lynn Thorndike, *A History of Magic and Experimental Science*, vol. II, New York/London 1923, pp. 246-278. *Secretum secretorum* については別に論じる機会を待ちたい。
65） マイケル・スコットについてはいまだ不明な点が多い。知の橋渡し役としての彼の論稿とその足跡を辿るには、Charles Burnett, "Michael Scotus and the Transmission of Scientific Culture from Toledo to Bologna via the Court of Frederick II Hohenstaufen, in: *Micrologus* 2 (1994), pp. 101-126. モノグラフィーは、Silke Ackermann, *Sternkunden am Kaiserhof. Michael Scotus und sein Buch von den Bildern und Zeichen des Himmels*, Frankfurt a.M. 2009. マイケル・スコットに帰せられる著作については ibid., S. 53 ff. 参照。Lynn Thorndike, *A History of Magic and Experimental Science*, vol. II, pp. 306 f. に写本一覧有り。
66） Lynn Thorndike, *A History of Magic and Experimental Science*, vol. II, p. 309, n. 2: Canon. Misc. 555, fol. 44v, "Quadam vice me michaelem scotum sibi fidelem inter ceteros astrologos domestic advocavit."
67） Silke Ackermann, *Sternkunden am Kaiserhof. Michael Scotus*, S. 39.
68） この 3 部作については、Glenn M. Edwards, 'Two Redactions of Michael Scot's The Liber Introductorius', in: *Traditio* 41 (1985), pp. 329-340.
69） Charles Burnett, "Michael Scotus and the Transmission of Scientific Culture', p. 107 ff.
70） Richard Lemay, The True Place of Astrology in Medieval Science and Philosophy, in: (ed.) Patrick Curry, *Astrology, Science and Society*, Woodbridge 1987, pp. 57-73.
71） Lemay, The True Place of Astrology, ここでは p. 67. アブー・マアシャルが、『テトラビブロス』の作者を『アルマゲスト』の作者とは別の、エジプト王プトレマイオスであるとしたことが、『アルマゲスト』と『テトラビブロス』の両方の普及を促進し、ヨーロッパ各地に多く流布する結果を生んだと考える研究者もいる。Ibid., p. 65.
72） Cf. Lemay, *Abu Ma'shar and Latin Aristotelianism in the twelfth century*; Burnett, *Hermann of Carinthia / De essentiis*, p. 10, n. 45.
73） Lynn Thorndike, *A History of Magic and Experimental Science*, vol. II, pp. 517-592. とくに p. 579 ff. Betsy Barker Price, The physical astronomy and astrology of Albertus Magnus, in: James A. Weisheipl (ed.), *Albertus Magnus and the sciences : commemorative essays 1980*, Toronto 1980, pp. 155-185.

74) Cf. Paola Zambelli, *The Speculum Astoronomiae and its enigma: Astrology, Theology and Science in Albertus Magnus and his Contemporaries*, Dordrecht/Boston/London 1992. ここでは p. XIII. pp. 207 ff. にラテン語テクスト・英語訳有り；Lynn Thorndike, *A History of Magic and Experimental Science*, vol. II, pp. 693-713, pp. 715 ff. に写本リスト有り。Charles Burnett, How Albert the Great's Speculum astronomiae was Interpreted and Used by Four Centuries of Readers: A Study in Late Medieval Medicine, Astronomy, and Astrology（review）, in: *Magic, Ritual and Witchkraft* 7（2012）, pp. 220-222.

75) サクロボスコの著作については、Lynn Thorndike, *The sphere of Sacrobosco and its commentators*, Chicago 1949. 中世の大学における天文学と医学、数学等他の学問との関係については、Richard Lemay, The Teaching of Astronomy in Medieval Universities, principally at Paris in the Fourteenth Century, in: *Manuscripta* XX (1975), pp. 197-217.

76) Charles Burnett, A Group of Arabic-Latin translators, p. 65. 写本情報は、Francis J. Carmody, *Arabic astronomical and astrological sciences in Latin translation: a critical bibliography*, Berkeley 1956, pp. 103-112.

77) Paola Zambelli, *The Speculum Astoronomiae and its enigma: Astrology*, 著作一覧は pp. 212 ff. この中には、クレモナのゲラルドゥスによる『アルマゲスト』、セベリャのヨハネスによるアブー・マアシャルの『大序説』そして『テトラビブロス』などが含まれる。テスター『西洋占星術の歴史』243 頁参照。Paola Zambelli, *Astrology and magic from the medieval Islamic world to Renaissance Europe : theories and approaches*, Farnham 2012

78) Paola Zambelli, *The Speculum Astoronomiae and its enigma*, pp. 208 f.

79) Cf. Francis J. Carmody, *Arabic Astronomical and Astrological Sciences in Latin Translation: A Critical Bibliography*, Berkeley 1956, pp. 113 ff. アル・ファルガーニーの著作には、クレモナのゲラルドゥス訳もある。

80) Haskins, *Studies in the History of Mediaeval Science*, pp. 218 ff.

81) Lynn Thorndike, *A History of Magic and Experimental Sience*, vol. II, pp. 605 ff. トマス・アクィナスの占星術理解については、山内志朗「中世における占星術批判の系譜」397 頁以下参照。

82) Jeremiah Hackett, Roger Bacon: His Life, Career and Works, in:（ed.）Jeremiah Hackett, *Roger Bacon and the Sciences. Commemorative Essays*, Leiden/New York 1997, pp. 9-23.

83) Cf. *Fr. Rogeri Bacon Opera quædam hactenus inedita*,（ed.）J.S. Brewer, 1965, pp. 39-40 及び p. 320; Lynn Thorndike, *A History of Magic and Experimental Sience*, vol. II, pp. 668 ff.

84) John Henry Bridges（ed.）, *The 'Opus majus' of Roger Bacon*, Oxford 1897, 1900, ND Frankfurt a. M. 1964, 3 vols.; Robert Belle Burke（trans.）, *The Opus majus of Roger Bacon*, Bristol 2000, 2 vols. 『科学の名著 3 ロジャー・ベイコン』（朝日出版社、1980 年所収）、髙橋憲一訳、406 頁以下参照。

85) ロジャー・ベイコンの astronomia と astrologia の使い分けは首尾一貫していない。

Lynn Thorndike, *A History of Magic and Experimental Sience*, vol. II, pp. 669 n. 2; Bridges (ed.), *The 'Opus majus' of Roger Bacon*, I, 109, 242 n.; J.S. Brewer (ed.), *Fr. Rogeri Bacon Opera quædam hactenus inedita / Vol. I. containing I.-Opus tertium. II.-Opus minus. III.-Compendium philosophiæ*, cap. IX, p. 27, cap. XXX, p. 106.

86) Jeremiah Hackett, Roger Bacon on Astronomy-Astrology: The Sources of the Scientia Experimentalis, in: (ed.) Hackett, *Roger Bacon and the Sciences*, pp. 175-198. ここでは 182 頁以下参照。

87) *Opera hactenus inedita Rogeri Baconi, Fasc. V: Secretum secretorum cum glossis et notulis*, Nobert Steele (ed.), Oxford 1920, p. 3 f.

88) 翻訳を通じて中世ヨーロッパにもたらされた「予測」に対するギリシア、イスラームの学識理解に関しては、Richard Lemay, The True Place of Astrology, ここでは p. 67 以下参照。

89) Cf. Lemay, *Abu Ma'shar and Latin Aristotelianism in the twelfth century*; Burnett, *Hermann of Carinthia / De essentiis*, p. 10, n. 45.

中世存在論における断絶と改革
―― 超越概念をめぐって ――

山内志朗

　西洋中世の存在論は、アリストテレスの存在論を踏まえたものだったが、アリストテレスの受容に際して、アラビアの哲学者による註解を用いた。13世紀における大学の自由学芸学部での講義は、アリストテレスの著作を講ずるものであったが、アリストテレスの著作は、残っているものが講義ノートであり理解しがたい箇所も少なくなく、中世においては、アラビアの注釈者たちの解説に依存せざるをえなかった。
　アラビアの注釈者は、古代末期の新プラトン主義に立場に立つ注釈者、たとえばテミスティウス、シンプリキウス、アフロディシアスのアレクサンドロスなどの影響を受けて、アリストテレスを受容した。その結果、アリストテレス―アリストテレスの注釈者―アラビアの哲学者―西洋中世哲学という系譜が現れるわけだが、その際、そこには連続性だけが見られるわけではない。以下のところで考察したいのは、存在論をめぐる断絶であり、断絶の登場によって13世紀後半のスコラ哲学は難渋することになったが、その断絶をスコラ哲学の枠組みに取り込むことによって、発展を遂げることができた。ドゥンス・スコトゥスの存在の一義性理論も、そういった断絶が受容された結果として理解することができる。

1　超越概念とは何か

　ここでは存在論の場面に話を限定し、特に超越概念を取り上げたい。超越概念は、13世紀後半においては、存在、真、善、一、〈もの〉、〈あるもの〉（ens, verum, bonum, unum, res, aliquid）という6つに整理される。当初あったのは、存在、真、善、一という4つであったが、アルベルトゥス・マグヌスやトマス・アクィナスが、〈もの〉と〈或るもの〉の2つを付け加えて、6つとなった。ここで、「〈もの〉」と「〈或るもの〉」というように、ギュメを付けて表現するのは、「もの」と「或るもの」では形式名詞としての用法に紛れてしまうことを避けるためである。あくまで超越概念であることを示すために「〈もの〉」「〈或るもの〉」と表現する。

　超越概念（transcendentia）とは、アリストテレスのテキストの中には登場しない概念であり、「超越」という用語によって誤解を引き起こしやすいものである。アリストテレスの存在論は、「実体、作用、受動、量、質、場所、時間、所有、状況」という10のカテゴリー（範疇、類）から構成される。存在者を分類する最高の分類枠（最高類）がカテゴリーなのである。しかしながら、カテゴリーという最高類よりも広く、しかも存在とはことなる分類枠がある。これは、存在と外延において等しいが、内包において異なるとされ、「カテゴリーを超越する概念」ということで、「超越概念」と呼ばれるようになった。超越概念は、存在するすべてのものに当てはまるわけであり、感覚的事物を超越したり、天上的に存在する特殊なものではない。すべてのものは、超越概念としての側面を有しているのである。

　外延において等しいものなので、超越概念は相互に互換的（convertuntur）であると述べられる。存在するものは一なるものであり、存在するものは善なるものであるということになる。超越概念をめぐる発展史において、重要なのは、〈もの〉と〈或るもの〉が追加されてい

った経緯である。

　〈もの〉と〈或るもの〉は、ストアの存在論において重要な概念であった。それがアラビア哲学に受容されるときに、「もの」(shay') として受容された。ただ、このシャイウは、ギリシア語のプラグマとも、ラテン語のレスとも異なる内実を備えていた。これが混乱を引き起こしたのである。

　ここで、〈もの〉が、ギリシア語、アラビア語、ラテン語へと移行していく過程の中でいずれの語も、〈もの〉と訳されながら、翻訳不可能の契機がその都度現れてきて、翻訳語の受容者達に多くの難題を吹きかけることとなった。

　ここでは、近世初頭においてよく使用された、哲学用語解説辞典である、アルマンドゥスの『神学・哲学・論理学の難解用語解明辞典』(Armandus de Bellovisu, *Declaratio difficilium terminorum, theologiae philosophiae et logicae*, Basel, 1491.) における〈もの〉に関する短い章を訳しておく。このアルマンドゥスは、1334 年頃生まれたということしか知られていない。しかしこの『難解用語解明辞典』は、小冊子でありながら、超越概念に関する詳しい解説が冒頭にあり、中世後期の標準的理解が見られる。

　　第 2 章　超越概念について
　　第 2 の超越概念である〈もの〉について、いかなるものにいかなる仕方で様々に適合するか。

　　第 1 の超越概念である〈存在〉について語った後で、2 番目に〈もの〉について論じなければならない。これについては 1 つのことだけ語っておく。それは、〈もの〉は、様々なものには様々な仕方で語られるように、2 種類の仕方で語られるということである。1 つの仕方では、文法学者において、〈もの〉が a ratus, rata, ratum と語られる。そしてこの ratum は「確固たること (firmum)」と同じである。そして石のように実在的な〈存在〉である、確固たる存在

性を有するものに当てはまる。また別の仕方で〈もの〉は res a reor reris と言われる。reor という動詞は知性と理性の作用を表し、確固たる存在を有するのではなく、第 2 志向のように思惟的な存在しか持たないものにも当てはまる。このように、超越概念である〈存在〉は、a ratus, rata, ratum と言われる実在的な〈存在〉(ens reale) ばかりでなく、a reor, reris と言われる思惟的な〈存在〉(ens rationis) にも当てはまる[1]。

このように、〈もの〉を 2 種類に分けるのは、1250 年以降のパリ大学では普通のこととなるが、なかなか理解しにくい点を含んでいる。1 つは、ens a ratus, rata, ratum を記されるものである。「文法学者」においてとあるように、reor（思う、考える）という動詞はラテン語の辞典においては、単語の見出しのところに、不定詞や過去分詞の形を載せるのだが、その際、男性形女性形中性形が記されるので、それを取り入れたものである。ratus は「確かな、確固たる」といった意味である。他方、res a reor- reris dicta における reor, reris は reor という動詞（「思う、考える」といった意味）の第一人称単数形、第二人称単数形の屈折を並べたものである。「あれこれ頭で考えている」ものということである。

要するに、ここでは res を俗流語源学を使って、語呂合わせ教えようとしているのであり、res には、実在的なものを指す場合と、思惟的で空想的なものを表す場合があることが示されている。先取りするならば、後者の〈もの〉、つまり res a reor-reris dicta こそ、アラビア哲学から導入したものであり、この概念が導入される背景には、様々な学説間の対立が潜んでいるのである。

この〈もの〉が超越概念に加わるとき、単に数が増えたということだけではなく、アヴィセンナが西洋中世哲学にもたらした様相概念の変革も関連してくるはずであり、だからこそ、超越概念の変化の様子が検討されねばならないのである。ただし、様相概念の変革についてはここで

は措く。

2　超越概念の展開

　超越概念の変化については、暫定的ながら、以下の4つの段階を設定しておきたいと思う。第1期は、超越概念が4つであるが、第2期になると、6つに増える。第3期になると6つに限定されなくなる、第4期においては、カテゴリーの削減が行われ、超越概念も変質していく。ただ、こういった段階区分はあくまでも暫定的なものにすぎない。

1) 第1期：大学総長フィリップ、ヘールズのアレクサンデル
2) 第2期：アヴィセンナ、ボナヴェントゥラ、トマス・アクィナス
3) 第3期：ガンのヘンリクス、ドゥンス・スコトゥス
4) 第4期：オッカム以降、ヴォルフ学派まで、カント以前

1) 超越概念の成立

　超越概念の端緒は12世紀に遡るが、13世紀の存在論を巻き込む理論とは別個のものであり、やはり第1期となるのは、フィリップとアレクサンデルである。フィリップの超越概念論は『善についての大全』(1225/28)に展開されるが、そこでは、存在、一、真、善の4つが超越概念として提示されている。存在以外の3者が「存在に随伴する3つの条件（tres conditiones concomitantes esse）」をなすと考えられ、既に「随伴」というアヴィセンナに由来する用語が登場していることは注目に値する。

　存在、一、真、善が超越概念として整備されるようになったのは、それらが存在論の基本概念でありながら、アリストテレスにおいては位置づけが必定まっていなかったということがある。10のカテゴリーに分類される以前に、存在については異なった考察の仕方があるわけで、それを具体的に考察するのが、倫理学や論理学であるとしても、その分類

を準備しておく作業が必要なのである。

　超越概念という用語そのものは12世紀に登場していたのであるが、内実が込められ、その後の展開につながるような考察が始まるのは、13世紀前半であり、しかもカタリ派に対抗する理論を考察する場面においてだった。存在は善と悪に区分されるのでなく、悪は欠如でしかないという理解は、カタリ派の善悪二元論に対抗する上での橋頭堡とされたのである。

　2) 超越概念としての〈もの〉

　第2期において、超越概念は大規模な改革と結びつくようになる。第2期にはアヴィセンナの存在論の受容という側面が強く表れてくる。存在、一、真、善の4つの超越概念とする時期を第1期とすると、第2期には、アヴィセンナの『形而上学』を踏まえて、存在、一、〈もの〉、或るものの4つか、真と善を加えて、6つが挙げられるようになる。クレモナのロランドは、存在、一、或るもの、「もの」の4つを挙げたとされ、トマス・アクィナス『真理論』は、6つの超越概念を挙げている。

　第2期の特徴となるのが、この〈もの〉(res)概念の導入である。なお、以下のところで、煩瑣ではあるが、アラビア語のshay'は「もの」、ラテン語のresは〈もの〉と訳し分けることにする。既に多くの研究者が指摘しているように、shay'はresと訳されたわけだが、両者の間に差異が存在しているからである。

　アラビア語の「もの」とラテン語の〈もの〉との間の落差は、埋めがたいものであった。前提となる存在論の枠組みが異なっているからである。本来、ラテン語のresはかなり具体性を持った、社会の中で流通する事物であった。もちろんのこと、改めてresとは何かを問い求めると、山田晶先生の労作『トマス・アクィナスの《レス》研究』(創文社、1986年) を見てもわかるように、途方もない作業となる。その際、ギリシア語のプラグマとの対比も重要であるが、それ以上に、アラビア語の「も

の」との対比が重要なのである。これについては、次節で検討するが、先だって、第 2 期と第 3 期との違い、第 3 期と第 4 期の違いについて触れておく。

3 〈もの〉概念の特異性

　〈もの〉概念は、西洋中世哲学でも扱いにくい概念だが、イスラーム哲学においても「もの」概念は難解である。〈もの〉概念の継承と受容には、大きな断絶が潜んでいる。その事情は最近になるまで注目されることはなかったが、1990 年代以降、アヴィセンナにおける〈もの〉概念の特異性が解明されるようになり、イスラーム哲学における変遷と、それがどのように西洋中世の〈もの〉と異なるのか、明らかになってきた。

　イスラーム哲学においても、アヴィセンナを中心とした研究が進み、ムータジラ派との関係のみならず、弟子であったバフマンヤルやイブン・カンムーナなどへの影響関係も研究が進み、〈もの〉概念がイスラームにおいても西洋中世においても、〈存在〉に匹敵する形而上学の中心概念となることが明らかになった。アヴィセンナにおいては、「もの」の方が〈存在〉よりも先なるものと捉えられる場合もあり、そこに独自の存在論──「もの」論──が形成されたのである。

　アヴィセンナの「もの」概念はムータジラ派の理論を半ば保持するところがある。ムータジラ派の特殊な「もの」論は以下のような背景が考えられている。創造における「あれ！」という神の命令が向けられるものがあって、その命令の後に命令の対象が存在者へと転じたとされる。その神の命令が向けられるものが「もの」であり、それは〈無〉＝非存在者（al-maʿdum）である。〈無〉も属性の基体となる。〈無〉も存在者も「もの」であり、可能な限りあらゆる属性を受容しうるものが「もの」なのである。そしてこの属性を受容する〈無〉ということは肉体の復活

にも機能するのである。

　神による存在の命令があり、その結果存在者がこの世界に登場するわけであるが、この神の命令が向けられる対象が予めなければならず、それが「もの」なのである。「もの」が「あれ！」という神の命令を向けられることで存在者として現成するという構図がここには見られる。

　いかなる属性を受容しうる基体としての〈無〉が「もの」と考えられたことは、ムータジラ派の存在論の特徴であり、アヴィセンナはその存在論を批判しようとした。ただその「もの」の特異性はアヴィセンナにも流入し、残存してしまった。

　ムータジラ派の存在論は、徹底した個体主義であり、存在するのは、個体と〈無〉だけであり、普遍の成立する余地は認められていなかった。アヴィセンナは、太陽や地球というこの世に1つしか妥当例がないものでも普遍となり得ること、そして概念の内に矛盾を含まなければ、正七角形の家のようにこの世に存在しないものでも普遍となり得ることを示した。そして、「馬性」といった共通本性はそれ自体では個体でも普遍でもないが、個体と普遍の中立無記的なものとして、普遍にもなり得るし個体にもなり得るようなものとして、普遍の成立する領野を占めそうとしたのである。それが、「馬性はそれ自体では馬性に他ならない（Equinitas in se est equinitas tantum.）」という格率に示され、西洋中世において広く論究されることとなった。

　ただ、いずれにしても、存在者と非存在者の両者を含むものとしての「もの」という論点は、ムータジラ派に認められる論点であり、その論点は難点を含むものとして受容されなかったわけで、アヴィセンナから消えたわけだが、イスラーム哲学における「もの」が論理的に可能なものを含み、したがって、現実的な存在者よりも広く、存在者が可能的なものも現実的なものの両者を含む限り、外延が等しくなるということは強調されるべきであろう。だからこそ、「もの」が超越概念としてあり、基体に即して互換的なものとなりうる。「もの」は外延において、存在

者と非存在者を含むものというよりも、非存在者が可能性における存在者として捉えられるようになったのである。

　この「もの」が超越概念に組み込まれることによって、13世紀の西洋中世において、超越概念の枠組みに大きな切断と変化をもたらした。「もの」という語りがたい概念には、注意すべき論点が含まれており、それは、アラビア語とラテン語の差異を踏まえ、そして当時に大きな理論の改変をも求めるものであったために、見えにくくなってしまった。

　先のところで、アルマンドゥスにおいて、res a reor-reris dicta と res a ratitudine dicta という対比に触れた。ラテン語において、res は具体的な実質をもった存在者であり、七角形の家といった可能性に留まるものを含みはしなかった。アラビア語の「もの」はそういった存在者の影に過ぎないような res を含み、ラテン語では誤解を招くがゆえに特別に res a reor-reris dicta というように、「reor（考える、思う）」に起源を見出すことで、民間語源学的に説明を加えたわけである。

　したがって、この煩瑣な res をめぐる対比図式はそれ自体意味がわかりにくい説明も含まれるとしても、様相理論の変化が議論の背景で進行していると考えるべきである。この意味で〈もの〉は、扱いに注意の必要な概念である。つまり、アヴィセンナにおいて、普遍は「もの」であり、この世に存在しない七角形の家も、フェニックスも「もの」なのである。これは、ラテン語の〈もの〉には当てはまらないことである。

　〈もの〉も〈或るもの〉もストア哲学における ti に由来する〈もの〉だが、これはアヴィセンナ経由で13世紀のスコラ哲学に入り込んできた、〈もの〉と〈或るもの〉は同じものと考えてよいわけだが、ともかくもその結果、当初4つであった超越概念は、6つに増えることとなったのである。

　超越概念の数が増えるということは、単なる量的増加ではない。ヘールズのアレクサンデルにおいては、三位一体論と結びついて、超越概念が4である論拠を形成していたが、その数が6になることは、量的な増

中世存在論における断絶と改革

大のみならず、アヴィセンナの存在論をある程度受容しなければならないのである。

アヴィセンナの『治癒の書』の中の『形而上学』の第 1 巻第 5 章には、「〈もの〉と〈存在〉と必然といったものは精神のうちに第 1 の印象によって直接的に刻印されると述べる」[2] とある。この箇所は、〈もの〉が超越概念の 1 つに組み込まれるようになった背景を示しており、また 13 世紀西洋スコラ哲学への影響から見ても、きわめて重要である。「〈存在〉と〈もの〉は第一の印象によって精神に刻印される」と記され、存在の先行性が言及され、存在の一義性をめぐる議論でも鍵となる 1 節である。そして、同時にここで〈もの〉の先行性も触れられている。このテーゼは超越概念の第 2 期にとって重要である。そしてこの〈もの〉の先行性こそ困難の中心である。

4　ガンのヘンリクスにおける〈もの〉論 1

以下のところでは、ガンのヘンリクス『任意討論集』第 3 巻第 9 問を試訳し、簡単ながら説明を付し、ヘンリクスにおける〈もの〉論の展開を見ることにしたい。なお、冒頭のアルファベットは整理のために便宜的に付したものである。なお、この『任意討論集』第 3 巻第 9 問は、批判的校訂版がまだ刊行されていないために、便宜的に、段落ごとに番号を付しておく。ここで使用したのは、ヴェネツィアで 1613 年に刊行された初期刊行本だが、不完全なところが数か所あるように思われる。なお、下線はすべて引用者による。

　　1）最初の問い以下の通り。存在と非存在とに中立無記的にかかわる〈或る本質〉(aliqua essentia) を措定すべきかどうかということである。

2）【問題の分析】
　ここで注意されるべきは以下のことである。つまり、アヴィセンナが『形而上学』第1巻において述べているのは、各々の〈もの〉はその種的本性において、固有の本体性（certitudo propria）を有しているということである。この〈もの〉の何性は、〈もの〉をそのものたらしめ、他のものとは異なるそれ自身をなすところのものである。ちょうど、白さがその本性において、白さとなって、黒さとはならない本体性を有しているのと同じである。このために、〈もの〉と呼ばれる所以となる観念が〈もの〉に適合するものとなる。そしてこそ観念は、〈もの〉の本性に関わり、存在の観念とは異なる観念である[3]。

　この節で登場する「本体性（certitudo）」はアラビア語ではハキーカ（haqīqa）と言われるものであり、井筒俊彦は「リアリティ」と訳した。事物に備わった本質的な実質で、事物をして事物たらしめるものであり、しかも人間の知性の働きとは独立に、そして知性の働きの先だって存在するものである。それが、〈もの〉の何性とも言われている。この本体性は、トマス・アクィナスにおいては、「独立に考えられた本性（natura absolute considerata）」、ドゥンス・スコトゥスにおいては、「共通本性（natura communis）」と言われるものである。これがもし普遍と同じものであれば、素朴な実在論が主張されていることになるが、この本体性は、アヴィセンナが明確に定式化したように、普遍でも個物でもない、それ自体では何ものでもない、しかしながら何ものでもあり得る本質なのである。

3）〈もの〉の観念と存在の観念（intentio de re et de esse）
　〈もの〉の観念は端的に一次的観念（intentio prima）であって、〈もの〉をそれ自体で成り立たせる本体性（certitudo）が、それ自体で

中世存在論における断絶と改革

精神のうちに、または被造的であれ非造的であれ知性の概念のうちに、または外的な個物のうちに存在を持つ限りで、存在の観念が随伴するところのものである。知性理解の面から言えば、存在の観念は〈もの〉の観念の後に来る。いかなる〈もの〉についてもその〈もの〉それ自体の本性の本体性は、〈もの〉が何であるかを理解する所以となる絶対的概念を有しているが、その本体性が精神のうちにであれ、個物のうちにであれ、いかなる仕方であれ知性理解を共通にするものはそこにはない[4]。

　事物の観念を intentio prima と呼んだのはアヴィセンナである。intentio のアラビア語はマアナ（ma'na）であり、「思い、思念」といった緩やかな意味の語であるが、intentio とラテン語訳されたので、「志向」などとも訳され、現象学の志向性との関連が問題とされる場合もある。14世紀のスコラ認識論において、志向的存在（esse intentionale）ということが論じられる場合には、現象学との関連が淡く現れてくるとしても、intentio という語に「志向」という意味合いはないし、それを見出そうとすると混乱に陥りやすい。概念（conceptus）と同義語と捉えるべきである。一次的観念は事物についての観念であるが、二次的観念は観念についての観念であり、「類、種、種差」といった普遍は、二次的観念である。〈もの〉の観念は一次的観念であり、普遍は二次的観念であるというのは、アヴィセンナの普遍論の核心であり、13世紀後半以降のほとんどの普遍論はこのアヴィセンナの普遍論の枠組みを基本的は踏襲しているのである。一次的観念と二次的観念の精密な区別を記号論的な場面で精緻に行おうとしたのがオッカムであった。
　ともかくも、この節では、「存在の観念は、〈もの〉の観念の後に来る」と語られている。この語り方の背後にはムータジラ派の存在論が控えている。〈もの〉が存在と非存在の両者を含む以上、〈もの〉が存在に先行するのは当然のことである。ここで、〈もの〉に備わっている「絶

I　知の挑戦

対的概念」というのが問題となってくる。この語を説明しているのが次の一節である。

> 4)〈絶対的概念〉(conceptus absolutus)
> 　だが、私が言いたいのは、本体性がそれ自体である限りで、知性のうちや個物のうちでの存在を持つことなく、独立した或るものとしてある仕方で、絶対存在を有しているということではない。そうではなく私が述べたいのは、それ自体であるものこそ、それ自体で〈絶対的概念〉を有し、付随するあらゆる条件抜きであるものであるということだ。概念としては、精神のうちにあるとか、〈もの〉のうちにあるとか、普遍的であるとか、個別的であるとか、一であるとか、多であるとかになる。
> 　ところで、このもの、つまりそれ自体である限りで〈絶対的概念〉を有するものは、アヴィセンナが第5巻で述べているように、それ自体で自らを分離されたもの（separatum per se）とせざるをえないものになすことは可能ではない。というのは、〈絶対的概念〉に付随するあらゆる諸条件なしにそれ自体で〈絶対的概念〉を有する性質をそれ自体で有するものは、それらの諸条件のうちに存在を有しており、いやそのうちにしか存在を有していないからである。というのは、そのものは、精神のうちにあって普遍であるか、または〈もの〉のうちにあって個別であるかのいずれかでしかないからである[5]。

この節では、本体性がそれ自体である限り、絶対存在を持つのではなく、「絶対的概念」を有すると述べられている。絶対的である場合には、付随する条件を除去するということだが、この場合の除去とは、普遍か個物か、一か多かといった二項対立のいずれでもなく、いずれもである、いや正確に述べればいずれでもありうる中立無記性の状態のことであり、

二項対立の両項を潜在的に含んでいる状態である。つまり絶対的概念の中立無記性を語るためには、「二項対立のいずれでもない」というのでは不十分であり、また「二項対立のいずれでもある」というのでは矛盾律を犯すことになるために、「二項対立のいずれでもあり得る」として語られることになる。ここでは、存在と非存在という対立で語られているのだが、問題は様相の問題に入り込んでいるのである。可能（possible）という様相を導入するしかないのであり、もしアヴィセンナが七角形の家を普遍と見なしたことを受容するならば、ここでの可能性は、現実のうちに実例を１つもないとしても可能と見なされるべきものなのである。つまり、いつかどこかで実現することがないとしても可能なものを認めることが必要となってくる。これこそ、ラブジョイが『存在の大いなる連鎖』のなかで提起した「充実性の原理（the principle of plenitude）」を乗り越えるものであり、様相革命の生じている現場が見出される。

　なお、絶対的概念は、知性によって把握される以前に、知性とは独立に成立しているから、そのようなものを「概念」と呼んでよいのか疑問にも思われるが、大きな不都合とはならないと思われる。

5）矛盾対立する設問形式

　「そこでもし誰かが馬性について矛盾対立する設問形式で問うとすれば、つまり馬性は馬性である限りにおいてＡであるのかまたは〜Ａであるのかを問うとすれば、答えは否定でしか成り立たない。そして、Ａも〜Ａも馬性についてはその観念を越えていると言うべきである。ところで、否定といっても、それ自体に即する限りのものの否定ではない（non autem secundum negationem eius, quod ipsa est secundum se）。というのは、馬性は馬性である限りにおいては、端的な馬性以外の何物でもないからである。また他のもののうちの一方（aliquid aliorum）というのでもない。一でも多でもないし、特殊でも

普遍でもないし云々。ところで、問いの諸部分が直接的に［対立する］2つの肯定的なものである場合、「馬性は馬性である限りで一なのか、さもなければ多なのか」「普遍なのかまたは特殊なのか」以下同様となる場合には、答えは2つの否定的なものによって与えられる。つまり、馬性は馬性である限りにおいて一ではない」「それは多ではない」「それは特殊ではない」「それは普遍ではない」。たしかに馬性は普遍か特殊のいずれかであるが、しかしその本質の規定においては（ex ratione essentiae）いわば自らをどちらかに決めることはないし、どちらにも中立無記的である。ちょうど人間が白いと黒いと言われる場合と同じである。プラトンのうちにある人間性は、馬性である限りでは、ソクラテスのうちにある人間性と異なるものではない。というのは、人間性である限りでは、端的に人間性であり、いずれの人間性とも同じでもなく、またそれから異なってもいない。そうではなくて、ソクラテスの人間性はプラトンのうちにある人間性と異なっていて、いわば外的な偶有性としてあるが、それは人間性という規定に依ってのことではない[6]。

二項対立がある場合に、排中律によって、Aまたは〜Aのいずれか一方しか成立しないわけであるから、絶対的概念について、そのどちらなのかを問う場合、どちらでもない、いやどちらの一方なのかと問えるようなものではない、というのはきわめて重要な指摘なのである。排中律は適用できないのである、排中律はA∨〜A（Aであるか、またはAではない、のいずれか一方である）と記されるが、それが適用できないということは、〜（A∨〜A）である。括弧を外すと、〜A∧〜〜A（Aではない、かつAでないのではない）となり、二重否定を肯定と置き直せば、〜A∧Aとなり、見事に矛盾律を犯すことになる。もちろん、矛盾律を乗り越え、矛盾が事物の生成する原動力であるという発想がここに見られるわけでは必ずしもない。もちろん、矛盾そのものの生成力を読み

込むことも可能ではあるが、ここではむしろ可能性、より正確に言えば、論理的可能（possibile logicum）が語られていると見るべきであろう。

　先ほどの、〜（A∨〜A）を考える場合、分配律を適用して括弧を外したり、二重否定を肯定として理解することは、無条件に認められることではない。存在（esse）の次元においてであれば、排中律、分配律、二重否定＝肯定といった原理を適用してよい。存在（esse）というのは、この被造世界を領野とすることであり、限定された次元であるが、〈もの〉の領野は創造される以前の潜在性の領野を指しており、その領野には排中律も、分配律も、二重否定＝肯定も適用できないのである。さらに述べれば、この〈もの〉の領野は、アリストテレスのオルガノンの枠組み、アリストテレスの論理を適用できない領野なのである。

　アリストテレスの論理を適用できない領野が、超越概念の領野であり、それを語るために新プラトン主義の枠組みが援用され、それがアラビア経由で『原因論』やアヴィセンナのテキストを通して、13世紀に浸透していったのである。

　ガンのヘンリクス以降、トマス・アクィナス批判やアリストテレス批判の論点が出てくる。そして、それがアヴィセンナの存在論と結びついて出てくるが、それには以上のような背景があると考えられる。

5　ガンのヘンリクスにおける〈もの〉論2

　前節では、〈もの〉の領域について論じられた。次の節では、存在（esse）が語られる。この存在というのは、アヴィセンナの受容以降においては、もはや最高類概念として捉えるわけにはいかない。もちろん、〈もの〉を基礎とする別種の存在論を構想しようという流れが現れてくるわけではない。〈もの〉の原初性に向かうのではなく、存在を理解する枠組みを様相理論を取り込んで拡張しようとする流れの方が目立つと思われる。

ここで、ヘンリクスのさらなる論述を見ておこう。以下のところでは存在に3つの様態が設定される。

　6）存在の3つの様態
　そこで、いかなる〈もの〉についてもその何性と本性について3つの真なる知性理解と、1つの偽なる知性理解があることを理解しなければならない。〈もの〉の本性は三重の真なる知性理解を有する。存在において3つの様態を持つのと同じように。というのも、1つは、〈もの〉のうちの外的な自然存在（esse naturae）を有するものであり、第2のものは概念的存在（esse rationis）をもつもので、第3のものは〈本質存在〉（esse essentiae）を有するものである。
　個物のうちにある諸偶有性とともに受けとられた動物は自然的〈もの〉である。精神のうちにある諸偶有性とともに受けとられた動物は概念的〈もの〉（res rationis）である。ところが、それ自体で受けとられた場合は、本質の〈もの〉（res essentiae）である。それについては、その存在が自然存在や概念的存在よりも先に語られる。ちょうど単純なものが合成体に先立つように。そして、他の〈もの〉のあらゆる条件を欠いて把握される限りで、知性のうちにそれ自体で端的に存在する（secundum se in intellectu tantum）。アヴィセンナが第8章で述べているようにこれこそ本来の意味で定義的存在（definitivum esse）であり、神の観念によってある（est Dei intentione）[7]。

　この節では、ヘンリクスの存在論の特徴となる存在の3つの様態の理論が展開されてある。自然存在（esse naturae）、概念的存在（esse rationis）、本質存在（esse essentiae）である。自然存在は、付随する様々な偶有性をも合わせて成立している事物のあり方である。感覚の対象となる事物の存在と考えればよいだろう。概念的存在とは、命題の内にとりこまれ、概念としての存在である。これについては分かりやすいが、本質存在と

なると様々な解釈が出てくる。本質と本質存在はきわめてしばしば混同される傾向にあるが、明確に区別する必要がある。本質は一なるもの、定義によって表現されるものであり、多によって表現されるものでああある。ところが、本質存在は、事物の絶対概念を定義によって表現される、つまり言語表現にもたらされる場面との関連で語られるものではなく、それ自体で知性とも言語表現とも独立に成立するものとして捉えられたものである。だからこそ、一でも多でもないと言われるのである。言語表現を成立させる事物の側の可能性の条件と言ってもよいだろう。本質は存在と並列的に存在するが、本質存在はいわば存在の未顕現態といってよいだろう。創造以前の神の知性におけるあり方ともつながってくるのは当然のことである。次の段落の冒頭には、「私の理解では、こういった存在が或るものに適合するのは、その範型規定（ratio exemplaris）が神の知性のうちにあって、その規定によって外的な事物のうちに生じるものとなっている場合だけである」とあり、ヘンリクスが創造以前の場面を考えていることは明確に分かる。

7）ヘンリクスの見解

故に、存在と《非存在》（non esse）に対して中立無記的に関わる〈或る本質〉を措定すべきかが問われる場合、《非存在》について区別しなければならない。

1）というのも、《非存在》と言われるのは、あらゆる存在の規定を否定するものである。このような《非存在》は知性存在（esse intellectus）や学知のないもの、〈もの〉の外部に神のうちに根拠（ratio）を持っていないもの、実在的に（in rerum natura）存在することができず、〈もの〉でも本性でも或る何性でもないものについて言われる。

2）または、或る1つの存在規定に即して存在を否定するが、しかし別の面では存在を措定する《非存在》についても言われる。つ

まり、外的な個物における現実的存在（esse actualis existentiae）するものである。このような《非存在》は、すでに解明したように、それ自体で本性であり、或る何性で或るものについて当てはまる[8]。

ここで、ヘンリクスは非存在の意味について2つに分けて考える。《非存在》の分類論が出されているのは、存在論史上画期的なことと思われる。キリスト教神学から見れば、《非存在》＝無の分類が出されるのはおそらくきわめて異常なことである。トマス・アクィナス以前であればあり得ない分類が出されている。これもまた、アヴィセンナによってムータジラ派の〈もの〉論が紛れ込んでいるためなのである。

8）第1の意味での《非存在》
　第1の意味での《非存在》については、存在に対立するいかなるものについても、事物の中にも知性の中にも、次のようないかなる本質も措定すべきではない。その本質が中立無記的に存在と非存在に関わるようなものである。というのは、そのような仕方でそれ自体において《非存在》であるものは必然的な非存在（necesse non esse）だからである。ちょうど神が必然的存在（necesse esse）であるような存在を持つのと同様にである。ところで、その本性から、すでに解明したように本性であり〈或る本質〉であって、このような《非存在》を持つことができるものはない。というのも、その場合、本性、〈もの〉、〈或る本質〉といったものはなく、述語の反対が主語にうちに含まれることになってしまうからである。そこでアヴィセンナはこのような《非存在》について、いかにして〈もの〉が《非存在》に述語づけられないか、決して述語づけられないことを述べていたのである[9]。

第1の意味の《非存在》は、許容されない《非存在》である。絶対的

無であり、これについては論じる必要はないだろう。

9）第2の意味での《非存在》

第2の意味での《非存在》について述べよう。それはここでは精神の絶対的概念に即して〈もの〉ないし〈或る本質〉で、外的な個物のうちに現実には存在を有していないものである。中立無記的に存在と《非存在》に関わる本質や或る本性を措定するのはよいことであるが、中立無記性の側で区別する必要がある。というのも、或るものが存在と《非存在》に中立無記的に関わるということは2つの仕方で理解できるからである。1つは、事実的にどちらも有しておらず、両者に等しい仕方で関わっている場合である。もう1つの仕方とはその本性と本質に関する限り、他方を持ち得ないような仕方で一方へと決定されていない場合である。

第2の仕方において、いかなる被造物の本質も、被造物である限りにおいて存在と《非存在》に中立無記的に関わる。というのも、自らを現実的な《非存在》へと限定し、他の起成因から存在を受容することができないものはないからである。残りのことが《非存在》に陥ることなしに、他のものから存在を受けとるものもない。というのも、被造物のいかなる本質も可能態にあって現実的なものとなるが、それ自体では現実態にあるものではない。そして現実的存在（esse in actu）を他のものからしか得られないのである。

ボエティウスによると、いかなる被造物においても存在と本質（quod est）は異なる。存在が本質（quod est）に偶有的に生じるのは、アヴィセンナ『形而上学』第8巻によるとそれが他のものに基づくからである。必然存在以外の他のものはそれ自体で可能存在である何性を有している、これらの何性は外部からしか存在が偶有的に生じないものであり、そのためにそこで「存在するか」という問いが意味を有するものとなるものである。〈もの〉がそれ自体である限

り、他のものからしか得られない偶有性を欠くこともあり得るし、被造物の本質がいかに多くの存在を現実に他のものから得るとしても、それ自体では《非存在》もつ可能態のうちにあるのである。というのは最初の存在が滅びないか、または、被造物の本質のうちに連続的に存在を保持しているとすれば、すぐにそれらのうちで全き意味で存在しているものは何もないことになろう[10]。

この節の内容はかなり煩瑣なものとなっている。こちらの《非存在》は、全くの無ではなく、現実には成立していないが、そういった傾向性を持ったものが問題とされている。これについても中立無記性が適用されている。そして、ここで中立無記性がさらに2種類に区分されている。

中立無記性の第1のものは、完全に中立無記的なもので、傾向性も何もない場合である。他方は、現実には定まっておらずその点では中立無記的であるが、傾向性を持っている場合である。

6　中立無記性と存在論の断絶

ヘンリクスは引き続いて、中立無記性を2つに分けて説明する。

10）中立無記性の2つの意味

本質の存在と《非存在》への中立無記性について語る場合、つまり事実的には（de facto）いずれでもなく、等しく同じように関わる、つまり中立無記性によって存在と《非存在》に関わると言うことは、二重の仕方で理解されるのがよい。1つは、本質についての精神の概念への関わり（ad conceptum mentis de ipsa）である。もう1つはそれ自体で捉えられた〈もの〉への関わり（ad ipsam rem in se ipsa）である。第1の仕方については次のように述べる。つまり、いかなる被造物の本質も中立無記的に端的かつ絶対的に存在と《非存在》に

関わっている。ちょうど、〈もの〉の本質の観念や本体性の外部に、普遍的存在と個別的存在、一と多などがあるからである。動物性や人間性である限りの動物性や人間性は、前に述べたように、その本性と本質において、普遍か特殊、またはそれに類するものであるのではない。現実に存在するものでも、現実に存在しないものでもない。というのは、もし動物性である限りの動物性が現実に存在するものであるとすると、動物性は動物性の《非存在》ではあり得ず、現実に存在しないものではあり得ず、必然存在ということになってしまう。また逆に動物性である限りの動物性が現実的な非存在者（non existens in actu）であるとすると、現実的な非存在でないことがあり得ず、そして必然的非存在（necesse non esse）になってしまうが、これは誤りである[11]。

　第1の中立無記性は精神の概念におけるあり方である。いずれでもないという未決定的で、欠如的なありかたがここには見られる。
　問題となるのは、そういった概念においては欠如的なあり方が産出的なあり方をも含意する場面である。それが次の一節である。ただし、テキストは欠落があるようで読みにくい。

　11）中立無記性の第2の意味
　　したがって、〈もの〉が、知性によって概念把握されるという自らの本性において有する第2の［中立無記性の］あり方［が考察される場合］、〈もの〉はその本質の規定においてはある絶対的なものしか意味することはなく、自らを現実的存在と現実的《非存在》へと限定するものをそれ自体では何も持っていないので、その場合には、精神の概念は、〈もの〉の何性と本質を絶対的に、存在するか存在しないかの状態の理解なしに概念把握する。上で説明したように、普遍、個別、そのほかの存在のあり方なしである場合と同様である。

〈もの〉の何性と本質の純然たるこのような概念は、何性や本質のよって立つ規定によってあり、その上に自体的な真理が基礎を持つのである。その基礎付けのあり方は、［事物の何性と本質が］精神の単純概念において有する存在に即して、「人間は人間である、人間は動物である等々」のような本質的内属に関する諸言明の自体的な真理が基礎を持つのである。

　言明の偶有的な真理が基礎を持つのは、外的な個物のうちに［〈もの〉の本質が］基礎を持つ場合である。というのは、人間がこの人間ないし動物であること——「この」というのは「特定の」ということ——は、かくかくしかじかの存在（esse quod est）であり、〈もの〉は、その本質の本体性（certitudo）においてあるものである。以上のことは、他のものを起成因として得られるものではない。というのは、その他のものとは、〈或るもの〉がそれを目指して作られるところのものではないからである。そうではなくて、この特定のあり方のみを有しているのである。というのも、［その〈或るもの〉は］先に述べたように、神の知性というような他のもののうちに形相的にあるからである。その他のもののうちに永遠なるものがあって、その永遠的なもののために、こういった本体性に基礎を持つ諸言明の真理が、永遠の知性のうちで永遠なものとなっているからである。そして、その真理は外部に〈もの〉が存在していようと存在していなかろうと等しく真理としてある。というのは、かの偶有的真理は、本体性の真理の外部にあって、既に述べたように、それに偶有的に生じるものだからである。そしてこのような存在の規定もまた、自体的な本性と本質に即して〈或るもの〉だから、知性の対象であり、それについて知性は〈本質存在〉を持つのである。もっとも、外的な個物のうちで存在を持つことはいかなる仕方でも成り立たないことではあるが、純粋の非存在（purum non ens）であるものについては、本質に即する限りいかなる存在も欠いているの

で、いかなる仕方においても学知はありえないし、先に述べたように精神の形相的概念もない。だからアヴィセンナは述べた。

《非存在》について我々が学知を持つというのは、精神のうちで観念を持つことができ、学知の対象の本性において、外的なものとの知性的な比較をすることが可能である場合に限られる。同様に、［《非存在》について］語られた命題の真理について語る場合、アヴィセンナの言うのは、こういった述語付けを否定する者が誤りに陥るのは、次のことを無知なためである。つまり、諸言明は、たとえ《非存在》についての場合であれ、精神のうちに存在を有する観念に基づかなければならないということである[12]。

ここでは、神の知性における範型因としてのあり方が問題とされている。

12）暫定的結論
　上記のことから結論を出して次のように言おう。つまり、〈或るもの〉について言明されるものは精神のうちで何らかの仕方で存在を有していることが必然であるのは明らかであると。というのは、精神のうちで存在を有することでしか成り立っていない諸言明は、外的な者に存在を有するものによって、偶有的にある。もし被造物の本質について語り、その結果その本体性それ自身を語るのであれば、次のように語る。つまり、それはいかなる仕方でも結果において存在と《非存在》とに中立無記的に関わることはないと。その結果として、どちらを持つこともなく、どちらにも同じように関わるのである。いずれについても肯定または否定が成りたち、そして同一のものについていずれも同時に肯定されたり、否定されることはない。アリストテレスが『形而上学』第4巻で述べているように。というのは、もし被造物の本質がその本性によって既にのべたよう

にいずれにも自らを決定できず、それ自体では必然存在（necesse esse）でも不可能（necesse non esse）でもなく、可能存在（possibile esse）と偶然存在（possibile non esse）である場合、既に述べたように、常にそれらのうちのどちらかが、外的な個物のうちに存在を持つか、または［外的な］個物のうちに《非存在》をもつか、そして単に〈本質存在〉をもつかまたは知性のうちに概念的存在を持つかのいずれかであるということになる[13]。

　少し長い引用となった。この引用から様々な論点を取り出すことができる。中立無記性が2つに分類され、前者は精神の概念におけるあり方であり、後者は外的な個物の内に基礎を持つ場合である。
　概念の中立無記性というのは、曖昧なる認識ということである。ここで、ヘンリクスが慎重に議論しているのは、《非存在》について知は成り立たないというアリストテレスの格率があるためであろう。ヘンリクスは、アヴィセンナから新しい〈もの〉概念を導入すると同時に、《非存在》をも存在論に取り込もうとする試みを行っているのであり、それが様相論理における変革へと結びついているのである。
　さらに重要なのは、第2の意味での中立無記性の方である。これは〈もの〉の存在が、本来神の知性のうちに範型因を有していることを表している。神の知性のうちに範型を有しているというのは、その範型を起成因として持つのではなく、目指すべき到達地点として含んでいるのである。
　〈もの〉概念は、《非存在》を存在論に取り込むという大きな変革をスコラ哲学の中に引き起こしながら、非アリストテレス的な存在論をスコラ哲学に持ち込むことになったのは注目すべき論点であると思われる。このような流れの輻輳点に立つガンのヘンリクスは、1270年、1277年におけるタンピエの弾圧を支えたブレーンであったわけだが、その2度にわたる弾圧は反アリストテレス主義に立つものであった。この弾圧を

学問の自由への弾圧として、否定的に捉えることは普通のことなのであるが、同時にアリストテレスの理論的枠組みを乗り越えようとする運動の現れでもあったことは見逃してはならないことであると思われる。
　〈もの〉論をめぐっては、このように大きな断絶と飛躍が伏在していたのである。

註
1) Armandus de Bellovisu, *Declaratio difficilium terminorum, theologiae philosophiae et logicae*, Basel, 1491.
2) Dicemus igitur quod res et ens et necesse talia sunt quod statim imprimitur in anima prima impressione, ... (Avicenna, *Metaphysica*, Liber 1, cap.2.
3) Henricus Gandavo, *Quodlibet*, III-9, Venice 1613, fol.98v.
4) ibid.fol.98v.
5) ibid.fol.98v.
6) ibid.fol.99r.
7) ibid.fol.99r.
8) ibid.fol.99v.
9) ibid.fol.99v.
10) ibid.fol.99v.
11) ibid.fol.99v.
12) ibid.fol.99v-100r. なお、[　]の部分は訳者による補足箇所である。また下線は引用者による。
13) ibid.fol.100r.

参考文献
Aertsen, J. A. (1996), *Medieval Philosophy and the Transcendentals. The Case of Thomas Aquinas*, Leiden, New York and Cologne. [Aertsen96]
Aertsen, J. A. (2002), "<RES> as transcendental: Its introduction and significance", in G. F. Vescovini (ed.), *Le probleme des transcendantaux du XIV au XVII siècle*, J.Vrin, 2002. [Aertsen02]
Avicenna Latinus (1977), *Liber de philosphia prima sive scientia divina*, 3 vols, Louvain and Leiden, 1977-83.
Avicenna (2005), *The Metaphysics of the Healing* : A parallel English-Arabic text, ed. and tr. by Michael E. Marmura, Utah, 2005.

Druart, Therese-Anne (2001), "'Shay' or Res as Concomitant of 'Being' in Avicenna", in *Documenti e Studi sulla traditione filosopfica medievale*, XII (2001). [Druart01]

Henricus Gandavensis, *Opera Omnia*, editio Lovaniensis, Leuven-Leiden, 1979-.

Porro, Pasquale, "Universaux et esse essentiae: Avicenne, Henri de Gand et le «Troisième Reich»" in *Cahiers de Philosophie de L'univerisité de Caen*, Presse universitaires de Caen, 2003.

Wisnovsky, Robert (2000), "Notes on Avicenna's concept of thingness (say'yya), in *Arabic Sciences and Philosophy*, vol.10 (2000), 181-221. [Wisnovsky00]

Wisnovsky, Robert (2003), *Avicenna's metaphysics in context*, Cornell UP, [Wisnovsky03]

加藤雅人『ガンのヘンリクスの哲学』(創文社、1998年)

II

ことばをめぐって

時代の分かれ道で
―― ニコラ・ド・クラマンジュの聖書主義 ――

神崎忠昭

　人は災厄に直面して、どのように対処するだろうか。かつて西欧人が想像した駝鳥のように、砂の中に頭だけを突っ込み、何も見ず、危険は迫っていないと思い込み、やり過ごそうとするだろうか。周章狼狽し、ヒステリーを起こして我を忘れるだろうか。それとも見捨てられたと絶望するだろうか。あるいは顔を上げて明日の再建を目指すであろうか。

　本稿が検討の対象とするニコラ・ド・クラマンジュ（Nicolas de Clamanges; 1363頃―1437）は、日本ではほとんど知られていない人物である。当時はペトラルカ（1304―74）ばりのラテン語をフランスに広めた文名高き人物であったが、今日では文学史で取り上げられることもほとんどない。ラテン語で執筆したゆえに、国民国家の枠組みをひきずる「フランス語」文学史には、当然ながら、その姿をあまり見かけないのだ[1]。またクラマンジュはコンスタンツ公会議（1414―18）に賛同し、改革を求める論考や書簡を書き続けた。しかし野心的な教会改革者であり自然学などに関する多数の作品を残した師ピエール・ダイイ（Pierre d'Ailly; 1351―1420）[2]や、教会改革の先唱者であり神秘神学に深い刻印を与えた友人ジャン・ジェルソン（Jean Gerson; 1363―1429）[3]の大きな影に隠れてしまった。むしろ文才ゆえに陣営を渡り歩き、昨日までの味方を非難し、かつての敵のために作文する変節漢と指弾されることさえある。

　だがクラマンジュはうちつづく飢饉と疫病、外寇、殺戮と悲惨をもた

らす百年戦争と暴動、さらに魂を揺るがす教会大分裂と不安のただなかにあって、ときに右顧左眄し、ときに追従しながら、荒波に呑みこまれようとも生き抜き、多くの未来へとつながる 15 世紀という八衢(やちまた)で、次の時代の芽を育む一助となった。本稿は、そのような彼の時代、生涯と作品、そして思索をたどり、苦難を前にしての生き方の一例を考察することを目的とする。

1 クラマンジュの時代

人間は自然の恵みによって生き、時代のうちに活動する。気候変動によって、今、人類の維持可能性が問われているが、クラマンジュが生きた 14 世紀から 15 世紀にかけて人間は今以上に受身であった。多くの災厄がさらに加わった。

1) 最初に飢饉、そして疫病

ヨーロッパでは 9 世紀から 13 世紀にかけて気温が上昇し[4]、耕地が北方あるいは高地に広がったとされる。さらに森林も開墾され、耕地面積が増大した。平和の到来による秩序回復の影響も加わり、経済は拡大し、人口も急増した。フランスでは 1300 年頃人口は 2000 万人前後に達した。しかし 1270 年代から、ヨーロッパ経済はかつてのような右肩上がりの成長を終え、全般的に停滞し始めた。人口圧、不効率な生産など、さまざまな原因が提起されている。

それに加えて、14 世紀になると寒冷化が訪れ、厳しい冬と雨の多い夏が続くようになった。低温や日照不足により繰り返し凶作に襲われることになる。特に歴史に名を留めるのは 1315 年に始まる「大飢饉」[5]である。これは約 7 年間続き、ヨーロッパのほとんどの地域に被害の爪痕を残した。ある研究によれば 5％から 10％の人口が失われたという。農業生産性はなお低く、種籾 1 粒当たりの収穫が数粒しかないことも多か

った。また物流手段は発達しておらず、支配者同士の対立も厳しかった。人道主義も唱えられなかったため、隣市に食糧があろうとも、運ばれることは少なく、容易に餓死者が出た。さらに権力に動揺を与えぬためにも、その座である都市に食糧を集中させ、農村から収奪することが常であった。むしろ生産地である田園での犠牲者が多かったとも主張される[6]。飢饉はその後も断続的に発生した。中世後期から近代初期にかけてヨーロッパのどの地域においても、6年に1度は飢饉が訪れたという[7]。

「最初に飢饉、そして疫病」[8]という昔からの言い回しのように、今度は黒死病がヨーロッパを襲った[9]。542年頃東ローマ帝国で流行し、当時の人口の半分を斃して帝国に大打撃を与えた疫病もペストとされるが[10]、800年を隔てて黒死病は1347年10月シチリア島のメッシーナに上陸した。ひとたび罹患したならば「鼠蹊部と腋の下に一種の潰瘍を生み、これが林檎大に腫れあがるものもあれば鶏卵大のものもあって、（中略）黒や鉛色の斑点を生じ、（中略）斑点が現われれば、それはもう死そのものを意味した」[11]。瞬く間にアルプス以北のヨーロッパにも広まり、当時のヨーロッパ人口の2分の1前後、約2000万人から3000万人が死亡したと推定されている[12]。その後も疫病は数年に1回の割合で繰り返され、17世紀までに100回以上の大流行が生じ、多くの死者を出した。もちろん地域差があり、規模も異なるが、たとえば15世紀だけでも1438—39年、1456—57年、1464—66年、1481—85年、1500—03年などの流行があった[13]。病原菌という概念も見い出されておらず、原因はわからなかった。黒死病によるあまりにも多くの死は、死に慣れた中世人にとっても、あまりに衝撃的であった。ボッカッチョは「父親や母親が子供を避けて、まるで自分たちの子供ではないかのように、見舞うことも面倒を見ることもなくなった」[14]と記している。

時代の分かれ道で

2）戦争、暴動、外寇

　飢饉や疫病に、戦争が加わる。1337 年 11 月 1 日プランタジネット家のイングランド王エドワード 3 世（在位 1327—77）はヴァロワ家のフランス王フィリップ 6 世（在位 1328—50）に宣戦布告した。百年戦争の開始である[15]。この戦争は、それより 250 年以上も昔に遡る英仏の抗争の 1 局面に過ぎない。いくつもの休戦や和議がはさまれ、休みなく戦闘が交わされたわけでもない。クラマンジュが生きたのは、フランス王シャルル 5 世（在位 1364—80）が態勢を立て直し、プランタジネット家勢力をほぼフランスから一掃したものの、フランス王家の内紛もあり、1415 年イングランド王ヘンリー 5 世（在位 1413—22）がノルマンディに侵攻して戦争を再開した頃であった。

　ほとんどの戦闘は大陸で行なわれ、フランスが主戦場となって最大の被害を蒙った。騎行（Chevauchée）とよばれる襲撃が繰り返され、多くの傭兵が投入された。彼らは戦争中には死と荒廃をもたらし、休戦によって解雇されるや野盗と化し、「生皮剥ぎ」とさえ呼ばれた。戦争技術も発展し、伝統的な騎士に代わって弓兵、銃士、砲兵、さらには長槍をもって突撃するスイス歩兵なども登場した。教会も被害を免れえなかった[16]。戦闘の悲惨さは猖獗を極めた。戦費を賄うための苛税や貨幣改鋳も止まなかった。

　さらにこの頃は社会不安が高まった。戦争は人口を減少させ、耕作を放棄させた。さらに飢饉や黒死病の被害が加わり、蜂起が頻発し、フランス北東部では 1358 年ジャックリーの乱が勃発した。加えて、王族の専横に手が付けられなかった。シャルル 6 世の未成年時の後見人である叔父アンジュー公ルイ（1339—84）、ベリー公ジャン（1340—1416）、ブルゴーニュ公「豪胆」フィリップ（1342—1404）らが政治を私物化し、自らの利益を追求した。1388 年シャルル 6 世（在位 1380—1422）の親政が宣言されると、王弟オルレアン公ルイ（1371—1407）や官僚集団が王叔たちを一掃しようとするが、1392 年からシャルル 6 世は間歇的に狂

1418 年 5 月 18 日　ブルゴーニュ派パリ入城（Vigiles de Charles VII, Paris, France, XV°siècle）https://commons.wikimedia.org/wiki/File:Vigiles_du_roi_Charles_VII_51.jpg より

気に見舞われ、フランスは大混乱に陥った。オルレアン公ルイは従弟であるブルゴーニュ公「恐れを知らぬ」ジャン（1371―1419）によって暗殺され、ジャンもその復讐として殺害された。党派は都市民衆も利用し、エティエンヌ・マルセルの乱（1381）やカボシャンの乱（1413）などが生じた。1418 年のパリ騒擾の際には、後述のように、クラマンジュの友人たちを含む多くの廷臣が虐殺されている。

　東方でも異教徒の脅威が高まっていた。バトゥ率いるモンゴル軍がレグニツァの戦い[17]でドイツ・ポーランド諸侯軍を破った 1241 年から 1 世紀以上を経て、新たにオスマン朝が現われたのである[18]。ムラト 1 世（在位 1362 頃―89）は、1362 年ビザンツ帝国の拠点アドリアノープルを占領し、1385 年頃にはブルガリア帝国の首都ソフィアを陥落させた。1389 年にはコソヴォでセルビア連合軍を撃破して、この地を支配下に置いた。さらにバヤジット 1 世（在位 1389―1402）は 1396 年ブルガリア北境のニコポリスで、ハンガリー王で後に皇帝となるジギスムント

時代の分かれ道で

（皇帝在位 1410—37）率いる十字軍を殲滅した。オスマン軍には多くのキリスト教徒が加わっており、単純に「イスラーム教徒対キリスト教徒」という構図ではなかったが、緊張が高まった。コンスタンティノープルを攻め落とさんとしていたバヤジットはティムール（在位 1370—1405）との決戦に敗れ虜囚となって死去したが、そのような逆境にもかかわらず、オスマン朝はメフメット 1 世（在位 1413—21）の下で再統一を成し遂げ、続くムラト 2 世（在位 1421—44）は 1421 年コンスタンティノープルを攻囲するまでに勢いを回復した。東西間の通商で大きな役割を果たしたヴェネツィアはバルカン半島沿岸に鎖状にいくつもの拠点を有し、オスマン朝と海陸で激突するが、1430 年オスマン軍はヴェネツィアに防衛を託されたテッサロニキを陥落させた[19]。外寇の脅威は再び増しつつあった。

3）教会大分裂

　絶大な権威を有する教皇庁をも大激震が襲った。アヴィニョンはヨーロッパ全体の教会に対する管理権を一手に握ったが、聖職者課税などの過大な負担、空位聖職禄を野放図に拡大する無策、贅沢で華美な宮廷、特定の国に傾きつつある政策など、一方で激しい批判にさらされていた。そのようななかで教皇グレゴリウス 11 世（1370—1378）がローマで死去した。イタリア人のウルバヌス 6 世（在位 1378—89）が教皇に選出されるが、多数派のフランス人枢機卿らは選挙を無効として、ウルバヌス 6 世の廃位とクレメンス 7 世（在位 1378—94）の教皇選出を宣言した。ウルバヌス 6 世はローマに留まり、クレメンス 7 世がアヴィニョンに戻ったため、カトリック教会は 2 つに分裂した[20]。教皇並立という事態は、それまでにも幾度となく見られたが、かつてのローマ教会の権威は高くなく、ローマ周辺の地域、あるいは帝国とローマ教会の対立という構図の内にとどまっていた。しかし教皇権の拡大によって、異常事態は全欧規模の反響を呼んだ。

ウルバヌスを正統な教皇と認めたのは、イングランド、スカンディナヴィア諸国、ハンガリー、ポーランド、ヴェネツィアなどで、一方クレメンスを認めたのがフランス、スコットランド、ポルトガルを除くイベリア諸国などである。この支持の分布は国家の対立関係にも大きく左右された。百年戦争でフランスと対立するイングランドは、フランスが支持するアヴィニョン教皇と対立するローマ教皇を支持し、イングランドの侵攻に苦しむスコットランドは反対にアヴィニョン教皇を支持したのである。イニシアティヴは国家に移り、教皇たちは各国の支持を取り付けるのに汲々とした。

　対立する陣営が異なる教皇を支持することは教会内でも見られた。司教選挙をめぐっても、敗れた陣営が対立教皇に承認を求めることが起こった。たとえば1378年のリエージュ大司教選挙においては、司教領内の勢力争いなどと結びつき、ウルバヌス派の司教に対してクレメンス派の対立司教が立てられた。同じような事態はボルドー、バイヨンヌなどの司教座でも生じた。また国ごとに修道会が分断され、また支持を得るために恩典がばらまかれるなど、規律の緩みを惹き起こした。すべての人が分裂の解消を望んだが、だが誰も解決できなかった。

4）不安と狂騒

　そのようななかで不安と狂騒が広がった。人々は疫病や戦争によるあまりにも多くの死を神罰と捉え、神の慈悲を乞うた。世の終わりが近づいたと考える者もいた。彼らは死に憑りつかれた。「メメント・モリ（memento mori）」、すなわち「いつか必ず死すことを忘れるなかれ」と叫び、現世での楽しみや名誉が空虚であるとして、来世に思いを馳せた。そして高い栄誉や富を誇る者たちも、競ってトランジと呼ばれる腐朽しつつある遺骸を彫った墓廟をつくらせた[21]。

　ときにヒステリーの大爆発が生じた。有名なのは鞭打ち苦行者団である[22]。これは自らの身体を鞭打つ苦行で、11世紀頃には修道院内の実

践として認められていたが、やがて敬虔な一般信徒にも広がった。だが 1260 年頃「アレルヤ運動」としてイタリアに出現した際には過激化しており、瞬く間にドイツ、フランス、低地諸国、ハンガリーなどにも伝播した[23]。黒死病や飢饉を経て、人々の絶望は高まり、行列をつくって町々を練り歩いて自らを鞭打ち、人々に悔い改めを説き、神罰をもたらした聖職者の堕落を糾弾した。自ら鞭打って死ぬ者さえいた。ユダヤ人焼き討ちにつながることもあった。これは教会当局からの断罪を招いたが、類似した運動が止むことはなかった[24]。

　不安をさらに刺激したのが終末論である[25]。キリスト教の救済論には最後の審判と、それを経ての神の国の到来が組み込まれている。それゆえ終末論は根本的な教義の 1 つであるが、終末を現実の歴史の流れの中で解釈しようとするとき、さまざまな暴発が生じる。たとえば世の終わりは、天地創造から 6000 年目に訪れるという解釈が有力であった。それゆえ 6000 年目がいつになるかということが熱心に計算され、具体的な年が挙げられることもあった。人々は世の終わりを恐怖しつつ、一方で待望した。救われる人々にとっては、神の国の一員となって、永遠の幸福を得られる機会でもあったからである。終末の到来の計算方法は、他にもあった。キリストの生誕や受難から計算する方法である。それゆえ生誕や受難から区切りのよい年、たとえば 1000 年や 100 年刻みで終末の待望が繰り返された。神罰が下り、世の終わりが差し迫っているように思えた。誰もが動揺していた。

2　クラマンジュの生涯

　そのような時代に、クラマンジュは 1363 年頃フランス・シャンパーニュ地方のクラマンジュ村に生まれた[26]。フランスで黒死病大流行の第 2 波が起こった頃である[27]。1375 年 12 歳のときにパリ大学ナヴァール学寮に入った。この学寮はシャンパーニュ女伯にしてナヴァール女王で、

フランス王フィリップ4世の妃となったジャンヌ（1273—1305）によって1305年創設された。在俗聖職者のための教育施設で、自由学芸や神学を学ぶ給費生を支援するだけでなく[28]、当時もっとも先鋭的な知、特に唯名論の拠点となり、哲学の結論と啓示は必ずしも一致しないという「二重真理説」を説くアリストテレス主義者ジャン・ド・ジャンドゥン（Jean de Jandun; 1280頃—1328）[29]などが教員として在籍した。特に1370年代からフランス王家の厚い保護を受け、シャルル5世（在位1364—80）およびシャルル6世（在位1380—1422）の治世において多くの顧問官を輩出した。たとえばニコラ・オレーム（Nicholas Oresmes; 1320頃—82）は後期中世でもっと独創的な思想家のひとりと評され、自然学や数学にも秀でる諸学の天才であったが、シャルル5世に仕え、貨幣をめぐる経済書『貨幣論 *Tractatus de mutationibus monetarum*』を著して、「税金王」と綽名される王の財政政策を支えた[30]。そしてクラマンジュが、このナヴァール学寮在学中でもっとも影響を受けたのが前述の師ピエール・ダイイであり、ダイイの下でともに学び生涯にわたって交友したジャン・ジェルソンである。

　唯名論研究や政治活動の一方で、ナヴァール学寮は優れた蔵書を有し、ラテン語での日常生活が課せられるなど人文主義教育にも力を入れた。学寮は多くの文人を生んだ。たとえばクラマンジュと深い交友を結ぶことになる王国書記局書記官ジャン・ド・モントルイユ（Jean de Montreuil; 1418没）も同窓である。クラマンジュは端正なラテン語の作品を著すだけでなく、さらにイタリアやアヴィニョン教皇庁の人文主義者の息吹を受け、失われた古典ラテン作家の著作を渉猟した[31]。クラマンジュはのちに反ペトラルカの論陣を張り、フランスこそが人文主義の祖国であると主張するが、それは却って彼がペトラルカから受けた影響の深さを反映していよう[32]。

　彼は給費生として、順調に1381年に自由学芸の修士、1391年には神学のバカラリウスとなった。その間、当時のナヴァール学寮の常のよう

に、勉学の傍ら教鞭を執り、修辞学で名声を得た。だが、神学博士を得ることはなかった。神学の適性がなかったのか。あるいは後述のように晩年の彼は当時の大学教育に批判的だったが、若き頃の彼も同じで、意識的な選択であったかもしれない。理由ははっきりしない。

さらにクラマンジュは富裕な国王秘書ゴンティエ・コル（Gontier Col; 1350頃—1418）、さらにはアヴィニョン教皇庁に出仕するジャン・ミュレ（Jean Muret; 1345頃—1420頃）やローラン・ド・プルミエフェ（Laurent de Premierfait; 1360頃—1418）らとも一種の文学サークルを結ぶ。彼らの文学的交友は幾重にも円が重なるように広がっており、それは彼らの書簡のやりとりからたどることができる[33]。彼らは外交特使として各国の宮廷に派遣され、その人脈には貴顕の人々さえも含まれていた。優美な文章はその人の貴さを映し、そのポジションを誇示するものであり、宮廷には欠かせぬものとなりつつあった。

そののちクラマンジュはパリ大学の公式文書作成者を1393年頃から務め、多くの文書を起草した。前述のように当時のパリ大学はフランス王権と近く、篤い恩顧を受けており、王家から、さらにのちにはアヴィニョンからも、クラマンジュはいくつもの聖職禄を授かった。司祭叙階後、彼は大学の礼拝堂司祭禄、シャロン・シュール・シャンパーニュの礼拝堂付司祭禄、リールのサン・ピエール参事会教会の参事会士禄、サン・クルーの参事会士禄を受けている。これは当時の大学生活では異常なことではなく、有望な学生には聖職禄を与えるよう教皇ボニファティウス8世が命じた教令さえあるという[34]。ダイイは最終的には20近い聖職禄を溜めこんで枢機卿にまで上り詰め[35]、あのジェルソンでさえも落ち着いて勉学に打ち込めるよう聖職禄を入手できないかと書簡をしたためた[36]。数多くの聖職禄の兼併を当然と見なす空気があった。

1394年6月30日クラマンジュはパリ大学を代表して、アヴィニョン教皇クレメンス7世（在位1378—94）に退位勧告の書簡を起草した[37]。クレメンス7世はジュネーヴ伯の息子としてシャルル6世の血縁であり、

アンジュー家をはじめとしてフランス宮廷に多くの支持者がいたが、アヴィニョン教皇とローマ教皇の争いは1390年には武力衝突に至り、長期に亘る戦役は多くの人々の顰蹙を買っていたのである[38]。クレメンス7世が没しても、枢機卿たちは自らの利権を守るためにも次の教皇を選出し、大分裂は収まらなかった。1352年の教皇選挙の際の協定によって、枢機卿の定数は20名に減じられ、教皇庁の収入の半分は枢機卿団に帰属すると定められていた[39]。この協定がつねに尊重されたわけではないが、枢機卿は巨大な既得権を得ており、彼らはそれを手放すつもりはなかったのである。選出されてベネディクトス13世（在位1394—1423）という名を選んだ新教皇は、アラゴン人枢機卿ペドロ・デ・ルーナだった[40]。フランス宮廷の雰囲気は大きく変わった。フランスは教会大分裂を終結させようとし、教皇譲位を模索するようになる。

　そのような状況で、クラマンジュはアヴィニョン教皇庁に転じ、教皇秘書の地位を得た。その文才が買われたのである。かつてアヴィニョンにはペトラルカが仕え、桂冠詩人の称号を得たが、その当時もボッカッチョの弟子ジョヴァンニ・モッチャ（Giovanni Moccia; 1370年代—1400頃活躍）というナポリ出身の人文主義者が在住し[41]、さらに書簡を交わす友ミュレやプルミエフェもいた。新教皇は、枢機卿時代にはアヴィニョン教皇庁の臣従圏を拡大する優れた外交手腕で知られていたが、同時に教会法博士の学位を有する敬虔な人物であり、自らの司牧者としての義務を強く自覚し、文化を奨励した。このような人物でなければ、大分裂の解消はできないという思いもあったのかもしれない。クラマンジュも含め、多くの人々が彼の魅力の虜になった。もちろんベネディクト13世の政治的抜け目のなさや高位聖職者たちの欲も大きく働いていた。ダイイも新教皇派に転ずる。だが、アヴィニョン行は同僚らの怒りを買い、フランス王権とパリ大学から距離を置くことにつながった。

　1398年夏、クラマンジュはペストを理由にアヴィニョンを去った。実際、かなり重篤だったようだが、そのときフランス聖職者団が大分裂

時代の分かれ道で

解消のため、アヴィニョン教皇への臣従を撤回したことも大きな要因であった。そして 1403 年まで北フランスのラングルに留まった。この地の司教座の財務係（trésorier）の聖職禄を有したからである。第 1 の隠棲期である。しかし、この聖職禄をめぐっては他の権利主張者もいて裁判となっている。一方、ベネディクトス 13 世は 1398 年フランス軍によってアヴィニョン教皇宮の一部が占領されるも 5 年間籠城を続けたが、1403 年アヴィニョンから脱出して、ナポリとプロヴァンスを支配するアンジュー家のルイ 2 世（1377―1417）の保護下に入った。

　その間にもフランス聖職者団の教皇への臣従復帰や部分的撤回などの動きは絶えず、ベネディクト 13 世は 1408 年から自らの出身地であるアラゴン王国が支配する南フランスのペルピニャンへとさらに避難した。クラマンジュはプロヴァンスに向かい、再び彼の陣営に加わった。だがシャルル 7 世に対する破門状を作成したとしてクラマンジュは 1407 年フランス国内の全聖職禄を没収された。のちに 1438 年の「ブールジュ国本勅諚」によって、フランス国内の聖職禄管理権は王権に握られることになるが、すでに君寵を失えば、すべてを失うようになっていたのだ。クラマンジュは第 2 の隠棲期に入る。彼自身がその時の苦境を「あなたも知っているように、その頃私に嫉妬し、激しく迫害する者らの侮蔑に私は押しつぶされ、あの都から退去することを余儀なくされた。そして私に対して不当に荒れ狂う嵐に直面しなくともよい避難所をどこかよそに求めざるを得なかった」[42]と述べるように、北フランスのカルトジア会のヴァルプロフォンド修道院に逃げ込み、1409 年初めにはアウグスティヌス隠修士会のフォンテーヌ・オ・ボワ修道院に移った。ともに隠修士的傾向の強い修道院である。そして「世俗の雄弁や異教徒の著作を長く読んだ後に（これらに私は少なからぬ時間を費やした）、ようやくそこで聖書と、神の恵みを受けて聖書を解釈し救いをもたらす聖なる博士たちの研究に貪るように没頭した。今や、キリストの恵みについて読むことだけが私を喜ばせる。この読書のうちに、たとえ私にわずかな才能し

かなく、わずかな研究しかできないにしても、パリでの研究に過ごした全期間よりも多くを成し遂げたと私は思う」[43]という心境に至り、これらの修道院で俗世を厭う多くの作品を著し、書簡を交わした。聖務日課前の祈りが残されているが、平易でリズムのよいラテン語で神への親密な思いが吐露されている[44]。

1409年ピサ教会会議で両陣営の枢機卿が合同で新教皇アレクサンデル5世（在位1409—1410）を選んでも混乱は止まず、むしろ3教皇鼎立へと悪化した。1418年コンスタンツ公会議で3教皇が廃位あるいは退位して新教皇が選ばれると、クラマンジュはその地へと向かった。位に就いたマルティヌス5世（在位1417—1431）の秘書に選ばれることを望んだのかもしれない。しかし願いは満たされず、隠修所へと帰った[45]。

その後の彼の人生ははっきりしない。1423年以降はナヴァール学寮に戻り聖書釈義に専心したようだ。だが1418年に起こったブルゴーニュ派による殺戮で友人のモントルイユやコルは惨殺され、ダイイはアヴィニョンに留まってその地で逝去し、ジェルソンも世を棄てていた。あの文雅な日々は戻らなかったのだ。クラマンジュは1437年死去したという。遺骸は愛する学寮に葬られた。

3　クラマンジュの作品[46]

クラマンジュが生涯を通して書きつづけたのは書簡であり、彼の真価がもっとも発揮されていよう。クラマンジュ自身も書簡の保管に気を配っていたようだが、Johannes Martin Lydius によって編まれた全集 *Opera omnia*[47] には137通のラテン語による書簡がまとめられ、遺漏したものが Luc d'Achéry によって拾われている[48]。クラマンジュは書簡に日付を付けぬことが多いが、内容などから前後関係を再構成することもできるようだ[49]。内容は政治から心境を詠ったものまでさまざまで、教え子で友でもあったジャック・ド・ヌヴィオン Jacques de Nouvion の死に際し

ての『哀歌 Deploratio elegiaca』[50]なども含まれる。書簡を書く際にクラマンジュがペトラルカを意識して作品に仕上げようとしていたことは確実で、さらに遡って古典を受け継ぐという意識も持っていたであろう。

ラテン語で小説も書き、その1つ『拐された乙女と拐し手の哀しき最後の物語 Historia de raptoris raptæque virginis lamentabili exitu』は俗語に訳されて「Floridan et Elvide」として知られる[51]。ジェノヴァなどの都市に対する讃歌といった修辞学的作品や、また時に応じて詩も紡いだようで、『田園生活のさいわい De felicitate vitae rusticae』[52]などが残されている。

また隠棲期に著した霊的著作がいくつか知られている。それらはいずれも長くないが、隠修士的傾向が強い。『放蕩息子 De filio prodigo』、『荒れ野の実り De fructu eremi』、『逆境の実り De fructu rerum adversarum』などである。15世紀にはカルトジオ会の霊性に再び脚光があてられるが[53]、そのような思潮を反映していよう。最晩年には『イザヤ書講解 Expositio super Ysaiam』に没頭した。

しかしながら、特筆すべきはやはり教会の悪弊を告発し、聖職者の品行を指弾して改革を求める一連の著作であろう。特に有名なのは『教会の崩壊と修復について De ruina et reparacione Ecclesie』[54]で、1398年から1403年にかけての第1の隠棲期に書かれたとされる。その非難の厳しさから、クラマンジュはプロテスタントから彼らの先駆者と見なされることになる。1613年に全集を編纂した Lydius がプロテスタントの牧師であることが、それをよく証明していよう。そしてカトリック陣営からは異端視され、その著作はローマ教会の禁書目録に1564年から1897年まで記載され続けた[55]。同じ傾向のものとしては、他に『聖職売買の高位聖職者について De præsulibus simoniacis』、『高位聖職者の気質について De temperantia prælatorum』、『神学研究について De studio theologico』[56]、『正義の失墜と修復について De lapsu et reparatione justitiæ』、『教会分裂論 De materia schismatis』、『新しい祝祭を設けるべきではないことについて De novis festivitatibus non instituendis』、『公会議論 Disputatio super materia concilii *generalis*』などがある。

さらに『アンチ・キリスト論 *De Antichristo et ortu eius, vita, moribus et operibus*』や『マホメット教徒に対する抵抗の勧め *Exhortatio ad resistendum contra Mochometicos*』などが残されている。

4　クラマンジュの実像

では、その生涯や作品から、時代の別れ道での彼のどのような姿が浮かび上がるであろうか。

1）限界

彼は病弱で、内気で人込みを避ける本の虫であったと評せられる[57]。何かあれば逃げてしまう。あるいは修道院に引きこもってしまう。立ち向かうことはない。ダイイやジェルソンのような雄弁家ではない。「恐れを知らぬ」ブルゴーニュ公ジャンが推す対立候補を押しのけてカンブレー司教となるダイイや、クラマンジュと同じように隠修士的ではあるがブルゴーニュ公ジャンによるオルレアン公暗殺を正当化しようとする神学者ジャン・プティを赦せず弾劾するジェルソンとは異なる。やはり文弱の徒と言うべきかもしれない。筆に流され、追従するということもままあったに違いない。

彼は多くの王侯に手紙を書き、君主の務めを想い起させようとした。1420年頃クラマンジュはブルゴーニュ公「善き」フィリップ（1396—1467）に『正義の失墜と修復について』を献呈し、フィリップに「あなただけが、荒廃した国土を修復する徳と力と光と欲求を有しています」と称え、リーダーシップを執ってくれるよう求めた。だが、その10年前には王太子ルイ（1397—1415）にも同じように「あなただけが、貧困、荒廃、悲惨、不幸という悪からフランスが逃れるための唯一の希望、救済策、手段です」と訴えている。のみならず、1418年頃にはイングラ

ンド王ヘンリー 5 世にも同じように「あなたこそが唯一の希望、あなたこそが救済策、あなたこそが悪からの避難所」と書き送り、王の好意を得ようと努めている[58]。同じような称賛を 3 人の君侯に奉るというのは、真摯さの表れか。レトリックと考えるべきなのか。あるいは混乱期には避けがたい権力者への追従と見なすべきだろうか。時代に翻弄される彼がいる。

　自分が取るに足らぬ存在だという意識は、つねに彼の心にあったのだろう。友であるジェルソンにも、彼の言葉には権威があるので、正しい人々に取るべき道を説いてくれるよう求め、そして高等法院書記や王太子の家庭教師を務める友人たちにも、その人脈を使って説得してくれるよう依頼している[59]。線が細いことは否めない。

2) 時代の子

　それに加えて、彼はやはり時代の子であった。彼の作品には終末のモチーフがよく用いられる。これは改革を促すための一種のレトリックとする主張もある[60]。終末の切迫ゆえに、その準備のため行いを改め、神の心に叶うよう信仰を生きなければならないと説くことは、彼の常の論法であると考えるのである。たとえば、第 1 の隠棲期に書かれたとされ、17 世紀初頭のプロテスタントに彼らの先駆者として評価された『教会の崩壊と修復について』において、実際、クラマンジュは終末を説きながら、教会の悪弊を容赦なく非難している。彼は托鉢修道士と彼らの愚かな自慢を非難し（第 33 章）、修道女たちの恥ずかしき生を窘める（第 36 章）。そして教会の現状はふさわしい苦しみ、すなわち神罰を受けているのであって（第 41 章）、教会の現状は、高慢ゆえに崩壊に向かっていると指摘し（第 42 章）、教会は卑しめられてから建て直されなければならないとする（第 42 章）。そして教会が花開き実を結ぶためには、あらゆる面で教会の行いの改革が告げられなければならないとした（第 47 章）[61]。だが、これは批判の対象を名指ししなければ、当時の多くの聴

衆に好まれるレトリックであった[62]。同じことがダイイにも見られるという[63]。確かに、悔い改めと改革を求める手段だったのである。

　しかし晩年になるにつれ、終末の主張は具体的になるという[64]。オスマン朝の勢力拡大が危惧された頃に執筆された『マホメット教徒に対する抵抗の勧め』において、彼は最近イスラーム教徒がキリスト教徒の地を侵そうとして、イタリア、スペイン、ハンガリーなどを攻撃していると説き、キリスト教徒の君侯たちは、同士討ちを止め、心を１つにして戦わなければならないと主張する。「私たちの救い主にして、この上なく慈しみ深い贖い主が私たちの救いのためにその命を懸けられたように、これほどの危急存亡の危機にあって、これほど大きな危険にさらされた主の聖なる信仰を守るため、私たちすべても命を懸けることに尻込みしてはならない。なぜなら、私たちは死すべき者として造られたのであるから、一度は死という負債を支払わなければならないのだ。至聖なるキリスト教信仰の不敬虔な敵に対する以上に、これを称賛をもってなすことができようか。信仰においてのみ、救いと、天上の一員としての生と、揺るぎない希望が存するというのに。かりそめの名誉や利益や便宜のために、しばしばカトリックの王侯たちの間で恐るべき戦争が行われている。なぜ神や法や信仰の敵に対して、永遠の救いを受ける者となるために、戦いが喜んで引き受けられ、雄々しく行われ、力強く成し遂げられないのであろうか。これこそが神の戦争であり、キリストの軍隊であり、信仰の戦隊である。真の神にして私たちの救い主であるキリストのため、その法を全うし信仰を傷つけることなく守るため、悪魔の軍隊に対して（contra dyabolicum exercitum）戦いがなされなければならない」[65]と勧めるのである。前述のように、1396年ニコポリスでの十字軍壊滅、あるいは1430年のテッサロニキ陥落を念頭に置いているのかもしれない。いずれにしても「死を賭して聖戦に臨め」との呼びかけは、レトリックの次元を超えているようにも思える。

　『アンチ・キリスト論』においては、冒頭から「正統信仰の君侯と司

教たちよ、さらにキリスト教信仰を奉じる他の者らよ。あなたがたの大きな危険が、私が誤っていなければ、あなたがたの首にすぐにも差し迫っていることを、(預言書と預言者たちを注意深く研究した者らの著作を私が熱心に読むことで理解できた限りにおいて)いくらかでも示すよう私は強いられています」と緊張感をもって始まっている。そして「私は(終末を)見張る者でもなく、見張りとして置かれるに値する者でもありません。だが、エゼキエルに向けられた主の言葉は、それを読むたびに、私を大きな恐怖で打ちのめします。「わたしが悪人に向かって、『お前は必ず死ぬ』と言うとき、もしあなたがその悪人に警告して、悪人が悪の道から離れて命を得るように諭さないなら、悪人は自分の罪のゆえに死ぬが、彼の死の責任をあなたに問うことになる」とおっしゃっているのです(エゼキエル書3―18)」と続く[66]。

そして「あらゆる人のうちでもっとも小さき私に、聖書、特に預言書を熱心に繙くことによって、主は明らかにしようと望まれました。旧約においてなされたことの予表にしたがって、新約においてなされた多くことがつねに告げていることをです。私は揺るぎない確信をもって、大いなる審判の時がまさに戸口にあることを信じます。今や戸口にあるので、その恐ろしい日の刻限まで、ほとんど3年の猶予しか残されてはいません。しかし2年に満たなくはないことは私にはわかっています」と断言している。しかし続けて、「そうであるからといって、誰であろうとも、世の終わりがこれほど速やかに起こるであろうと信じてはいけません。なぜなら、これほど私たちの首に迫っているあの大いなる主の審判と、生者も死者も裁くべく世の終わりに主ご自身が臨まれるであろう最後の審判の間には、長い猶予がはさまれていると、知ある者たち(の意見)によって、信じられているからです。それはひじょうに未来のことであり、私たちが好奇心で調べることを主は禁じられ、その時がいつ来るのか好奇心で知ろうとした身近な弟子たちに「父が御自分の権威をもってお定めになった時や時期は、あなたがたの知るところではない」

（使徒行伝1・7）とおっしゃったのです」と言っている[67]。これをどのように考えるべきだろうか。終末の時について具体的に計算しないことが正統的であることの条件であるが、クラマンジュは終末を3年以内と断言しながら、それを否定するのである。偽預言者として断罪されることを避けたのだろうか。いずれにせよ、歳を加えるにつれ、時代の混乱が増すにつれ、同時代人たちと同じように、彼の終末意識は強まったであろう。

3）新しい教育

それではクラマンジュは、ただラテン語ができるだけの小人物だったのだろうか。見るべき点はいくつかあるように思える。ひとつは教育の在り方についてである。

中世においても社会全体の力が上昇するにつれて、さまざまな階層の人々が、伝統的な枠組みにとらわれず、たとえば聖書に基づいて、あるいは理性を通じて、それぞれに新しいキリスト教的生き方を希求するようになった。そして新しい現実を既存の体系と総合し、体系化する試みがなされた。そのようにして13世紀に生まれたスコラ学は、トマス・アクィナス（1225頃―74）に代表されるように、理性と啓示の一致を目指した。だが、トマスが企てた総合はあまりにも壮大で、理性の可能性についての信頼は揺らぎ、方法論が問われた。普遍よりも個物を優先する唯名論が広がり、神の摂理よりも自律的な法則に基づく自然学が発展した。次第にトマス・アクィナス的な自然神学は放棄され、理性ではなく他の確実な手段による神へのアプローチ、すなわち神自身のことばに基づく聖書研究が進んだのである[68]。

また一般信徒が聖書を求めることはそれまで異端的とされ、12世紀後半に異端宣告されたワルド派のように断罪の対象とされたが、正統信仰の枠内においても、一般信徒への聖書の説教は次第に機会を増していた。制限があるのは、聖書の解釈権であり、これは教会の独占であった

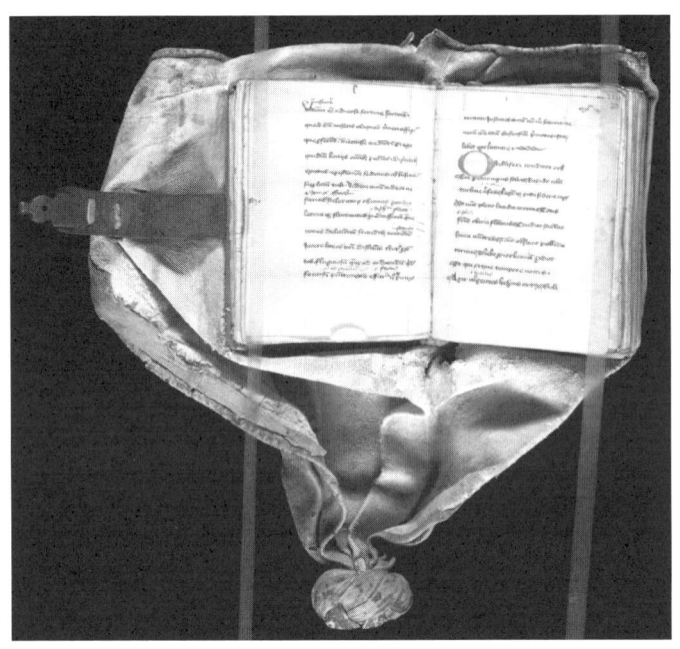

このボエティウス『哲学の慰め』（100 × 80mm）のように、腰から下げる聖書などの携帯本が多く作成された（The Yale Girdle Book, Beinecke, MS 84）
https://medievalfragments.wordpress.com/2014/07/25/size-matters-portable-medieval-manuscripts/

が、聖書に触れることは次第に問題ではなくなった。13世紀には、救いに渇く人々の需要に応えて、多くの聖書が作成されるようになった。特に有名なのは「パリ聖書」と呼ばれるものである。作成数が飛躍的に増え、それらの多くが分冊ではなく1冊本となり、小さく携帯できるものも出現した。聖書は、修道院のような組織ではなく、初めて個人が所有するものとなり、無学な者を異端化させる躓きの石ではなく司牧に有益なものとして許され、聖職者だけでなく貴族や都市の富裕市民も持つようになった[69]。また章に分けて編集され、索引やコンコーダンスや事典がつくられるなど聖書は利用しやすいものとなったのである[70]。

II　ことばをめぐって

106

このような新しい状況を受けて、1410 年から 1415 年にかけて、すなわちコンスタンツ公会議前夜に書かれたとされる『神学研究について』において、クラマンジュはスコラ学的な神学ではなく、説教こそが聖職者の義務であるという主張を展開する[71]。彼は聖職者たちの資質や士気の現状について苦言を呈し、迷信や魔術的慣習がはびこっていると指摘する。そして「司牧者にして博士」という役割を示し、これは主が設けたものであるとしたうえで、「人がなすべき多くの良きことがあるが、それらのうちで優れて特に奨めるべきことで救いをもたらすことのできることの 1 つは教えることである。なぜなら、これはキリストを模倣することにもっとも関わっているからである。主の生涯は教えることにすべて捧げられた」と説いている。そして神の命令をその者が現実に生きなければならないと諭し、これこそが、説く者の教えを有効にすると主張する。アッシジのフランシスコ以来の「模範による説教」の伝統が活きていよう。

　そして聖書を全力でもって理解しなければならないと強く説く。実際、本稿で引用したように、彼には「預言書と預言者たちを注意深く研究した者らの著作を私が熱心に読むことで理解できた限りにおいて」「聖書、特に預言書を熱心に繙くことによって」など聖書を熱心に読むことによって理解できたという主張が目立つ。そして、聖書研究の目的は聴く者たちに徳を実践させ、悪から離れさせることであり、そして神学研究 (studium theologicum) とは「司牧者にて説教者である者たちの工房 pastorum et predicatorum officina」[72]であるとする。このキリスト教的雄弁家という理想には、人見知りな彼自身ではなく、ダイイやジェルソンのイメージがどこかに潜んでいるように筆者には思える。しかし、一方で文章の彫琢を忘れることも彼はできなかったようだ。異教著作家たちの影響もこの作品にはこだましている。

　もちろん人文主義的なアプローチといっても、これはキリスト教、特に教会の優位を前提にしたものであり、人文主義がキリスト教に取って

代わるものではなく、人文主義とキリスト教の調和、否むしろ人文主義研究は「キリスト教信仰の婢女」であるという傾向を残している[73]。神学と人文主義はその後も長い葛藤を続けていくが[74]、彼はやはり教会人であり、教会を第1に考えていたのである。『アンチ・キリスト論』において出てくるドイツの異端はフス派とされ[75]、コンスタンツ公会議でヤン・フス（1369頃―1415）を火刑に処す主導権をとったのはダイイであったが[76]、彼らには大きな溝があった。フスには、クラマンジュ、そして彼の思索の根本をなしたダイイやジェルソンの聖書主義を超えたものがあったのである。フスらは、聖書を基準として、これを教会より上位に置くが、ダイイにとって、聖書はその権威を教会による承認に負っているのであった[77]。ジェルソンにとっても、それは同様であった[78]。ジェルソンは直接的間接的にマルティン・ルター（1483―1546）に影響を与えたとされるが[79]、やはり中世人であったのだ。クラマンジュはそれ以上であるかもしれない。彼は、ベネディクト13世に忠実であったように、ダイイやジェルソンのように公会議主義にはっきり傾くこともなく、教皇制そのものを批判することもないのである。

4）一般信徒へのまなざし

その一方で、クラマンジュやジェルソンらの試みは、確かに限界はあったが、教会内の悪弊を正し、一般信徒の魂の救済を重視しようとした。『神学教育について』において議論の対象は主として司祭であったが、「司祭の本分は教えることである」という前提に立って、クラマンジュは人々を悪からそらし、正しい道へと導かなければならないと主張する。それが顕著に表れているのが、『神学教育について』と同時期の1413年頃に書かれた『新しい祝祭を設けるべきではないことについて』である[80]。この中で、彼は2世紀の神学者テルトゥリアヌスのように、厳しい表現で悪弊を断罪する。さまざまな新しい祝祭が設けられる一方で、教会に行く者は少なく、ミサを聴く者はさらに少ないと彼は嘆くのであ

る。人々はむなしい喜びの陽気さに酔い、悪行を膨らませている。放縦に慣れた人はさらに悪所に通い、魂は目の虜になり、性的な乱れがはびこっている。喧嘩や流血のない祝祭はつまらないものとして、人々は容易に乱闘へとなだれ込む。それは庶民だけでなく支配層も同じである。確かに祝祭は昔からあるもので、神は伝統を守れとおっしゃっている。だが神御自身が命じられたことを破れとはおっしゃっていない。祝祭の本来の目的に立ち戻り、自らの心を内省し、祈りをささげて自らを清め、善行に励み、神の赦しを得なければいけない。決して、悪しき集まりに加わってはならない。そして聖体に与り、ミサを聴き、神の言葉に耳を傾けなければならないとするのである。十分の一税をきちんと払い、秩序を乱すことがなければ、教会の関心が届いていなかった一般信徒の内面と品行がここでは問われている。そして、油がランプの明かりを保つように、信仰心を燃え上がらせるため聖書を熱心に読むことが重要であり、祝祭で崇められる聖人たちの伝記ではなく、聖書を知らなければならない。聖書の中でこそ、聖霊自らが語られ、信仰深い魂に惜しみなく恩恵を降り注いでいらっしゃると説くのである。

　もちろん、これも彼独自の主張と考えるよりも、同時代の思潮、あるいは彼を取り巻く人々の共通理解と考えるべきであろう。『新しい祝祭を設けるべきではないことについて』の中で、称賛されているオーセール司教ミシェル・ド・クレニー（Michel de Creney ; 1409 没）は、クラマンジュのナヴァール学寮時代からの友人なのである[81]。彼は国王シャルル6世の側近であり、12世紀頃から北フランスで新年に祝われるようになった「愚者の祝祭 fête des Fous」を廃止しようと努めたことで知られる。これには、司教対司教座聖堂参事会の対立という問題も隠れているようだが、ミシェル・ド・クレニーは祝祭の不品行を断罪し、熱心に司教区の巡察を行い、アウグスティヌス隠修士会を支援した。一般信徒の救済をめざし、理性ではなく、情緒や実践を重んじて、生活のキリスト教化を図ったのである。

おわりに

クラマンジュの著作は忘れ去られ、一部のプロテスタントを除くと、後世には読まれなくなったようだ[82]。印刷革命以前において、手稿本は少なく、図書館の棚の隅に簡単に隠れてしまう。ラテン語で著したクラマンジュは、近代フランスにとって文学者ではなく、逃避的遊戯的と見なされてしまった。またダイイやジェルソンの亜流と見なされやすく、その2人の先達でさえ時代遅れと見なされてしまう状況にあっては、体系的でなく、情緒的なクラマンジュは神学者とさえも見なされないのかもしれない。時代の分かれ道で、人文主義と神学のはざまで咲いた仇花であろう。しかし苦難の時代にあって、ときに右顧左眄し、ときに追従しながら、やはり彼は彼なりに真摯に時代に答えていたと言えるだろう。そして、これらの忘れられた営為が次代の糧となったのである。

註

1) 日本語の単行本ではドミニック・ブーテ／アルマン・ストリューベル『中世フランス文学入門』（クセジュ文庫）（白水社、1983年）123頁や、V.=L. ソーニエ『中世フランス文学』（クセジュ文庫）（白水社、1990年）128-132頁に名前が挙げられているくらいであろうか。Michel Zink, *Littérature française du Moyen Age*, Presses Universitaires de France, 1992 のようにラテン語文学を含めた広い枠組みで「フランス」の文学を検討しようとする研究でも、その言及は少ない (p.324, 342)。
2) Cf. Bernard Guenée, *Between Church and State: the Lives of Four French Prelates in the Late Middle Ages*, University of Chicago Press, 1990, p. 125-299.
3) ジェルソンについては最近研究が進んできている。たとえば Brian Patrick McGuire (ed.), *A Companion to Jean Gerson*, Brill, 2006 などを参照。
4) たとえばグリーンランドの氷柱に基づく研究 W.Dansgaard, S. J. Johnson, N. Reeh, N. Gunderstrup, H. B. Ckausen and C. U. Hammer, "Climatatic Changes, Norsemen and Modern Man," *Nature*, Vol.255 (1975), pp. 24-28 を参照。
5) Cf. William C. Jordan, *The Great Famine: Northern Europe in the Early Fourteenth Century*, Princeton UP, 1996.
6) 藤田弘夫『都市と権力——飢餓と飽食の歴史社会学』（創文社、1991年）参照。

7) Cf. Joseph P. Byrne, *Encyclopedia of the Black Death*, ABC-CLIO, 2012, pp. 139-140.
8) 飢饉と疫病の直接的な因果関係は立証されていないが、長期的に見て、飢饉による食糧不足と高騰が被害を受けやすい層に栄養不良をもたらし、病気への抵抗力を低下させた可能性はあるかもしれないという。Cf. idem.
9) この問題については、宮崎揚弘『ペストの歴史』（山川出版社、2015 年）が展望を与えてくれる。
10) Cf. Byrne, op.cit., *Black Death*, pp. 198-199.
11) ジョヴァンニ・ボッカッチョ（河島英昭訳）『デカメロン（上）』（講談社学芸文庫、1999 年）19 頁。
12) Cf. Byrne, op.cit., pp. 42-52.
13) Cf. Byrne, op.cit., pp. 274-276.
14) ボッカッチョ『デカメロン（上）』24 頁。
15) 城戸毅『百年戦争――中世末期の英仏関係』（刀水書房、2010 年）参照。
16) Cf. Sophie Hasquenoph, *Histoire des orders et congrégations religieuses en France du moyen âge à nos jours*, Champ Vallon, 2009, pp. 504-505.
17) 矢田俊隆編『東欧史（新版）』（山川出版社、1977 年）72-75 頁。
18) 新井政美『オスマン VS ヨーロッパ〈トルコの脅威〉とは何だったのか』（講談社、2002 年）、特に 64-114 頁参照。
19) W. H. マクニール『ヴェネツィア：東西ヨーロッパのかなめ、1081-1797』（岩波書店、2004 年）96-110 頁参照。
20) Cf. Paul Ourliac, "le Schisme et les conciles（1378-1449）," in Jean-Marie Mayeur et alii (eds.), *Histoire du Christianisme des origins à nos jours; T.VI un temps d'épreuves (1274-1449)*, Desclée-Fayard, 1990, pp. 89-94.
21) たとえば小池寿子『死者のいる中世』（みすず書房、1994 年）参照。
22) Cf. Byrne, op.cit., pp. 143-145.
23) 池上俊一『ヨーロッパ中世の宗教運動』（名古屋大学出版会、2007 年）396-407 頁参照。
24) たとえば 1399 年イタリアで起こったビアンキ運動がある。池上俊一、前掲書、471-476 頁参照。
25) 岡崎勝世『聖書 vs 世界史――キリスト教的歴史観とは何か』（講談社現代新書、1996 年）参照。
26) クラマンジュの生涯は、特に言及がない場合は、Christopher M. Bellitto, *Nicolas de Clamanges : Personal and Pastoral Reform in the Late Medieval Church*, New York, 1997 による。
27) Cf. Byrne, op.cit., pp. 274-276.
28) ナヴァール学寮の創設及び卒業・在籍者については、Cf. Nathalie Gorochov, *Le collège de Navarre de sa fondation (1305) au début du XVe siècle (1418) : histoire de l'institution, de sa vie intellectuelle et de son recrutement*, Paris, 1997.

29) Cf. J. B. South, "John of Jandun," in J. J. E. Gracia & T. B. Noone (eds.), *A Companion to Philosophy in the Middle Ages,* Blackwell, 2003, pp. 372-376.
30) Cf. Edward Grant, "Nicole Oresmes," in J. J. E. Gracia & T. B. Noone (eds.), op.cit., pp. 475-480.
31) たとえば友人のゴンティエ・コルに、珍しい小プリニウスの書簡の写本を見せてくれるよう求めている。Cf. Lydius, *Opera omnia*, II, Leyden, 1613, pp. 121-122（Google Books, pp. 365-66）.
32) Cf. Gilbert Ouy, "Humanism and Nationalism in France at the Turn of the Fifteenth Century," in Brian Patrick McGuire (ed.), *The Birth of Identities. Denmark and Europe in the Middle Ages*, Copenhagen, 1996, pp. 107-125.
33) Cf. Ezio Ornato, *Jean Muret et ses amis Nicolas de Clamanges et Jean de Montreuil*, Genève-Paris, 1969. わが国での研究は少ないものの、樺山紘一『パリとアヴィニョン　西洋中世の知と政治』（人文書院、1990 年）は裨益されるところが多い。
34) Cf. Bellitto, *Nicolas de Clamanges*, pp. 112-113.
35) Cf. Guenée, op.cit., p. 251.
36) Cf. Brian Patrick McGuire (translated and Introduced), *Jean Gerson, Early Works (Classics of Western Spirituality, 92)*, New York, 1998, pp. 149-150. 書簡の宛先はないが、ダイイではないかと考えられている。
37) Cf. Ornato, op.cit., p. 26, n.109.
38) Cf. Roger-Charles Logoz, "Clement VII," in Philippe Levillain (ed.), *Dictionnaire historique de la papauté*, Paris, 1994, pp. 372-378.
39) Cf. Pierre Judie, "Cardinal (jusqu'au concile de Trente)," in Philippe Levillain (ed.), op.cit., pp. 277-281.
40) Cf. Hélèlene Millet, "〔Benoit XIII〕," in Philippe Levillain (ed.), op.cit., pp. 208-212.
41) Cf. Craig Taylor, "Ambivalent Influence of Italian Letters and the Rediscovery of the Classics in Late Medieval France," in David Rundle (ed.), *Humanism in Fifteenth-Century Europe,* Oxford, 2012 , pp. 203-237.
42) Cf. Lydius, *Opera omnia*, p. 28.
43) Cf. Lydius, *Opera omnia*, pp. 28-29.
44) Jean Leclercq (éd.), "'Les prières inédites de Nicolas de Clamanges," *Revue d'ascétisme et mystique* 23 (1947), pp. 170-183.
45) Cf. Guenée, op.cit., p. 251.
46) 以下の書誌情報については、特に明記がなければ、Palémon Glorieux, "Notations biographiques sur Nicholas de Clémanges." in *Mélanges offerts à M.-D. Chenu,* Paris, 1967, pp.291-310, および Les Archives de littérature du Moyen Âge（ARLIMA）の <Nicolas de Clamenges>（http://www.arlima.net/mp/nicolas_de_clamanges.html#flo、2015 年 12 月 10 日）を参照した。

47）François Breier が、いくつかの作品について校訂を行っている。*Nicolas de Clamanges, Opuscules*, 2vol., dactyl., thèse de 3e cycle, Paris, École Pratique des Hautes Études, 1974.
48）Luc d'Achéry, *Spicilegium*, tome I, p. 473 sqq.
49）Cf. Ornato, op.cit
50）Cf. Guenée, op.cit., pp. 209-210.
51）*Floridan et Elvide:* a critical edition of the 15th century text, with an introduction by H. P. Clive, Oxford, Blackwell, 1959, xxix + 29 p.
52）*Recueil de poésies françoises des XVe et XVIe siècles, morales, facétieuses, historiques,* réunies et annotées par MM. Anatole de Montaiglon et James de Rothschild, Paris, t. 10, 1875, pp. 200-201.
53）Cf. Sophie Hasquenoph, op.cit., 520-521.
54）Alfred Coville, *Le traité de la ruine de l'Église de Nicolas de Clamanges et la traduction française de 1964*, Paris, 1936.
55）Cf. Alfred Coville, "Nicholas de Clémanges à l'Index au XVIe siècle," in *Mélanges offerts à Abel Lefranc*, Genève : Slatkine Reprints, 1972, pp.1-16.
56）この作品は Lydius の全集にはない。Cf., Luc d'Achery, *Spicilegium*, Paris, t. 1, 1723, pp. 473-480.
57）Cf. Guenée, op.cit., p.151.
58）Cf. Christopher M.Bellitto, "A Christian humanist's mirror to princes: Nicolas de Clamanges and the restoration of justice during the French civil war," *Revue d'histoire ecclésiastique*, 102（2007）, pp. 100-123、特に 104 頁。
59）Cf. ibid., p. 105.
60）Cf. Christopher M.Bellitto, "The Rhetoric of Reform: Nicolas de Clamanges' Images of the End," in Thomas M. Izbicki and Christopher M.Bellitto（eds.）, *Reform and Renewal in the Middle Ages and the Renaissance, Studies in Honor of Louis Pascoe, S.J.*, Brill, 2000, pp. 141-154.
61）Cf. Coville, op.cit., pp. 138-155.
62）Cf. Guenée, op.cit., p. 115.
63）Cf. Guenée, op.cit., pp. 130-131.
64）Cf. François Berier, "Remarques sur l'évolution des idées politiques de Nicolas de Clamanges," in Monique Ornato and Nicole Pons（eds.）, *Pratiques de la culture écrite en France au XVe siècle: Actes du Colloque international du CNRS Paris, 16-18 mai 1992*, Louvain, 1995, pp. 109-125.
65）Breier, *Nicolas de Clamanges, OpusculesII*, p. 185.
66）Breier, *Nicolas de Clamanges, OpusculesII*, p. 177.
67）Breier, *Nicolas de Clamanges, OpusculesII*, p. 178.
68）Cf. Guenée, op.cit., p. 109.

69） Cf. Laura Light, "The Thirteenth Century and the Paris Bible," in *The New Cambridge History of the Bible,* vol.1, Cambridge University Press, 2012, pp. 380-391.
70） William J. Courtenay "The Bible in Medieval Universities," in *The New Cambridge History of the Bible*, vol.1, pp. 555-578.
71） Breier, *Nicolas de Clamanges, Opuscules II*, pp. 104-130. 以下の議論については、Cf. François Berier, "La figure du clerc dans le De Studio Theologico de Nicolas de Clamanges," *Travaux de linguistique et de littérature*, 21（1983）, pp. 81-103.
72） studiumには「研究」と同時に「研究室、書斎」という語義があり、一方 officinaには「工房」と同時に「職務」という意味があるが、訳しづらい用語である。
73） Patrick Gilli, "L'humanisme français au temps du concile de Constance,"in *Humanisme et culture géographique à l'époque du concile de Constance. Autour de Guillaume Fillastre*, Brepols, 2002, p. 60.
74） Cf. Erika Rummel, *The Humanist-Scholastic Debate in the Renaissance and Reformation*, Harvard University Press, 1995.
75） Cf. Bellitto, "The Rhetoric of Reform: Nicolas de Clamanges' Images of the End," pp. 147-149.
76） 薩摩秀登『プラハの異端者たち——中世チェコのフス派にみる宗教改革』（現代書館、1998年）77-124頁参照。
77） Cf. Guenée, op.cit., p. 117.
78） Cf. D.Zach Flanagin, "Making Sense of It All: Gerson's Biblical Theology,", in McGuire (ed.), *A Companion to Jean Gerson*, pp. 133-177.
79） Cf. Heiko Augustinus Oberman, *The Harvest of Medieval Theology : Gabriel Biel and Late Medieval Nominalism*, 3rd ed., Labyrinth Press, 1983.
80） Breier, *Nicolas de Clamanges, Opuscules II*, pp. 69-102. また Palémon Glorieux, "Mœurs de chrétienté au temps de Jeanne d'Arc : le traité "Contre l'institution de fêtes nouvelles" de Nicolas de Clémenges," *Mélanges de science religieuse*, 23（1966）, pp. 15-29 を適宜参照した。
81） Cf. Nathalie Gorochov, op.cit., pp. 622-623, および http://auxerre.historique.free.fr/Personnages/eveques/michel_de_creney.htm.
82） Cf. Gilli, art.cit., p. 61.

イメージの効用をめぐる不安
―― 15 世紀イングランドの宗教文学をめぐって ――

松田隆美

　中世イギリス文学史は、かつては 2 つの大きな区切りによって半ば図式的に特徴付けられてきた。1 つは 1066 年のノルマン征服で、中世の俗語のなかでは例外的に早い時期に公文書、説教、学術的翻訳などに使用され、公用語としての地位を確立しつつあった英語は、その文学語としての地位をフランス語に奪われ、再び復活するのは 13 世紀であるという理解である。そこからは、11 世紀までの古英語文学は、文学伝統の上でもそれ以降の英文学とは断絶しているという視点さえも生まれた。しかし、古英語と中英語の連続性は常に英語史の主要な関心であり続けたし、文学史的にも、12 世紀のウスターに見られるような意識的な古英語テクストの保存と継承の営みが注目されるにつれて、むしろ古英語と初期中英語文学の連続性が注目されるようになった。

　もう 1 つの区切りは 15 世紀である。この世紀は、「英詩の父」チョーサーが活躍した 14 世紀後半とシェイクスピアを筆頭とするチューダー朝文学とのあいだに位置する過渡期とみなされてきた。15 世紀を代表する多産な詩人ジョン・リドゲイトの作品が、そのしばしば華麗な文体にもかかわらず冗長であるとして過小評価されてきたことに加えて、トマス・アランデル大司教が増大するロラード派の脅威に対抗するため、英訳聖書や英語の宗教書を許可無く所有し読むことを禁ずる教令を 1409 年に発布したことも、英語による文学活動が停滞した一因と解釈

された。リドゲイトやジョン・シャーリーの写本の研究があるE. P. Hammondは、1927年に15世紀の英詩のアンソロジーを刊行したが、『チョーサーとサリーのあいだの英詩』というその標題は、この世紀を2つの黄金時代のあいだの谷間と見なしたことを端的に示している[1]。しかし、15世紀のイングンド文学は14世紀のそれと比較して斬新さや独創性を欠くとする解釈は、ルネサンスを個性の開花と同一視してチョーサーをその先駆者とみなす一方で15世紀は停滞期であると考える、中世とルネサンスの二項対立的な前提に基づいた偏った視点であった。この偏りは1970年代以降、Derek Pearsallのリドゲイト研究やDouglas Grayの後期中英語文学研究、1977年に発刊された総合的な研究誌『15世紀研究』(*Fifteenth-Century Studies*)などのお陰で是正されてきた。さらに、David Lawtonは、15世紀英文学の表面的な「凡庸さ」は、むしろ同時代の政治状況と結びついた公共の関心を代弁しており、この世紀の成熟した文書文化に裏打ちされた固有の道徳的「文化」の表象に他ならないとして、15世紀の文学活動を前向きにとらえなおした[2]。現在では、James Simpsonの研究に代表されるように、中世後期と近代初期を連続的にとらえる視点が主流となっている[3]。また、リドゲイトやホックリーヴにとどまらず、オズバーン・ボクナムやジョン・オードレイなどについても個別研究が発表され、アランデル教令の影響についてもとらえ直しが進み、15世紀文学研究は活況を呈していると言えよう[4]。15世紀のイングランドはむしろ変革と論争の時代と呼ぶにふさわしく、それは特に、イメージの効用や安全性についての様々な見解において顕著である。本稿では、イメージの功罪をめぐる15世紀イングランドの事情について、リドゲイトの宗教詩や翻訳を中心に検討し、そこから読み取れるテクストを視る文化の登場について考えることとする。

　イメージの効用については、教皇グレゴリウス1世が599年にマルセイユ司教のセレヌスにあてて送った書簡のなかに有名な一節がある。そのなかでグレゴリウスは、「文がそれを読む者たちに示すものを、絵は

それを見る無学な者たちに示す」、なぜならば「無学な者たちは絵のなかに彼らが従うべきものを見、文字の読めない者たちは絵のなかで読むからである」と記し、イメージが、無学なものにとっての聖書（libri laicorum）として果たす役割を指摘している。このグレゴリウスの言葉は、ときに字義通りに受け取られて、中世を通じてイメージの利用をめぐる議論のなかで繰り返し用いられてきた[5]。マンドのドゥランドゥスの『聖務日課の原理』（1286年）は、中世においてもっとも広く読まれた典礼論である。そのなかの教会の絵画や装飾について論じた章で、ドゥランドゥスは、イメージは視覚を通じて直接感情に働きかけるのでテクストよりも心を動かすと述べて、その効用を認めている[6]。また、12世紀中期のペトルス・ロンバルドゥスや13世紀のボナヴェントゥラは、イメージの効用として、信徒を教育し、情動的に信仰心を高め、記憶を助けるという3点を挙げる[7]。15世紀になると、フランチェスコやベルナルドゥスの神学の影響下で、イメージがもつ感情を動かす力が、その教育的効果以上に重視されるようになった。英語では、15世紀初めにフランシスコ会士によって編纂された対話形式の基本教理の提要『ディーヴェスと貧者』（*Dives and Pauper*, 1405-10年頃）で、その情動的役割が教育的効果に先だって述べられている。

> 像（イメージ）には3つの役割がある。まずそれは、キリストの受肉と受難、そして聖人たちの生涯へと多くの者たちの心を向けさせる。また、人々の感情と心を敬虔さへとかりたてる。なぜならば、人は、聞いたり読んだりするよりも、目で見ることで動かされることが多いからである。さらには、像は字を知らない者たちにとってのしるしであり書物である。彼らは像や絵のなかに、学者たちが書物で読むことを読むからである[8]。

カルトジオ会士のニコラス・ラヴが同時期にラテン語から英訳した

『イエス・キリストの尊い生涯の鏡』(1409/1412年)は、こうしたイメージの効用を最大限に意識したテクストである。語り手は読者に向かって、イエスの生涯の様々な場面を心中で思い描き、そのときのイエスや聖母マリアに感情移入するようにと呼びかける。このテクストはアランデル大司教に献じられて、ウィクリフ聖書に対抗する「正統な」、英語による神学書として平信徒の間に広く伝播することとなった。その背景には、イメージには、視覚的な想像に裏打ちされた情動的な反応を誘発することで、平信徒の神学的思索を間接的に抑制する効果があるという計算があったとも考えられよう。また、同じような反ロラードの立場から、15世紀前半の司教レジナルド・ピーコックは、ディヴォーションを高める上では、聖人像やそこへの巡礼が読書よりも有効であることを指摘し、イメージは無学なものにとって、目に見える、記憶に残る記号であると述べている[9]。

　こうしたイメージ擁護論の存在は、一方では、イメージを平信徒にとってのヴィジュアル・テクストとして用いることに対して懐疑的な見解が同時期に存在したことの証ともとらえられる。元来イメージの擁護は、グレゴリウスでもドゥランドゥスでも、過度の聖像破壊を諫めたり、あるいは偶像崇拝を牽制する文脈で登場している。また、グレゴリウスの有名な一節も、布教におけるイメージの効用を認めてはいるが、非識字者には絵が文字に代わって同じ内容を伝えるという、文字通りのことを主張している訳ではない[10]。イメージの活用が偶像崇拝につながる危惧、イメージがはたしてどこまでテクストのかわりを務めうるかについての懸念は、中世を通じて常に存在してきたのである。

　中世において「視ること」はある意味で危険な行為であった。不用意に女性を見たせいで文字通り一目惚れしてしまったとは恋愛抒情詩の常套句だが、ダンテやペトラルカにおいてこれは必ずしも比喩的なだけの表現ではない。中世において見ることは、光線（species）を介して対象物と物理的に接触することに他ならない[11]。つながることにより、見る

図1　視線に圧倒されるペトラルカとダンテ

ことは同時に見かえされるという双方向の行為となり、そこには、ペトラルカ風の宮廷風恋愛詩のレトリックにも情動的なディヴォーションにも通じる、インタラクティブな関係性が生じる。ダンテもペトラルカもそれぞれベアトリーチェとラウラの瞳から発せられる視線に圧倒されてしまう（図1）。だからこそ、イメージの助けを借りつつもそれにとらわれないこと、言い換えれば、イメージそのものではなく、その先の、イメージが表している本質や教えに目を向けることが必須であり、イメージの擁護と並行するかたちで、反イメージ論がウィクリフ派と正統派の両方から提示されたのである。そこには、イメージの偶像化に対する懸念にとどまらず、イメージは単体では誤読されうるという、その伝達手段としての信頼性を危ぶむ、より本質的な不安が表明されているのである。

　15世紀初頭のイングランドでのイメージに対する批判としては、ウィクリフ派による崇拝禁止や聖像破壊の主張が想起されるが、この論点自体は、十戒を根拠とする伝統的かつ複雑なものである。ウィクリフ自身は、グレゴリウスを引用しつつイメージの教育的利用を許容しており、ソロモンの神殿の例を挙げて教会におけるイメージの利用には理解を示している。その一方で、イメージの役割は心を霊的なものへと動かすこ

とにあるので、イメージそのものに拘泥することは、記号が意味するものの代わりに記号自体を崇める偶像崇拝の危険をはらんでいると指摘する。また、1つのイメージが他のイメージと比べて価値が高い、より神聖である、奇跡を生みやすいなどという差異化も偶像崇拝として規定される[12]。こうした点は14世紀末から15世紀にかけてロラード派によって盛んに論じられ、たとえば、ロラード派の教訓書『光の角灯』（*Lantern of Light*, 1409-15年）にはより先鋭的に単純化されて記されている。

　しかし、人びとは像への愚かな信頼によって欺かれている。無学な者のなかには、像そのものが奇蹟を起こすと信じ、十字架の像がキリストその人であるとか、聖人の似姿の像が聖人その人であると思っている者がいるからだ。だから、「ブロムヘルムの愛しい十字架」、「愛しい恩寵の十字架」、「北扉の愛しい十字架」、「ウォルシンガムの親愛なる聖母」などと口にするが、「天上の我らの聖母」、「天上の我らが主イエス・キリスト」とは言わない。まるでそれがキリストや我らが聖母、洗礼者ヨハネやカンタベリの聖トマスその人であるかのように、古い石や木をなでまわして口づけをし、多くの寄進をして、来年もまた訪れるという誓いをこれらの生命のない像に対して立てる。そして巡礼の往復路において、神を崇めるためにも自らの魂を救うためにも一度たりともミサに与らず、聖体にキリストの身体を見ることもなく、神の民に他ならぬ苦しんでいる貧者に1ファージングの喜捨をすることなく、土産話やその他の無益なことに巡礼を費やす。このように、無学な者たちは生命のない像を信じこんで、神とその掟を軽んじる。というのも、彼らはこれらの木片に対して愛を振りまき、キリストのイメージそのものである貧しい隣人への貴い慈善を怠るのである[13]。

偶像崇拝の否定は、石ころや木片を崇めるために巡礼をし、その浪費

図2　偶像を拝む大工と「偶像崇拝」の擬人像（ギヨーム・ド・ディギュルヴィル『人生の巡礼』BL MS Cotton Tiberius A. VII, fol. 65v ©The British Library Board）

のせいで貧者への施しを怠る者に対する批判へと結びつく。偶像崇拝をめぐる議論は、イメージそのもののかたちや美しさの問題ではなく、信者の信仰と社会的責務の問題として展開されているのである。

　この点は、リドゲイトが英訳した『人生の巡礼』（*The Pilgrimage of the Life of Man*, 1436年頃）にも共通している。シトー会士ギヨーム・ド・ディギュルヴィルがフランス語で記した長編の教訓的寓意詩の3部作——『人生の巡礼』（1330-31, 1355年）、『魂の巡礼』（1355-58年）、『イエス・キリストの巡礼』（1358年頃）——のうち、『人生の巡礼』と『魂の巡礼』は15世紀に中英語に訳されて広く人気を博した。『人生の巡礼』のなかで、「巡礼」は老女の姿をした「偶像崇拝」（Idolatry）の擬人像と出会う[14]。「偶像崇拝」は、崇拝対象の偶像に似せて描かれるのではなく、他者をその行為へと唆す存在として、醜い姿で擬人化されている（図2）。この老女は、自ら作った像（mawmet）を拝んでいる大工を指さして、「巡礼」も同じように偶像の前に跪いて祈るに相違ないと言う（20852-72行）[15]。この場面を目にした「巡礼」は、大工にやめるように言うが、

イメージの効用をめぐる不安

121

お前たち巡礼だって石や木の像を拝むだろうと反論され、次のように答える。

  お前のここでの結論は乱暴以外の何ものでもない。何故なら私たちは、木や石や、人が描いたものなどの像を崇めようと骨を折っているのではない。そうではなく、心の中に、聖人たちの殉教、受難、聖なる生涯、奇跡を明らかな実例によって刻みつけんがため（to enpresse)、彼らの似姿を敬っている。それは私たちにとって見世物に過ぎず、その真の意味と意図するところ、つまり聖人たちの大変な労苦と勝利を表す鏡のようなものに他ならない。それによって、今や天に居場所を得た長老や預言者がキリストのために何を堪え忍んだかを、私たちが忘れずに覚えておき、手引きを作るようにと。
（20975-94 行）

 「巡礼」は、イメージとは聖人たちの事跡を心に刻み、その真の意味を映す鏡のようなものであって、聖人のことを記憶に留めるための仲介手段であると述べ、イメージを利用することと偶像として崇めることの違いを主張する。しかし、Michael Camille が指摘したように、聖像と偶像はしばしば表面的には区別がつかない[16]。ここでは両者を峻別することの本質的な難しさ、そしてイメージを誤解なく用いるために配慮が必要であることも同時に主題化されていると考えられる。
 イメージの解読をめぐる問題は、老女が何者なのか、その姿を見ただけでは「巡礼」にはわからないという事実にも表れている。「巡礼」は誤りを避けるという理由で、名前を尋ねて、目の前の老女が「偶像崇拝」であることを知る。目で見たイメージをテクストで検証するこの判断は正しいもので、視覚だけに頼らないことについては、しばしば取り上げられる以下の箇所で指摘されている。

それゆえ私は、あなたの目と視覚を、耳のあるところに正しく移さねばならない。そして、あなたがよくわかるように、あなたの耳は、このことにおいて、全てを認知し、伝えるための明晰な目を持たねばならない。というのも、――私の言うことを信じなさい――正しく配置された怠惰ではない耳は、疑わしく、不思議で、驚くべき事柄について、あなたに真理をもっとも良く伝えてくれる。(6297-308行)

「目と視覚を耳のあるところに移し、耳は明晰な目を持たねばならない」とは、視覚がとらえるイメージの意義を聴覚がとらえるテクストにより解題し、それと同時に、明晰な心の目によりテクストを視覚化するという、まさにメディアを交差させた読みを指し示している[17]。正しく寓意擬人像を読み解くにはテクストによる指示が必要だが、この場面で「偶像崇拝」は大工の問いかけに曖昧な答しか返していない。言い換えると、偶像とはテクストによる検証ができないイメージであり、また、イメージを目でしか見ない者は、その意義を理解できず、イメージの視覚的な物質性を乗り越えることなくその表層に束縛されてしまう。こうした状況ではイメージと偶像のあいだに差はないが、一方で寓意とは読み解かれるイメージ、つまりヴィジュアル・テクストである。寓意の旅である『人生の巡礼』は、イメージの正しい解読にはテクストに裏打ちされたヴィジュアル・リテラシーが必要であること、イメージを越えて抽象的なテクストの論理へと至ることの重要性を主題としていると言える。

アウグスティヌスは、中世を通じて大きな影響力を持ち続けた聖書解釈の入門書『キリスト教の教え』において、しるし（signum）とそれが意味するものの関係を以下のように述べている。

　　たしかに、なにかあるものを指し示しているしるしを、それが何

を指し示しているかを知らずに用いたりうやまったりする人は、奴隷としてしるしの下に服しているのである。しかし神によって定められた有益なしるしを、その効果や意義を理解した上で、用いているか、大切にしている人は、目に見えるけれども過ぎ去るしるしをあがめているのではない。むしろこういうすべてのものが帰せられるべきものを大切にしているのである。(……)ところで文字に囚われて、しるしをしるしによって示されている事柄ととり違えてうけとる人は、奴隷的な弱さをもっている。そのようにしるしを無益な仕方で解釈することは、あてどなくさまようことである。けれどもしるしが何をさし示しているかわからないが、それでもそれがしるしであることをわきまえている人は、奴隷の状態にとどまっているのではない。その意味は分らなくても有益なしるしに服従している方が、しるしを無益な仕方で解釈することによって、せっかく奴隷状態のくびきからぬけ出したのに、誤謬の罠におちいるよりもまさっている[18]。

　偶像崇拝を非難すると同時に、しるしであることはわかっているがその意味するところがわからないほうが、しるしを実体と取り違えて誤った解釈をするよりは望ましいと指摘し、続く章では比喩的なものと字義的なものの見分け方を説明している。
　視覚的なしるしが常に誤読される危険を内包していることは、14〜15世紀のイングランドでも議論となっている。たとえばウォルター・ヒルトン(1396年没)は、イメージの効用についてときに相反する態度を示している。初期の著作では偶像破壊的立場をとる一方で、後期の著作の『像の崇敬について』(*De adoracione ymaginum*)では、教会のキリスト像は「神の神性を表してはいないが、神が人間の救済のために受肉して纏った人間性の似姿を表してはくれる」と述べて、その役割を容認している[19]。さらに、平信徒は誤読することがあるが、その意図が正しけ

れば無知とイメージを崇める誤りは帳消しになるとさえ述べているのである[20]。ゆえにイメージを正しく解読するための教育は重要な意味を持つのであり、前述の『ディーヴェスと貧者』でも、ディーヴェスの問いかけを受けてキリスト教図像学の初歩的レッスンが展開されている[21]。

　解釈が定まったアトリビュートを中心に構築される寓意擬人像は比較的解読が容易な図像であり、それは、17世紀のチェーゼレ・リーパの寓意擬人像事典『イコノロジーア』で集大成されることとなる、解読辞典の伝統によって中世後期から受け継がれている[22]。しかし、イメージが一人歩きすることを牽制し、またその意図された効果を正しく引き出すには、イメージにテクストを添えることが有効であることは間違いない。この点への配慮は、リドゲイト作の一見ディヴォーショナルな宗教抒情詩にも認められる。たとえば以下の例では、「悲しみの人」、「悲しみの聖母」といったポピュラーな図像を用いて罪人にむかって呼びかける。詩は、傷ついたイエスを眼前にして悲しみに沈む聖母の前に跪いて目を向け（behold and see）、その姿を記憶に留めるようにと、読者を促すことで始まり（1-6行）、視覚的イメージによって情動的な反応を引き出さんとするように見える[23]。しかし、すぐに続いて詩人は、この「憐れみの記憶」（this memoriall | Of very pitie）がまだ心中にあるうちに聖職者のもとへと急いで、罪を残らず告白するように命じる。前述の『人生の巡礼』と同じような表現を用いて、これらの言葉を記憶に刻みつけ、刻印するようにとくりかえし述べている。

　　これらの言葉を心の中に、霊的に刻みつけ、十字架上で血を流しているキリストを眺めていると思いなさい。そうすれば、罪へと誘惑され唆されても、すぐにそれは終息し、あなたから過ぎ去るだろう。この悲しみに満ちた哀れな姿、祝福されし淑女が息絶えた大切な我が子を膝に横たえて抱きしめているこの姿を忘れないように。そうすれば、決して恩寵を見失うことはない。

イメージの効用をめぐる不安

この教えをよく学びなさい、短く簡単なものだから。そうすることで、この世のもっともか弱い被造物でも悪魔を追い払い、精神と肉体の両方において、自分自身を間違いなく救うことができる。肖像や様々な似姿には目的が与えられていて、像のかたちで示された有益な物語は正しく記憶されて、私たちのもとにとどまるのです。（25-40行）

　イメージは、テクスト的記憶に到達するための視覚的な参照物として機能する[24]。目に見える像（figur）の記憶は情動的な反応を引き出すこともあるが、それも含めてイメージの本質的機能は悔悛を促すことにある。読者が心にとどめるべきはイメージそのものではなく、そこから引き出される教訓に他ならない。そのためには、正しくイメージを読むためのテクストによる導きが必要となる。リドゲイトは視覚のみに頼る危険を回避するために、イメージをテクストで説明し、さらにイメージを記憶のための参照物として機能的に用いることを重視している。『人生の巡礼』の翻訳においてイメージの情動的な機能には言及していないことからもこの姿勢は推測されるのであり[25]、それは、ニコラス・ラヴのような、イメージの想起を情動的で身体的なものとして平信徒の信仰の中心に位置づける手法とは一線を画しているといえる。

　イメージの代わりにテクストを心中に刻むことが重要な理由は他にもある。視覚的なきっかけとして機能するイメージは美しくある必要はないが、実際には教会はしばしば豪華な石像や絵画で飾られており、寄進者自身の罪深さの鏡に他ならないとしてロラード派による批判の対象となっている。Sarah Stanburyは、そのようなイメージは、それ自体が物質的な快楽となるフェティッシュに他ならず、さらに、それが信徒によって教会に寄贈されるという制度的文脈のなかでは、自己の救済を獲得するための商品に転じると指摘する。教会へのさまざまな寄進や死者のミサのための礼拝堂（chantry chapel）の建造は、寄進者の死後に、煉獄

からの速やかな解放を執り成すミサを挙げることを約束する契約へと結びつくため、イメージは魂の救済を得るための通貨となるのである[26]。イメージの物質的な華麗さは死後の自分自身への投資に他ならない。

　以上のようなイメージが誘発する危険を回避するために、具体的にどのようにテクストを付加するかをめぐっては、いくつかの工夫とともに問題点が見られる。そこには、単にイメージをテクストで置き換える、あるいは補完するのではなく、2つのメディアの混交から生じる複雑な状況が認められる。教化のためのマスメディアの1つである教会の壁画に、教訓的解読を意図したテクストを銘文と

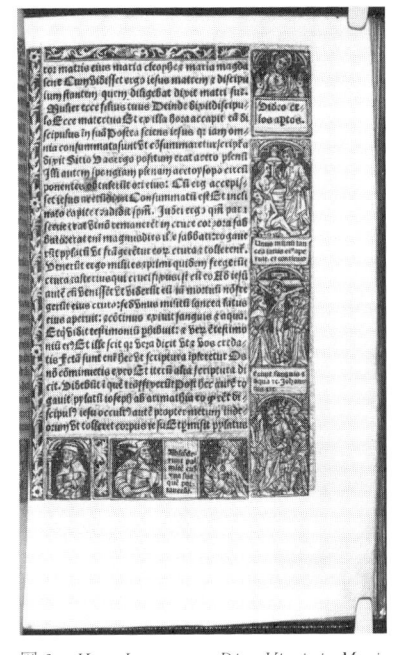

図3　*Hore Intemerate Dive Virginis Marie secundum Usum Ecclesie Romane*（Paris, Jehan Poitevin, c. 1503）, sig. b6r［慶應義塾図書館蔵 120X 1159 1］

して追加することはしばしば用いられた方法である。しかしこの手法について Vincent Gillespie は、この種の銘文はしばしばラテン語で記されており、こうした解説や教訓が有益であったはずの平信徒は読めなかった場合が多いと指摘して、その効果を疑っている[27]。同様のケースとして、やはり平信徒の信仰と密接に関わるメディアとして広く流通していた時禱書が存在する。とくに15世紀後半からは、多くの木版画を挿入した活版印刷による時禱書が盛んに刊行され、そうした時禱書では、しばしばページの欄外に、一連の物語絵や寓意擬人像が説明文とともに印刷されている（図3）。この物語絵シリーズは、主要な祈禱文自体には大

イメージの効用をめぐる不安

差がない時禱書において、新版の独自性を強調する際のセールスポイントとして意識されていた[28]。しかしこの場合も、絵に添えられたテクストの多くはラテン語聖書の部分的引用で、そのなかには予型論的対応を前提としたものもあるため、読み解くには予備知識が必要となる。さらに、ラテン語のテクストと挿絵との対応が取れていない箇所や誤記も少なくはない。こうした誤りが容認されていた理由としては、これらのテクストが読まれることが必ずしも想定されていなかったことが推測される。実際、ラテン語のテクストは、極小の活字でしばしば略字を多用して印刷されていて、極めて読みにくい。こうしたテクストはむしろ、その存在自体によって挿絵の聖書釈義的な正統性を保証すべく、イコニックに機能していると考えられ、イメージと組み合わせられることで祈禱のための敬虔な環境を読者のために作り出す、視覚的なパラテクストであったと言えるのである[29]。

　しばしば中世のベストセラーと形容される時禱書と並んで、中世の平信徒が目にする機会が比較的多かったテクストが、契約書や贖宥状のような公文書類である[30]。こうした法的効力に裏打ちされた文書は、その物理的形態と文体の両方において特徴的であり、文学作品中におけるこれらへの言及はテクスト内容に特別な意義を付与することとなる。リドゲイトは、キリストの受難を主題とした宗教詩の結びのスタンザで、チョーサーの顰みにならって、「行け、小さな証書よ、人間のために喜んで血を流されたイエスの前に掲げられて、十字架の前で、お前を目にする人びとに、この嘆願を日に一度は読むように請いなさい」と、自ら詩に呼びかけている[31]。ここでは、十字架上のキリストが信者に向かって訴えかけるという宗教抒情詩のモチーフに、証書という1つの文書の形態が与えられ、さらにそれが誰もが目に出来るように掲示されている様子が視覚的に想起させられている。詩は、証書という視覚的パラテクストを獲得することで、効力あるテクストとして正統化されていると言える[32]。ディギュルヴィルの『魂の巡礼』の15世紀の中英語散文訳にも、

類似した場面が登場する。死をむかえた「巡礼」の魂は、死後の運命を決定すべく計量されるが、神の４人の娘の１人である「慈悲」が神による赦免状を提示したことで地獄落ちから救われ、煉獄に行くことを許される。「慈悲」は「金の印章がついた美しい赦免状」を取り出して、その全文を披露している[33]。この場面でも、文書の視覚的形態がパラテクストとして機能することで、情動的な視覚化とは異なる手法によりテクストのメッセージを立体的に提示していると言える。

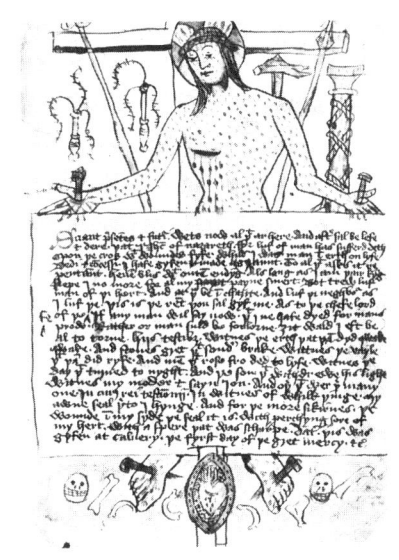

図4　キリストの特許状（BL MS Add. 37049, fol. 23r ©The British Library Board）

　法文書のパラテクストを活用した中世後期の文学ジャンルとしては「キリストの特許状」（the charter of Christ）がある。これは、神と隣人を愛するならば死後に天上の至福という特権が与えられること約束する特許状で、この形式を模した宗教抒情詩数篇が中英語で現存している。写字生が挿絵も担当した写本として注目される、15世紀後半に北ヨークシャーのカルトジオ会修道院で編纂された宗教文学ミセラニー、大英図書館蔵 Add.37049 写本の例では、十字架上のキリストが自ら、信者にむけて特許状を広げ、そのなかに詩が記されている（図4）[34]。文書の形態というパラテクストは、この文書固有の文体と相俟って詩の内容に権威を与え、キリストの受難と慈悲というメッセージをテクスト主体で、しかしテクストを視覚的に提示することで伝えているのである。同じ写本には、より端的にテクスト自体を視覚的に提示する例も存在する。「教皇聖クレメンティウスによる贖宥状」では、唱えるべきラテン語の語句

イメージの効用をめぐる不安

129

図5　Clopton chapel, Holy Trinity Church, Long Melford (Suffolk)

は赤で書かれ、さらに余白に装飾性の高い書体で繰り返されている。そのように記されたテクストは同時にイコニックなモノグラムともなり、その装飾性は、個々の語句および文字の視覚性を強調し、テクストの効力を強化する効果があると言える[35]。

　テクストそのものを提示する手法は教会美術にも認められる。サフォーク州ロング・メルフォードの Holy Trinity 教会付属のチャントリー礼拝堂（Clopton chapel）には、壁面上部の祈禱者が見上げる位置に、リドゲイトの長編の教訓詩「遺言」（'Testament'）からの抜粋が、1スタンザ毎に羊皮紙の巻物を彷彿とさせる立体感のある枠に囲まれて、部屋を一周するように書かれている（図5）[36]。最初のスタンザでは、キリストが人間に「目を上げて見よ」と呼びかけており、全体を通じて、情動的なディヴォーションを喚起するに効果的な箇所が抜粋されていると指摘されている[37]。しかし、装飾的なゴシック書体や枠といったパラテクストの活用により、テクスト自体が視覚的にイメージとして提示されていることで、単純にテクストからキリストの像を心中で思い描くのではなく、イメージを介さない、より高度なディヴォーションを誘発することが意

図されていると考えられるのである。伝統的なディヴォーショナル・イメージや聖人像に銘文や説明文を付加するのではなく、パラテクストを工夫することでテクスト自体をイメージとして提示し、視覚的にも印象づける手法は、イメージの効用に対して擁護派と批判派の両方が持っていた不安を反映するかたちで、15世紀が行き着いた1つの到達点であると言える。

註

1) E. P. Hammond, *English Verse Between Chaucer and Surrey, Being Examples of Conventional Secular Poetry, Exclusive of Romance, Ballad, Lyric, and Drama, in the Period from Henry the Fourth to Henry the Eighth* (1927; repr. New York, 1965).
2) David Lawton, 'Dullness and the Fifteenth Century', *English Literary History* 54 (1987), 761-99.
3) James Simpson, *The Oxford English Literary History, Volume 2. 1350-1547: Reform and Cultural Revolution* (Oxford, 2002); *Cultural Reformations: Medieval and Renaissance in Literary History*, ed. by Brian Cummings and James Simpson (Oxford, 2010).
4) Nicholas Watson, 'Censorship and Cultural Change in Late-Medieval England: Vernacular Theology, the Oxford Translation Debate, and Arundel's Constitutions of 1409', *Speculum*, 70 (1995), 822-64; *After Arundel: Religious Writing in Fifteenth-Century England*, ed. by Vincent Gillespie and Kantik Ghosh (Turnhout, 2011); *My Wyl and My Wrytyng: Essays on John the Blind Audelay*, ed. by Susanna Fein (Kalamazoo, MI, 2009).
5) グレゴリウスの手紙の中世における受容については、Herbert L. Kessler, 'Gregory the Great and Image Theory in Northern Europe during the Twelfth and Thirteenth Centuries', in *A Companion to Medieval Art: Romanesque and Gothic in Northern Europe*, ed. by Conrad Rudolph (Chichester, 2010), pp. 151-72 参照。
6) 「実際、絵画はテクストよりも魂を大きく動かすように思われる。ある行為が絵画という形で目の前に出されると、その出来事が今目の前で起こっているかのように感じられるが、テクストでは、その行為はただの聞かれるべき物語としか思われず、物事が記憶によって思い起こされる時に魂をあまり動かさない。こうした理由から、我々は像や絵画に対して示すほどには書物に対してあまり敬意を抱かないのである。」*Rationale Divinorum Officiorum*, I, 3; CCCM, 140 (1995), I.iii.4 (36). 以下の英訳も存在する。William Durand of Mende, *The Rationale Divinorum Officiorum of William Durand of Mende: A New Translation of the Prologue and Book One*, trans. by

Timothy M. Thibodeau (New York, 2007), pp. 33-34.
7) Lawrence G. Duggan, 'Reflections on "Was Art Really the 'Book of the Illiterate'?"', in *Reading Images and Texts: Medieval Images and Texts as Forms of Communication*, ed. by Mariëlle Hageman and Marco Mostert (Turnhout, 2005), pp. 63-119 (p.74).
8) *Dives and Pauper*, ed. by P. H. Barnum, 2 vols, EETS OS 275, 280, 323 (Oxford, 1976, 1980, 2004), I.i, I.82 (lines 36-44).
9) Sarah Stanbury, *The Visual Object of Desire in Late Medieval England* (Philadelphia, 2008), pp. 35, 63.
10) グレゴリウスの真意をめぐる近年の研究については、中世の一次資料の邦訳とともに以下にまとめられている。木俣元一「Pro lectione pictura est?──グレゴリウス1世、イメージ、テキスト」『西洋美術史研究』1 (1999), 155-63.
11) Stanbury, p. 6.
12) Margaret Aston, *Lollards and Reformers: Images and Literacy in Late Medieval Religion* (London, 1984), pp. 140, 151.
13) *Selections from English Wycliffite Writings*, ed. by Anne Hudson (Cambridge, 1978), p.87.
14) Shannon Gayk, *Image, Text, and Religious Reform in Fifteenth-Century England* (Cambridge, 2010), pp. 87-95.
15) *The Pilgrimage of the Life of Man*, ed. by F. J. Furnivall and K. B. Locock, EETS ES 77,83,92 (1899,1901,1904; repr. Millwood, NY, 1973), lines 20975-94.
16) Michael Camille, 'The Iconoclast's Desire: Deguileville's Idolatory in France and England', in *Images, Idolatry, and Iconoclasm in Late Medieval England: Textuality and the Visual Image*, ed. by Jeremy Dimmick, James Simpson and Nicolette Zeeman (Oxford, 2002), pp. 151-71 (pp. 170-71).
17) Susan K. Hagen, *Allegorical Remembrance: A Study of The Pilgrimage of the Life of Man as a Medieval Treatise on Seeing and Remembering* (Athens, GA, 1990), p. 50.
18) 『キリスト教の教え』第3巻9章;『アウグスティヌス著作集 第6巻』加藤武訳(教文館, 1988), pp. 161-62.
19) Stanbury, p. 21.
20) Gayk, p. 12.
21) Barnum, *Dives and Pauper*, I.i, 91-99.
22) 松田隆美「世界を読み解く一冊の本──ヨーロッパ中世・近代初期の象徴事典の系譜」松田隆美・徳永聡子編『世界を読み解く一冊の本』(慶應義塾大学出版会、2014年), pp. 79-96参照。
23) Lydgate, 'On the Image of Pity'; *The Minor Poems of John Lydgate*, ed. by H. N. McCracken, 2 pts, EETS ES 107, OS 192 (Oxford, 1911/1961), I, 298-9.
24) Gayk, p. 100.
25) Gayk, p. 93.

26) Stanbury, pp. 19, 23-4.
27) Vincent Gillespie, 'Medieval Hypertext: Image and Text from York Minster', *Of the Making of Books: Medieval Manuscripts, their Scribes and Readers: Essays Presented to M. B. Parkes*, ed. by P. R. Robinson and Rikvah Zim (Aldershot, 1997), pp. 206-29 (p. 216).
28) アントワーヌ・ヴェラールが1489年に印行した時禱書の序文には以下のように記されている。「それゆえ、賢者が言うように、『目は見飽きることなく耳は聞いても満たされない』ので、全ての人々の理解のためには、この栄光ある聖母マリアの時禱書において、耳で聞いてわからないことは目で見ることができるように、聖書に含まれている全ての像と物語に関する正しく明確な情報を、それを目にする全ての人々に簡潔に提供するような絵を作ることが相応しいと思えた。」Mary Beth Winn, *Antoine Vérard Parisian Publisher 1458-1512: Prologues, Poems, and Presentations* (Genève, 1997), p. 222 参照。
29) 16世紀初期の印刷本の時禱書における挿絵の機能については、松田隆美『ヴィジュアル・リーディング——西洋中世におけるテクストとパラテクスト』（ありな書房、2010）、pp. 104-120 参照。
30) Emily Steiner, *Documentary Culture and the Making of Medieval English Literature* (Cambridge, 2003), pp. 3-4.
31) Lydgate, 'Crites Passioun'; MacCracken, I, 221 (lines 113-6).
32) Gayk, pp. 110-11.
33) *The Pilgrimage of the Soul: A Critical Edition of the Middle English Dream Version*, ed. by R. P. McGerr, Vol.1 (New York, 1990), p. 49.
34) 'The Charter of Christ' については Steiner, pp. 61-90 に詳しい。中英語の主要例は Mary C. Spalding, *The Middle English Charters of Christ* (Bryn Mawr, PE, 1914) に収録されている。BL Add. 37049 写本におけるテクストと挿絵の関係性については、松田隆美「テクストを見るディヴォーション——BL MS Additional 37049 におけるイメージの機能」『西洋中世研究』3 (2011), 86-106 参照。
35) Jessica Brantley, *Reading in the Wilderness: Private Devotion and Public Performance in Late Medieval England* (Chicago, 2007), pp. 181, 184.
36) J. B. Trapp, 'Verses by Lydgate at Long Melford', *RES* NS 6 (1955), 1-11.
37) Gayk, p. 118.

III

統治について

カレル 4 世の『国王戴冠式式次第』にみる伝統と国王理念の変容

藤井真生

はじめに

　キリスト教徒を介して聖なる信仰を保持し、正しき行いを彼らに維持せんと欲するか？
　聖なる教会とその僕たちの保護者、守護者たらんと欲するか？
　神から任された王国を汝の父祖の正義にしたがって支配し、保護せんと欲するか？[1]

　14 世紀半ばのチェコ王カレル 4 世（皇帝カール 4 世）[2]は、1347 年の国王戴冠式において儀式を執り行うプラハ大司教からこのように問いかけられたと思われる。「思われる」というのは、これらの文言はカレルが作成させた『国王戴冠式式次第』に記されているのだが、この式次第がいつ成立したのか正確なところはわからないからである[3]。少なくとも父王の戦死にともないカレルが即位した時点ではまだ成立していなかったであろう[4]。上述の質問、いわゆる「適性検査 scrutinium」に対して、君主は「欲する」と 2 回繰り返し、最後の問いに対しては「神の援助とそのすべての信者の慰めを援けとして、そのようにする」ことを誓約した。
　王は国王戴冠式を経て正式に「王となる」のであり、戴冠式は王を王

たらしめる要件が示される重要な儀礼であった。中世ヨーロッパ社会における象徴と儀礼の重要性については、ここで改めて説明する必要はなかろう。すでに池上俊一によって適切にまとめられており、「支配の道具としての儀礼」として戴冠式、入市式、葬送儀礼の3つが紹介されている[5]。本章で取り扱う国王戴冠式に関しては、これまで起源や系譜関係、正統性の原理などの分析がすすめられており[6]、近年は研究対象地域が拡大し、我が国でも東西フランクやローマ教皇の事例が明らかにされている[7]。また、チェコと同じ東中欧のポーランド、ハンガリーでは、中世後期にかけて神の恩寵の宿り方が人々の同意を経由した間接的なものに変容しつつも、選挙原理に基づく王制を維持してゆくという[8]。

チェコでは、近年クタンとシュミートが戦前のツィブルカの研究[9]を再評価し、この『国王戴冠式次第』を採録した論文集が刊行された[10]。また、カレルが属するルクセンブルク朝およびその前のプシェミスル朝に関する共同研究が活性化している[11]。本章はそれらの研究の成果を援用しつつ、「断絶と新生」という観点から分析をすすめる。

ところで、カレルの作成させた『国王戴冠式次第』が、なぜ、「断絶と新生」という切り口で論じられうるのだろうか。単純にいえば、王朝が交代した[12]ためである。1306年にチェコ王家のプシェミスル朝に男系の断絶が生じ、カレルの父ヤン（ヨハン）がルクセンブルク伯家から婿入りした結果、新たにルクセンブルク朝が成立した。王朝自体は断絶したが、カレルは母から前王朝の伝統を継承していた。これにともない以下の2点も指摘しておかなければならない。ルクセンブルク伯家は帝国諸侯でありながら、カペー家・ヴァロワ家との婚姻関係を通じて、文化的にはむしろフランスと近しかった。実際、シャルル4世王妃が叔母にあたることもあって、カレルは幼少時にフランス王の宮廷で養育されている。したがって、ヤンに続いてカレルが即位したことにより、それまでドイツの政治文化と親和性のあったプラハ宮廷に、フランスの政治文化が新たに持ち込まれたことを意味する。次いで、カレルが2つの

王冠を手中にしたことが重要である。カレルは父王が戦死してチェコ王となる1か月前にドイツ国王に選出されており、帝国諸侯・貴族がプラハに参集する機会が増えていた[13]。

このように王朝の交代により、もともと密であったドイツの政治文化圏との関係はその質と量を増し、そしてドイツを超えてフランス流の政治文化の摂取もスタートしたのである。チェコ王国全体が多様で重層的な政治文化の流入を経験したことが理解できよう。では、王家の交代は儀礼における伝統の表現にどのような影響を与えたのであろうか。

次節からは、プシェミスル朝期の事例を確認したのち、カレルの『国王戴冠式式次第』を手掛かりにして儀式とそこに表出する国王理念の変化をみてゆきたい。

1　プシェミスル朝期チェコの即位式

9世紀後半にボヘミア大公 dux として登場するプシェミスル家は、10世紀前半に東フランク王の宗主権を承認した。帝国内の領邦として歩みをすすめた点で、その後の歴史的展開は隣接するハンガリーやポーランドと異なっている。1085年と1158年にはドイツ王から一代限りの王号 rex を許され、さらに1198年に即位したプシェミスル・オタカル1世は、ドイツ王位をめぐるホーエンシュタウフェン家とヴェルフ家の争いの過程で巧みに身を処し、最終的に1212年にフリードリヒ2世から世襲王号を認められた[14]。

400年以上にわたってチェコを支配したプシェミスル家の歴史については、12世紀初頭に成立した『コスマス年代記』[15]以降、詳しい情報を得られるようになる。大公時代の即位式として最初に記述されているのは、1038年のブジェチスラフ1世の事例である。父の葬儀をプラハ城に隣接する聖イジー教会で執り行ったあと、伯父に手をひかれてブジェチスラフは城内の公座 sedes principalis へ着いた。そこで参集者に紹介さ

れると、「彼らは 3 度クレルシュ Kirlessu、つまりキリエ・エレイソン Kyrieleyson を叫んだ」[16]。ここでは公の座に就くこと＝「着座（戴座）」と、参加者から同意の声があがること＝「歓呼」が必要な手続きとして認められる。しかし、3 度の歓呼によっても即位が認められなかった事例もある[17]。単に人々の歓呼が得られればよいわけではなく、誰が参加していたのか、誰からの歓呼なのかが問われたことを明瞭に示している[18]。

　以上のような「着座」と「歓呼」による即位の承認は、チェコにかぎられるものではない[19]。一方、キリスト教世界の君主に共通する聖職者の関与が明確になるのは、1085 年のヴラチスラフ 2 世の国王即位のときのことである。「（マインツで）皇帝（ハインリヒ 4 世）は、……チェコ大公ヴラチスラフをチェコとポーランドの支配者とし、自らの手で国王の冠を彼の頭に載せた。そしてトリーア大司教エギルベルトに、彼の主居館であるプラハで国王として塗油し、王冠を頭に載せるように命じた」[20]。（括弧内は筆者による補足：以下も同様）大司教はこの後、皇帝の命を実行している。このときはじめて、式における聖職者の役割が明確に記述されたのである。ただし、ここでも聖職者は宮廷人とともに 3 度叫んでおり、テ・デウム／聖職者とキリエ・エレイソン／俗人の区別はみられない[21]。

　ドイツ王に承認された国王戴冠は、こうしてチェコ君主の即位儀礼に①新たな正統性の原理（塗油）、②権標（王冠）、③聖職者の役割（戴冠）をもたらした。とりわけ①に関連して、ドイツ王／大司教の手により、そして理念的には神の恩寵によりもたらされた王冠が、チェコ君主をして従来の即位手続きに挑戦させたケースも見て取れる。ヴラチスラフ 2 世に次ぐ第 2 代チェコ王ヴラジスラフ 2 世は、1158 年にレーゲンスブルクで皇帝フリードリヒ・バルバロッサから戴冠され、その後プラハへ帰還した。このとき『サーザヴァ修道士年代記』は、王は「人々の尽きることのない歓喜に迎えられた」[22]と述べるが、貴族寄りの立場に立つ

III　統治について

『いわゆるダリミル韻文年代記』は、ドイツ人を引き連れて帰国した王に「お前たちがいなくとも敬意を受けられるようになった」といわせている[23]。これはつまり、世俗有力者の同意（歓呼）がなくとも君主としての正統性を得られる、という王の主張、あるいはその危険性に対する貴族側の解釈を示唆していよう。ただし、第3代国王プシェミスル・オタカル1世が1198年に皇帝から戴冠されたときにはそのような王と貴族の対立は記述されておらず、王は「人々の承認（選出）」という正統性原理を尊重していたようによめる。

一方、このプシェミスル・オタカル1世の時代には、新たな試みも確認できる。彼は存命中の1228年に息子ヴァーツラフ（1世）とその妻を戴冠させた[24]。このとき冠を王子の頭に載せた者はマインツ大司教であった。また、若王としての即位がはじめてみられるが、ヴァーツラフの息子プシェミスル・オタカル2世も、同様に父王が死去する前に王の称号を帯びている[25]。このことは血統権から世襲権への志向および変化を物語っている[26]。12世紀以前のプシェミスル家は年長者相続の原理をとっていた。したがって、現君主の息子が幼少であった場合には、年長者の叔父ないし従兄弟が取って代わることもみられたのである[27]。しかし、12世紀の末から長子相続制へと転換がはかられ、オタカル1世以後になると年長者相続は完全に消滅した。

王号の世襲、王位継承の原理、国王戴冠の手続きがほぼ定まってきたころの、オタカル2世の挙式の模様をみてみよう。

> （1261年、）主の誕生日にチェコ大公、上述のプシェミスルはこのクンフタとともに、尊敬すべき<u>マインツの師父ヴェルネルにより国王に聖別された</u>。そこには6人の司教、プラハのヤン、モラヴィア、パッサウ、プロイセンからの2人、それからブランデンブルク辺境伯が妻や息子、娘とともに、ポーランド諸侯、多くの貴族、伯、城伯、貴顕、外国人、数え切れないほどのチェコ人が出席していた。

上述の王はすべての出席者に非常に盛大な祝宴を準備していた。それは 2 日間にわたって、オヴェネツ、ホレショヴィツェ、ブブニ村のあいだにあるレトナーと呼ばれる平地でおこなわれた。多くの建物で宴会が準備されていた[28]。（下線は筆者による：以下も同様）。

　ここに「歓呼」への言及はない。ただし、多数の出席者の存在に注意がむけられており、彼らの出席（と同意）の必要性が暗に示されている。また、次代ヴァーツラフの戴冠式では歓喜の声のあがったことも、継続していた可能性を裏付けている[29]。しかし、歓呼による承認手続きが削除された可能性もある。少なくとも明記すべき事項とは認識されなくなっていたことは確かであろう。
　1261 年の戴冠式で登場する新たな要素は、「国王となる」手続きそのものからは外れるが、式に続く祝宴への関心である。仮設宴会場に触れられており、大宴会が催されたことは別の年代記にも記録されている[30]。
　以上、戴冠式の要素とその変化をまとめておこう。先にあげた①塗油と②権標（王冠）の登場、③加冠者の確定のほかに、④プラハ城の聖ヴィート教会における即位（戴冠）は大公時代から継続しているが、⑤人々の歓呼（同意の必要性の強調）はやや後景に退いている。一方で、⑥ 1200 年ころに血統権から世襲権への変化（生前聖別）、⑦戴冠式に続く祝宴への関心の登場（仮設宴会場）が新たに登場した、ということになろう。

2　ルクセンブルク朝ヨハンおよびカレル 4 世の即位

　先述のように、プシェミスル朝は 1306 年のヴァーツラフ 3 世暗殺により断絶した。その後、紆余曲折を経てルクセンブルク家の皇帝ハインリヒ 7 世の息子ヨハンが、ヴァーツラフ 3 世の姉妹エリシュカとの結婚を条件に、新たなチェコ王ヤンとして迎え入れられる。実はこのとき、

王国はエリシュカの姉アンナの夫である廃王ハインリヒによって占拠されていた[31]。ヤンはハインリヒとともに居座るケルンテン軍を追い払い、通常の王位継承とは異なる状況のなかで即位した。しかし、前節で確認した7つの要素は、⑤歓呼と⑥生前聖別をのぞいて確認できる——①塗油も記録されていないが、大司教が出席しているにもかかわらずおこなわれなかったとは考え難い。

　ヨハンの戴冠式で注目すべきは以下の記述である。

　　招待された王国の有力者、領主、貴族、そして個々の都市の重要な人物が、みなプラハに喜んで集まり、おお、まさに聖母マリアの浄めの日に一番近い日曜日にあたる（1311年）2月4日に、国王ヤンは輝けるエリシュカ陛下とともに、プラハ城の大きなほうの教会の殉教者聖ヴィートの祭壇前で、豪華であればあるほど敬虔に、<u>王国の王冠をマインツ大司教ペーター殿より戴冠された</u>。そこには<u>王国の高官が全員おり、整然と自分の務めを果した。王杓を持つもの、王冠を持つもの</u>、宝珠を持つもの、彼はあれ、彼はこれ、というふうに、それぞれ身分と位階に応じて。ここにはまた、高貴な生まれの若者が2人いた。ちょうど戴冠されたばかりの国王から、騎士の帯をかけられ、このときに騎士叙任をうけた。彼らは高価な王冠を王の頭上に捧げる役目を仰せつかった[32]。

　ヤンの時代に『国王戴冠式次第』は作成されていなかったと考えられるが、当然、儀式に必要な手続きは存在し、その王権権標の保持者といった役割についても意識の共有がなされていたであろう。ただし、これがプシェミスル朝伝来のものか、先にドイツ王家となっていたルクセンブルク朝のイニシアチヴによるものなのかは不明である。

　続いてヤンの息子であるカレルの即位の模様をみてみよう。彼は1333年にモラヴィア辺境伯となり、チェコ外に滞在していることの多

かった父王の摂政としてチェコの統治にあたっていた。しかし、ヤンの生前に若王として即位することはなかった。

14世紀に執筆された2つの年代記の報告は以下の通りである[33]。

[a] 1347年、王は王妃ブランカ陛下とともに、聖母マリアの誕生日の直近の日曜日（9月2日）に、プラハ教会で<u>プラハ大司教殿によるミサのさいに、多くの司教の援けをえて戴冠された</u>。その場には<u>多くの諸侯、有力者、領主がいた</u>[34]。

[b] この年、ローマ王カレル陛下はティロルからプラハへ戻り、大きな喜びをもって高貴な諸侯、高位聖職者、聖職者、民衆に迎えられた。祝福された聖母マリアの誕生日前の直近の日曜日に、妻ブランカ陛下とともに尊敬すべき師父、初代<u>プラハ大司教アルノシュト殿</u>により、幸福に盛大にチェコ王国の国王と王妃として<u>戴冠された</u>。……この日、チェコ王国の<u>領主</u>たちがやってきて、自分の身分に応じて、連なる立派な馬に乗って新王に対する務めを果たした。彼らは<u>慣習にしたがって食卓で給仕した</u>[35]。

ここで目につくのは、1344年にプラハ司教座が大司教座へ昇格したことにともない、プラハ大司教がマインツ大司教に代わって戴冠者の役割を勤めるようになったことである[36]。その一方で、参集した諸侯、有力貴族の役割は、2つ目の『ベネシュ年代記』のみにみられるが、具体的にどのような行為を担当していたのかは明示されていない。年代記作者の関心はむしろ、前節末尾で紹介した記事と同じく、式後の宴会の描写にあった。

このように、年代記の叙述からは戴冠式の正式な手続きは判明しない。プラハ城内の聖ヴィート大聖堂で式が執り行われたこと、加冠者たる大司教のほか複数の司教が参加していることは確かである。また、有力記

遺族には身分に応じた役割があったらしきことが読み取れるものの、具体的には書かれていないのである。

　年代記からよみとれたルクセンブルク朝期の即位儀礼の要素および変化をまとめておこう。先に述べたように、ヤンの戴冠式において、プシェミスル朝期に確認した7つの要素は、⑤歓呼と⑥生前聖別をのぞき、すべてがみられた。また、③加冠者はマインツ大司教からプラハ大司教へ変化している。⑥については、世襲権による即位であることは間違いないであろう。さらに、⑧参加貴族の儀礼上の役割が新たに叙述されている。なお、王朝交代が王家固有の伝統の表現にどう作用したのかは明確にみえてこない。それはヤンのあわただしい即位事情を考えれば当然のことであろう。

　以上をふまえて、カレル時代に作成された『国王戴冠式式次第』をみてゆこう。

3　カレル4世の『国王戴冠式式次第』と儀礼の手続き

1）史料の伝来と式の手続き

　『国王戴冠式式次第』は現在3種類の写本が伝えられている[37]。クラクフのチャルトリスク家文書館所蔵のno. 1414写本、ウィーン国立文書館所蔵のno. 556写本、トリエント司教図書館所蔵のno. 88写本である。このうちクラクフ写本は1370～80年代に作成されたものと推定されている。ウィーン版もおそらくはカレルの死後まもなく成立したが、トリエステ版は1527年のフェルディナンド1世の戴冠式用に準備されたものとされる。従来の研究ではカレル自身の戴冠式（1347年）に合わせて作成されたとみられていたが、後継者の規範として伝えるためにもっと後になってから作成されたとする見解が近年は有力である[38]。なお、この式次第はチェコの国政に参与する貴族たちにも重視され、ラテン語からチェコ語に翻訳されている[39]。

では、式の進行を概観してみよう。

[1] 式は、前日の晩課から始まる。プラハ城からヴルタヴァ川対岸にあるヴィシェフラト城へと、プラハ大司教、高位聖職者、諸侯、貴族が戴冠予定者を連れてゆく。彼はそこで祈りをささげ、そしてプラハ城の大司教座教会へと戻る（行進／巡礼）。

[2] 式の当日は、朝の祈りの鐘が鳴るとともに、大司教以下の高位聖職者は大教座教会に集まり、戴冠予定者——「国王 rex」ではなく「公 princeps」と表現される——を起こす。このとき、王国財務長官が彼に儀式用の衣服を着せる。祈禱後、大司教たちは聖ヴィート大聖堂の祭壇まで行進する（表1：チェコ版A）。隊列に加わる高位聖職者や貴族は、王冠、宝珠、王笏、剣などの王権の表象をもってゆく。また、この行進には聖ヴァーツラフの剣や十字架などもともなわれている。そして祈禱と説教のあとでおこなわれるのが、冒頭で紹介した適性審査である（B）。さらに、伝統的な行為、「歓呼」が続く。大司教が参集した人びとに向かって、このような支配者に従うのか尋ねると、彼らは「喜んで、喜んで、喜んで」と唱和する（C）。これをふまえて、大司教は「汝に任された人びとを和解の平穏と勝利の力において幸福へと導くように」[40]と述べた。

[3] その後、連禱など（D〜F）を挟んで、「王となる」ための重要な過程、「塗油」がはじまる（G）。2人の修道院長が聖油を聖ヴァーツラフ礼拝堂[41]から聖ヴィート祭壇前へと運び、大司教が頭、胸、肩、腕に塗油する。「私は浄化された油によりあなたを王として塗油する。父、子、そして聖霊の名において。……キリストよ、この王を支配者として塗油したまえ。あなたが祭司、預言者、

III 統治について

王、殉教者を塗油したように。」[42]。この瞬間から戴冠予定者は王と呼ばれるようになる。さらに、祭服を身につけた（H）あと、手も塗油される（I）。そしていくつかの祈祷に続き、大司教は王の聖別を宣言する（K）。

[4]「塗油」に引き続き、今度は王権の表象が授与される（L）。剣、腕輪、指輪の授与、剣の奉献と受戻をはさみ、さらに王笏、宝珠の授与と続き、最後がいよいよ王冠の授与＝戴冠である。王冠には聖水がふりかけられ、大司教が香煙をかける。その後彼は王冠を王の頭に載せる。すべての司教が出席するなかで大司教は以下のように述べる。

> すでにあなたの頭上におかれている王冠を受け取りなさい。……あなたは外的問題において絶えず神の真の崇拝者として自らを示しなさい。神から与えられたキリストの教会と王国の毅然とした保護者として、すべての敵に対して。使徒とすべての聖人の代理人である我らがあなたの王権に与えた祝福により支援される有能な執行者、成功する支配者として[43]。

[5] 式は戴冠後も続く。教会からの祝福（M）に続いて、司教たちは戴冠した王を恭しく祭壇前から玉座へと導く（N）。大司教はいう。「立ちなさい。そしてあなたの祖先を通じて、すなわち相続権によりこれまで子孫に帰属してきた場所を、全能の神の意志によってこのときより占めなさい。我ら、すなわちすべての使徒およびその他の神の聖人があなたにそれを引き渡したのだから」[44]。この「着座」に続き「忠誠誓約」（O）と「誓約」（P）がおこなわれる。王は「神と天使の前で、このときより永遠に、私はその能力と知識にしたがって、神聖なる神の教会と私に任された人び

表1 「国王戴冠式次第」の比較表

	ドイツ版 (ローマ、帝国)	チェコ版 (カレル4世)	フランス版 (1309：サンス)	フランス版 (1365：シャルル5世)	ポーランド版 (1434：ヴワディスワフ3世)	ハンガリー版 (1563)
		晩課 vespera：ヴィシェフラトへの行進、聖ヴィートの祭壇での晩課、王の寝室への行進	戴冠式前夜に教会において王の私的な礼拝	戴冠式前夜に教会において王の私的な礼拝	晩課：スカウカへの行進、聖ヴァツラフ教会での晩課、王の寝室への行進	王座の配置
	国王の戴冠					
A・寝室から教会への行進	A・寝室から教会への行進 processio	王の到着	A・寝室から教会への行進	A・寝室から教会への行進	A・行進
D・連祷	説教壇 oracio	香油壇の運び込み	香油壇の運び込み	読教	着衣
B・適性審査	B・適性審査 scrutinium	国王の誓約	国王の誓約	B・適性審査	入場
C・歓呼	C・歓呼 acclamatio	O・テ・デウム	O・テ・デウム	C・歓呼	権標の配置
E・浄めの祈祷	D・連祷 litania	剣の授与	剣の授与	P・誓約	B・歓呼
G・塗油：頭→胸→肩→腕	E・浄めの祈祷 oracio	D・連祷	D・連祷	D・連祷	諸義務の列挙と誓約
I・手の塗油	F・福音書のミサ missa	E・浄めの祈祷	E・浄めの祈祷	F・福音書のミサ	G・聖別→塗油
K・聖別の叙唱	聖油 oleum sanctum の行進	G・塗油：頭→胸→肩の間→腕	G・塗油：頭→胸→肩の間→腕	聖油の行進	L・王剣の授与・納剣・抜剣
L・権標の授与：剣→腕輪→肩衣→指輪→胸→王笏と杖→戴冠	G・塗油 uncio：頭 caput→胸 pectus→肩 scapulae→腕 brachium	H・祭服と肩衣の着衣	H・祭服と肩衣の着衣	G・塗油：頭→胸→肩→腕	C・戴冠同意と歓呼
M・教会議の祝福	H・下着 subtilis と祭服 dalmatica の着衣	L・権標の授与：指輪→王笏と杖→戴冠	I・手の塗油	H・祭服の着衣	L・戴冠→王笏・宝珠の授与
N・着座	I・手 manus の塗油	国王の祝福	手袋の聖別	I・手の塗油	N・着座

III　統治について

148

O・忠誠誓約とテ・デウム	K・聖別の叙誦 praephacio	N・着座	L・権標の授与：指輪→王笏と杖→戴冠	K・聖別の叙誦	O・テ・デウム
P・国王の誓約	L・権標の授与：肩衣 pallium→剣 gladium→腕輪 armilla→指輪 anulus→剣 ensis の奉献と請出し→王笏 sceptrum と宝珠 pomum→戴冠 corona	忠誠誓約	国王の祝福	L・権標の授与：肩衣→剣→腕輪→指輪→戴冠→王笏と杖	祈祷
	M・教会会議の祝福 benedictio synodi		N・着座	M・教会会議の祝福	退場
	N・着座 solium		O・忠誠誓約とテ・デウム	N・着座	騎士叙任式
	O・忠誠誓約とテ・デウム te deum laudamus			平和の接吻	P・戴冠誓約
	P・国王の誓約 professio				四方斬剣

王妃の戴冠

Q・王妃の祝福と戴冠：王妃の祝福と戴冠→塗油→王妃と王杖 virga の授与→指輪の授与→戴冠→玉座への導き	Q・王妃の祝福と戴冠：塗油→王笏と杖の授与→指輪の授与→戴冠→玉座への導き	Q・王妃の祝福と戴冠：王妃の祝福と戴冠→塗油→王妃の授与→指輪の授与→王笏と杖の授与→戴冠→玉座への導き
F&S・ミサ	F&S・ミサ	R・軍旗の祝福
R・軍旗 vexillum の祝福	R・軍旗の祝福	F&S・ミサ
S・福音書 evangelium、そのほかのミサ	T・神の子羊の前での王の祝福	T・神の子羊の前での王の祝福
T・神の子羊 Agnus dei の前での王の祝福		

出典：Cibulka, Český řád korunovační a jeho původ, p. 344, 井内敏夫「戴冠祭式書にみる中近世ポーランド王権への神の宿り方」、84-90頁、中澤達哉「ハプスブルク家とハンガリー王冠」、74-81頁より作成。

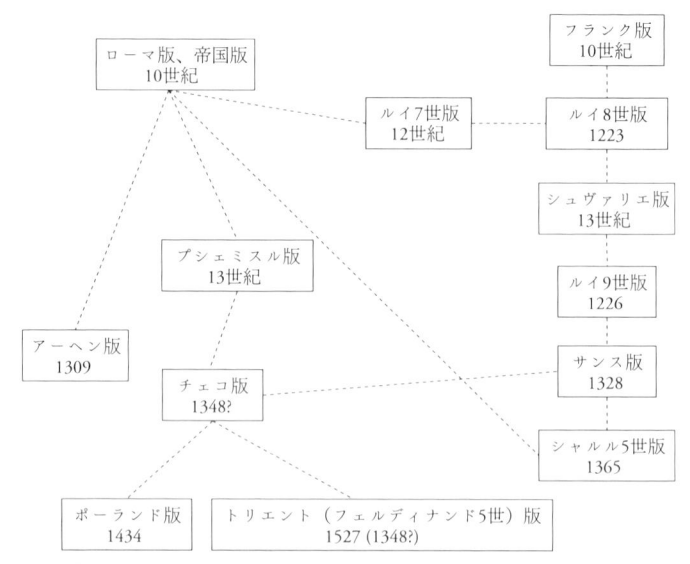

```
                  ┌─────────────┐                              ┌─────────────┐
                  │ ローマ版、帝国版 │                              │  フランク版   │
                  │    10世紀    │                              │   10世紀    │
                  └──────┬──────┘                              └──────┬──────┘
                         │         ┌─────────────┐             ┌─────┴──────┐
                         ├─────────│  ルイ7世版   │─────────────│  ルイ8世版   │
                         │         │   12世紀    │             │   1223     │
                         │         └─────────────┘             └─────┬──────┘
                         │                                     ┌─────┴──────┐
                         │                                     │ シュヴァリエ版 │
                         │                                     │   13世紀    │
                         │         ┌─────────────┐             └─────┬──────┘
                         ├─────────│ プシェミスル版 │             ┌─────┴──────┐
                         │         │   13世紀    │             │  ルイ9世版   │
                         │         └──────┬──────┘             │   1226     │
   ┌─────────────┐              │                       └─────┬──────┘
   │  アーヘン版   │              │                       ┌─────┴──────┐
   │   1309     │              │                       │  サンス版    │
   └─────────────┘              │                       │   1328     │
                                │      ┌─────────────┐  └─────┬──────┘
                                └──────│  チェコ版    │────────│
                                       │   1348?    │  ┌─────┴──────┐
                                       └──────┬──────┘  │ シャルル5世版 │
                                              │         │   1365     │
                  ┌─────────────┐    ┌────────┴────────────────┐
                  │ ポーランド版  │    │ トリエント（フェルディナンド5世）版 │
                  │   1434     │    │      1527 (1348?)       │
                  └─────────────┘    └─────────────────────────┘
```

図1 『国王戴冠式式次第』の系譜関係
Kuthan J. & Šmied M., *Korunovační řád českých králů*, p. 406 より作成。

とのために世話をし、律法と正義、平穏を守り、そのさいに適度に恩寵を与えることを告白し、誓約する。有能であるとしても、我らの臣下の助言を得て、最良をおこなう」[45]と誓った。

国王戴冠に関わる手続きは以上で終わり、以下、王妃の戴冠へとすすんでいく。

2）カレルの式次第の特徴

さて、上述のような式の手続きは、それ以前のものとどのように違うのであろうか。あるいはどのような部分を引き継いでいるのであろうか。すでに述べたように、カレル以前のチェコには『国王戴冠式式次第』が存在しなかったため、直接に比較することはできない。一方、ツィブルカによれば、カレルの式次第はオットー3世期に成立したドイツの式次

第、さらに 14 世紀初頭のフランス版にも影響を受けている（図1）[46]。

　以下では、ツィブルカの分析を参照しながら、カレルの定めた手続きのうちプシェミスル朝の伝統と思われる部分を確認し、さらにドイツ版、フランス版と照合しつつ特徴的な箇所を検討してゆく（表1の国王戴冠式式次第の比較表を参照）。

晩課と巡礼

　前節の［1］にあるように、戴冠式前夜に戴冠予定者はプラハ城を出てヴルタヴァ川を渡り、対岸のヴィシェフラト城へおもむいた。この城はかつて大公が居城と定めていた時期もあり、プシェミスル朝にとって重要な記憶の場であった[47]。12 世紀半ばには政治的中心地としての地位を完全にプラハに譲るようになるが、年代記に「首都 urbs metropolitana」[48]と表現されることもあった。また、始祖伝承では以下のように紹介されている。

> その後、（女公リブシェに招かれた）農夫（である始祖プシェミスル）は大公の衣服をまとい、公の靴をはき、活発な馬にまたがったが、（そのときの）自分の身分を忘れないために、皮を縫い合わせた靴をもっていった。そして将来にわたって保管させた。ヴィシェフラトの公の部屋に今日まで、そして今後も永久に、保管されている[49]。

　この年代記が執筆された 1120 年代には、始祖の記念物を保管する大切な空間としての機能が確立していたようである。おそらくその後もこうした祖先をしのぶための儀礼および儀礼空間は維持されていたものと思われる。13 世紀の国王戴冠式の記録ではいっさい触れられていないが、カレルがまったく新たに創出した儀礼ではないだろう[50]。ヴィシェフラトでは祖先の想起と礼拝がおこなわれ、プラハに戻ってから晩課と寝室への行進が続いた。当日の朝に寝室から教会へ行進すること自体は

ドイツ版に先行してみられるが、チェコ版は戴冠予定者が寝室へ入ることまでを儀式化し、かつ、これと祖先崇敬の儀礼を組み合わせたところに新しさがあるといえよう。プシェミスル家とのつながりを重視するカレルらしい措置である。晩課への参加はドイツ版にはなく、フランス版では私的礼拝が行われるが、祖先崇敬と組み合わせての大掛かりな行為には発展していない。

なお、この慣行はプシェミスル朝の伝統を意識する必要のなくなったハプスブルク朝期に消滅した可能性が高い[51]。

歓呼

1節で確認したように、参加者の歓呼はプシェミスル朝期から式の重要な構成要素であった。プシェミスル・オタカル2世の戴冠式では歓呼の確認はできないが、大司教の呼びかけと人々の歓呼の応答があった可能性はある。カレルの父ヤンのときも、「3度」とは記されていないものの、「何という大きな歓声が大聖堂でわれらの上に響きわたったことか」[52]と述べられており、その場に集った者たちに声をあげる瞬間のあったことがわかる。

カレルはこの歓呼を正式に式次第のなかに組み込んだ（要素⑤）。ここでも「3度」という数字は言及されていないものの、聖職者と人々は「喜んで、喜んで、喜んで」と答えることが指示されており、その意図は明確である。フランス版に歓呼はないが、ドイツ版には認められる。ただし、ドイツ版に影響を受けて取り入れられたのではない。繰り返しになるが、チェコでも伝統的に新君主の承認に必要な行為とみなされていた。ここで新しいのは、この3度の歓呼がチェコ語（Rady, rady, rady）で記された点にある。ラテン語からチェコ語へ置き換えられているのは、ほかに「俗語で vulgus vero」と注記された「神よ、憐れみたまえ Hospodin pomyluy ny」がある[53]。

守護聖人

歓呼ののち、戴冠予定者や大司教たちは床に伏せて連祷をはじめる。ここでは聖母マリア以下、37人の天使や諸聖人に対して救いが求められる。なかでも聖ヴィトゥス（ヴィート）、聖ヴァーツラフ、聖アダルベルトゥス（ヴォイチェフ）、聖プロコピウス（プロコプ）、聖ルドミラがチェコ特有の信仰とかかわっている。彼らについての詳しい説明は避ける[54]が、戴冠式との関係でいえば、カレルが聖ヴィート大聖堂の内部に聖ヴァーツラフ礼拝堂を設け、「聖ヴァーツラフの王冠」を安置したことは重要である。

聖ヴィトゥスと聖アダルベルトゥスはチェコ以外に崇敬の広がりをもつが、基本的にはプシェミスル朝の伝統をルクセンブルク家でも継承していることが明らかである。

塗油

プシェミスル朝固有の伝統ではなく、当然ドイツやフランスでも重要である。チェコの君主が国王となって以来、1228年、1261年、1297年の戴冠式のさいは、年代記は必ず「塗油された」ことを報告していた。また、プシェミスル・オタカル2世もヴァーツラフ2世も即位したのち、戴冠するまでは王号を使用していない。ルクセンブルク朝期に入ると、ヤン、カレルともにその記述はないが――ヤンについては、カレル時代に執筆された年代記が言及している――、この『国王戴冠式式次第』が塗油を最重要視していたことは明らかである。この瞬間から君主の称号が変わるからである。

着座と誓約

プシェミスル朝期の年代記のような、「公の座」につくことへの関心はあまりみられないが、この頃に戴冠式の場所がプラハの聖ヴィート大聖堂に固定されているがゆえに、言及されていないともいえる（要素

④)。これに続く王の側の誓約は、プシェミスル朝期にはみえない行為であり、王朝交代が影響している可能性もある。国王選出時の誓約もまたルクセンブルク朝期から確認できる。いずれもドイツ版、フランス版に存在する。

　その他
　戴冠もそのうちの1つとみなされる国王の権標の授与は、ドイツ版、フランス版と比べてかなり数が多い（要素②）。式中のこれらの護持者は定められていないが、年代記に記されていたように、おそらく有力貴族に役回りが割り振られていたのであろう（要素⑧）。一方、プシェミスル朝期からおこなわれていた生前聖別に関する規則はいっさい触れられていない（要素⑥）。ただし、カレルは息子ヴァーツラフをわずか2歳で戴冠させている。

　本節で確認したことをまとめておく。プシェミスル朝の「断絶」を経て成立したルクセンブルク朝カレルによる『国王戴冠式式次第』の内容は継続的性格が強い。プシェミスル家の伝統である「ヴィシェフラト」、「歓呼」、「守護聖人」、「チェコ語」といった要素を組み込んでいるからである。しかし、これらの要素がすべてプシェミスル朝期にみられたのかといえば、必ずしもそうではない。たとえば、ヴィシェフラトへの行進は13世紀には確認できない。また、君主と聖ヴァーツラフとの関係は、プシェミスル・オタカル2世期にはむしろ緊張関係で語られることが多い[55]。したがって、カレルが母方プシェミスル家の伝統を尊重する姿勢をみせた結果として、プシェミスル朝の「伝統」が「再生」されたのだといえる。一方、プシェミスル朝期から意義が低下しつつあった3度の「歓呼」は、式の手続きにおいて明示された。しかし、年代記は引き続き黙してそれを語らない。おそらく世襲権の確立と、そして何より「塗油」が重視された結果として、選出および承認行為の意義および関

心が薄れていったものと思われる。この点において人々の「選出」行為を前面に押し出すようになるポーランド等の式次第とは大きく異なっているといえよう[56]。

おわりに

　以上のように、カレルが帝国やフランスの影響下に作成した『国王戴冠式次第』では、「選出」から「塗油」へと、「王になる」さいの正当性の重心が大きく転換している。ただし、この変化は王朝断絶が契機となったのではなく、世襲王号を認められた13世紀からすでに認められる。一方、プシェミスル朝の伝統の摂取が随所にみられるものの、これは単なる継承ではなく、むしろルクセンブルク朝期に入ってから前王朝との連続性を主張するために新たな装いを与えられたものであったと考えられる。

　一方、本論では言及しなかったが、王妃の戴冠手続きをも定めている点にもこの式次第の特徴がある。ジューレクによれば、ヴァーツラフ4世の王妃ジョフィエの戴冠時（1400年）にその使用例が確認できるという[57]。国王に比べると王妃版はやや簡略化されているが、尚書局長ヤンが残した詳細な報告からは、生前聖別（要素⑥）をのぞき、すべての要素が確認できる[58]。しかし、頭部への塗油はなく、王との相違を際立たせている。ここからも、塗油がルクセンブルク朝に重要視されていたことが裏付けられる。

　最後に、今回は紙幅の関係で触れられなかったが、要素⑦の宴会への関心は、儀礼の空間としてのプラハの創造へとつながったことを指摘しておきたい。カレルのプラハ改造は、王国の首都プラハを大公領時代の遺産と帝国中心地としての未来を結ぶ形で構想されていた可能性が高く、戴冠式の準備と実施もそうした計画のうちに組み込まれていたように思われる。詳しくは別稿を期したい。

註
1) Ordo ad coronandum regem Boemorum, in Kuthan J. & Šmied M., *Korunovační řád českých králů*, Praha, 2009, pp. 220-267, esp. p. 224.
2) チェコ王としてはカレル1世（1346-78）、ドイツ王としてはカール4世（1346-78）だが、本章ではカレル4世とよぶ。
3) 後述するように、現存する最古の写本クラクフ版はカレルの死後に作成されたと考えられているが、オリジナル作成の明確な日付は不明である。Cibulka J., Český řád korunovační a jeho původ, in Kuthan J. & Šmied M., *Korunovační řád českých králů*, pp. 325-26.
4) カレルは1333年からモラヴィア辺境伯の地位にあり、チェコを留守にすることが多かった父王の代理としてチェコも統治していた。しかし、1346年のクレシーの戦いにおける父の戦死を予測できるはずもなく、当然、自身の意向を反映させた『国王戴冠式次第』は準備されていなかったものと考えられる。もちろん、即位から戴冠までの間に式次第を作成できなくもないが、戴冠式前日の証書でようやくプラハ大司教が戴冠することを定めており、その可能性は低い。*Regesta diplomatica nec non epistolaria Bohemiae et Moraviae*（*RBM*）V（1346-1355)-1, ed. J. Spěváček, Praha, 1957, no. 189. カレルの統治については、薩摩秀登『プラハの異端者たち』（現代書館、1998年）を参照。
5) 池上俊一『ヨーロッパの中世⑧　儀礼と象徴の中世』（岩波書店、2008年）、第1章。なお、これに先行して、文化人類学の成果を取り込んだフランス・アナール学派第4世代のシュミットやパストゥローらの業績や、コミュニケーションをキーワードとして紛争史を分析するドイツのアルトホフ・グループらの研究が1990年代から翻訳により日本でも知られるようになっている。J=C・シュミット（松村剛訳）『中世の身ぶり』（みすず書房、1996年）、M・パストゥロー（松村剛監訳）『紋章の歴史』（創元社、1997年）、G・アルトホフ（柳井尚子訳）『中世ヨーロッパ万華鏡①　中世人と権力』（八坂書房、2004年）。
6) Cannadine D. & Price S.（ed.）, *Rituals of Royalty*, Cambridge, 1987, Bak J. M.（ed.）, *Coronations: Medeival and Early Modern Monarchic Ritual*, Berkley and Los Angels, 1990.
7) 二宮宏之「王の儀礼——フランス絶対王政」『世界史への問い⑦　権威と権力』（岩波書店、1990年）、120-158頁、渡辺節夫「西欧中世における王の権威と聖性——カペー朝期の血統制と聖別を中心として」『講座前近代の天皇⑤　世界史のなかの天皇』（青木書店、1995年）、81-121頁；「ヨーロッパにおける国王祭祀と聖性」水林彪・金子修一・渡辺節夫編『王権のコスモロジー』（弘文堂、1998年）、259-281頁、船木順一「東フランク王国における国王即位儀礼書の起草」『歴史学研究』793号（2004）、37-50、61頁；「マインツ祭式書の成り立ちと国王即位の地アーヘン」『青山史学』23号（2005）、229-245頁、甚野尚志「「甦るローマ」——中世の教皇権と即位儀礼」『歴史学研究』794号（2004）、155-163頁；「ローマ教皇

III　統治について

の即位儀礼──中世盛期における定式化」歴史学研究会編『歴史学の現在⑪　幻影のローマ』（青木書店、2006 年）、221-261 頁。

8）　井内敏夫「戴冠祭式書にみる中近世ポーランド王権への神の宿り方──テオクラシー的専制と合意」『西洋史論叢』27 号（2005）、59-91 頁、中澤達哉「ハプスブルク家とハンガリー王冠──戴冠儀礼と統治の正当性」篠原琢・中澤達哉編『ハプスブルク帝国政治文化史』（昭和堂、2012 年）、65-104 頁。北欧・中欧に関しては、さらに Kodres K. & Mänd A. (ed.), *Images and Objects in Ritual Practices in Medieval and Early Modern Nothern and Central Europe*, Cambridge, 2013.

9）　Cibulka J., *Český řád korunovační a jeho původ*, Praha, 1934.

10）　Kuthan J. & Šmied M., *Korunovační řád českých králů*. 本章におけるツィブルカの引用・参照はこの文献における頁数を指す。

11）　Šmahel F. & Bobková L., *Lucemburkové: česká koruna uprostřed Evropy*, Praha, 2012, Sommer P., Třeštík D. & Žemlička J., *Přemyslovci: budování českého státu*, Praha, 2009, Fajt J. (ed.), *Karel IV. Císař z boží milosti*, Praha, 2006.

12）　やや時代が遅い（15 世紀末～16 世紀前半）が、中澤前掲論文も、ヤギェウォ家からハプスブルク家への王朝交代期における戴冠儀礼の変遷を分析している点で示唆に富む。

13）　プラハに居館を所有する選帝侯も存在した。拙稿「カレル 4 世時代のプラハにおける宮廷集会の開催と権力表象」服部良久編『中・近世ヨーロッパにおけるコミュニケーションと紛争・秩序　科学研究費補助金・基盤研究 A 成果報告集 I』2011 年、45-54 頁。

14）　この当時の政治状況については、Žemlička, J., *Století posledních Přemyslovců*, Praha 1998 (2.vy.), pp. 38-107, シチリア金印勅書については、Žemlička, J., *Zlatá bula sicilská*, Paha 1987, Wihoda, M., *Zlatá bula sicilská*, Praha, 2005.

15）　プラハ聖堂参事会長であったコスマスが、1125 年まで書き継いだチェコ最古の年代記。執筆にあたって現存しない年代記を参照しているとされる。『コスマス年代記』を含め、チェコの叙述史料に関しては、拙著『中世チェコ国家の誕生』（昭和堂、2014 年）、22-23 頁。Kosmas, in *Fontes rerum Bohemicarum* (*FRB*) II, (ed.) Emler, E., Praha, 1874-75.

16）　Kosmas I-42, p. 66.

17）　1109 年に大公スヴァトプルクはドイツ国王とともに遠征した陣中で暗殺された。従軍していた人々は公の兄弟オタの後継を国王に懇願し、了承された。それを受けて彼らは「3 度キリエ・エレイソンを叫んだ」。そして代表者がプラハへ急行し、オタを公座へと昇らせたのである。ところが、一連の手続きは「チェコ人と司教の同意を得ずに」おこなわれたため、内戦の末にオタの従兄弟ヴラジスラフが即位することになった。Kosmas III-27, pp. 162-164.

18）　年代記の記述によれば、このときオタを支持していたのは有力者ヴァツェクと

モラヴィア人であった。チェコ東部のモラヴィア地方は、ブルノ、オロモウツ、ズノイモの3分国侯領にプシェミスル家の傍系が存立していた。スヴァトプルクはもともとオロモウツ分国侯であったが、プラハのボヘミア大公（モラヴィアを除くチェコ西部を版図とする）を追放して自分がボヘミア公に即位した人物である。したがって、基盤はモラヴィアにあり、ボヘミアの人々からの支持は薄かったと考えられる。一方、オタに代わって即位したヴラジスラフは前大公の兄弟であり、プラハを支配する家系の成員であった。

19） たとえば、カール大帝の戴冠式においても、出席者全員の賛同の声があがった。歴史学研究会編『世界史史料5 ヨーロッパ世界の成立と膨張』（岩波書店、2007年）、19頁。なお、フランス・カペー朝の戴冠式では、聖職者のテ・デウムが俗人のキリエ・エレイソンよりも前に置かれているが、プシェミスル朝期のチェコの場合はテ・テウムに対する言及がない。Le Goff, L., A Coronation Program, in Bak J. M. (ed.), *Coronations*, pp. 46-57.

20） Kosmas II-37, p. 114.

21） 両者の歌に違いがみられるのは、むしろ先述のブジェチスラフ1世が聖ヴォイチェフ（アダルベルトゥス）をフニェズノから移送するときである。Kosmas II-4, p. 75.

22） 『コスマス年代記』を書き継いだ年代記。Mnich Sázavský, in *FRB* II, p. 266.

23） 14世紀初頭に成立した中世チェコ語の韻文年代記。Dalimil k. 66, in *FRB* III, (ed.) Emler, E., Praha, 1882, p. 138.

24） Letopisy české 1196-1278, in *FRB* II, p. 284.

25） *RBM* I, (600-1253), (ed.) Erben, J., Praha, 1855, no. 723, 1200.

26） 王家の一族全体が後継候補たりうる血統権に対して、世襲権は直系の相続を指す。井内「戴冠祭式書にみる中近世ポーランド王権への神の宿り方」、68頁。

27） 注17のスヴァトプルクはまさにその事例である。

28） Letopisy české 1196-1278, p. 297.

29） Zbraslav, in *FRB* IV, (ed.) Emler, J., Praha 1884, I-62.

30） Pulkava, in *FRB* V, (ed.) Emler, J., Praha 1893, k. 75.

31） 詳しくは、薩摩秀登『王権と貴族』（日本エディタースクール出版部、1991年）、第3章を参照。

32） Zbraslav, I-109, pp. 176-77.

33） [a] の『フランチシェク年代記』は1283年から中断されていた『プラハ教会年代記』の続編として、プラハ司教の宮廷司祭フランチシェクが1353年まで記録した年代記である。František, in *FRB* IV. 続く [b] の『ベネシュ年代記』はプラハの聖堂参事会員ベネシュが1374年までを記述している。カレルは両年代記に強い関心を抱いていたが、その内容には不満を抱いていたとされる。Beneš, in *FRB* IV.

34） František, III-25, p. 448.

III 統治について

35) Beneš, pp. 514-15.
36) マインツ大司教管区に属したプラハ司教区は、1344 年に教皇クレメンス 6 世により大司教座へ昇格した。*RBM* IV (1333-1346), ed. J. Emler, Praha, 1892, no. 1404.
37) Cibulka, *Český řád korunovační a jeho původ*, pp. 325-326.
38) Žůrek, V, Korunovace královny Žofie. Řád Karla IV. a jeho užití v praxi, in Nodl, M., Šmahel, F.（ed.）, *Rituály, ceremonie a festivity ve střední Evropě 14. a 15. století*（*Colloquia mediaevalia Pragensia* 12）, Praha, 2009, pp. 203-212, esp. p. 206. 息子のヴァーツラフ 4 世は 1363 年に 2 歳で戴冠されており、少なくとも当人が記憶を継承できる状況ではなかった。
39) Žůrek, V, Korunovace královny Žofie, p. 208.
40) Ordo ad coronandum regem Boemorum, p. 224.
41) 聖ヴィート大聖堂内に設置されている礼拝堂。1344 年にはじまった聖ヴィート大聖堂の改修により新設され、プラハ城内の王宮と直結された。
42) Ordo ad coronandum regem Boemorum, pp. 236-238.
43) Ordo ad coronandum regem Boemorum, p. 250.
44) Ordo ad coronandum regem Boemorum, p. 252.
45) Ordo ad coronandum regem Boemorum, p. 252.
46) Cibulka, *Český řád korunovační a jeho původ*, pp. 300-325.
47) ヴィシェフラトとプラハの関係については、拙稿「中世王権の「首都」形成——チェコの君主たちとプラハ」今谷明編『王権と都市』（思文閣出版、2008 年）、286-326 頁、とりわけ 2 節を参照。
48) Kanowník wyšehradský, in *FRB* II, p. 212.
49) Kosmas I-7, p. 14.
50) Cibulka, *Český řád korunovační a jeho původ*, p. 346. カレルは自らの意にかなう年代記を執筆させるためにプルカヴァを指名した。その彼がカレルの事績として顕彰していないことから、それ以前から続く慣行であるとみなせるという。プルカヴァとカレルの関係については、拙稿「カレル 4 世時代の年代記にみる「チェコ人」意識——チェコの「ドイツ人」との対比から」『西洋史学』第 227 号（2008）、22-43 頁を参照。
51) プルカヴァは 1374 年に擱筆しているため、カレル治世末期頃の記憶を伝えている。Pulkava, k. 3, p. 7. カレルが 2 歳の息子を戴冠させたとき、年代記は詳細を語っていないが、ヴィシェフラトへの行進がおこなわれた可能性がある。次代ジギスムントは戴冠式を実施したが、フス派戦争の混乱時のことであり、カレルの想定したような整然とした儀式でなかったことは確かである。その後、エネア・シルヴィオ・ピッコローミニ（のちの教皇ピウス 2 世）の著した『ボヘミア年代記』では、「チェコ人はこの短靴を長らく保管し、遺物とみなしていた。ヴィシェフラト教会の司祭たちは戴冠行進のさいにそれを王の前に運んだ」と過去形で表現し

ている。D. Martínkovaá, A. Hadravová, J. Matl, *Aeneae Silvii Historia Bohemica*（*Fontes rerum regni Bohemiae* I）, Praha, 1998, I-6, p. 22. この年代記は 1450 年代末に執筆されているが、ヴィシェフラト城はフス派戦争後に徹底して破壊されたため、「公の部屋」とともに「始祖の遺物」も散失してしまったものと思われる。

52) Zbraslav, I-109, p. 177.
53) Ordo ad coronandum regem Boemorum, p. 252.
54) 前掲拙著、第 6 章および拙稿「聖ヴァーツラフ崇敬の形成と利用」『秀明大学紀要』9 号（2012）、95-119 頁を参照。以上の聖人の聖人伝は、*FRB* I, (ed.) Palacký, F., Praha, 1873 に収録されている。
55) プシェミスル・オタカル 2 世は貨幣から聖ヴァーツラフ像を外した。これは貴族共同体に取り込まれつつあった聖人と距離を置くための行為と解釈される。前掲拙著、316 頁。
56) 井内「戴冠祭式書にみる中近世ポーランド王権への神の宿り方」、73 頁。
57) Žůrek, V, Korunovace královny Žofie.
58) *Codex diplomaticus et epistolaris Moraviae*, XIII (1400-1407), (ed.) Brandl, V., Brno, 1897, no. 19, pp. 27-28.

中世都市トゥールーズの執政制

池上俊一

はじめに

　南フランス都市が、北フランス都市とは異なって、コミューン（自由都市）を本質とはせず、有力市民複数の合議体つまり執政制（コンシュラ）都市であることは、夙に知られている。だが、これらの都市、とりわけそのうち最大規模を誇るトゥールーズは、アルビジョワ十字軍後、1249年より王弟アルフォンス・ド・ポワティエが統治するようになるまでは、一種の自治都市として多大の「自由」を享受し、しかも伯から漸進的に譲歩を引き出して多くの特権を手にしていった。その事実は、このラングドック地方の中心都市を、名称こそ異なれコミューンに類比させる見方を生み出す原因となった。

　両者の違いはどこにあるのだろうか。そして執政制ないし執政府都市というのは、中世フランス史の展開の中で、いかに位置づけられる存在なのだろうか。いまだに明確な答えは出されていないように思われる。

　おそらくこれは、現在、H・デバックスらを中心に盛んに行われている封建制の新たな捉え返し、その中における忠誠誓約（serment de fidélité）の機能や意味と一緒に考察しなければ解けない問題であろう[1]。つまり執政制というのは、まずもって都市の制度とはいえ、農村や貴族（領主）層における互酬的な人間関係と密接に結びついているのであり、都

市が封建制の絆を断ち切ってそこから分離独立したところに生まれた訳ではないからである。またこれはおそらく、南フランスないしラングドック地方が、ロマネスク世界の揺籃の地、そしてトゥルバドゥールやカタリ派の自由な活動地であったこととも無関係ではない、と私は予想している。それはともあれ、ここでは、南フランスの執政制に関するこれまでの研究の成果を追いつつ、史料を再点検することで執政制の成立と発展の道筋を示してみよう。その際、いくつもの「断絶」と「新生」の局面が見られることにも注意したい。

　11世紀末から12世紀初頭のトゥールーズは、他の南フランス都市とは違って、当初から大きな都市核を持っており、またトゥールーズ伯の伝統的な居城のある都としてフランス南西部を抑えていた。さらに13世紀初頭にかけて、他都市に比してより大きな自由と特権を所持した。たしかに多くの都市（ベジエ、カルカッソンヌ、ナルボンヌ、モンプリエ）が12世紀末までに執政制を敷いていたが、そこにはトゥールーズほどの「自由」はなかった。この違いはどこから来たのだろうか。

1　初期中世のトゥールーズとラングドック地方

　トゥールーズは、紀元前3世紀には、ドイツ中・南部からやって来たテクトサゲス族の独立した町であったと推定されているが、紀元前118～106年にかけて、ローマに征服された[2]。しかしローマ支配下でも、当市は交通の要衝である地の利を生かし、周辺農村ともどもイタリア・ワインの交易で栄え、またその繁栄は農産物の豊かさにも支えられていた。帝政期には市は囲壁に護られ、神殿、劇場、円形闘技場などが造られて威容を誇った。人口も非常にふえ、1世紀には、90ヘクタールの面積に2万人から2万5000人いたと考えられている。

　ローマ帝国分裂後、ゲルマン民族の侵入が激しさを増していった。まず5世紀初頭には、ヴァンダル族が南フランス一帯の農村を荒らし、都

市をも飢えさせることになった。ついで、イタリアから西ゴート族が到来し、413年にナルボンヌとトゥールーズを奪い、一旦スペインに去ったもののふたたび戻ってきて、第2アクイタニアに定着、ローマ帝国から、トゥールーズ、ボルドー、アングレーム、サント、ペリグー、オッシュ、バザ、レクトゥールに定着する許可を得た。ワリア王時代（在位415〜419年）には、ロワール川以南のフランスおよびイベリア半島の大半を覆う西ゴート王国が樹立された（418年）。

つづくテオドリック1世（在位419〜451年）は、トゥールーズを西ゴート王国の首都とした。そこでは、少数派のゴート人が多数派のガロ・ローマ人を支配し、現地人にとっては苦難の時であった。それでもゴート人はローマ文化に敬意を抱き、ラテン語やラテン文学を尊重したし、ローマ法はモデルとしてこの地にずっと残った。507年、フランク王国（メロヴィング朝）のクローヴィスがトゥールーズ王国を攻撃し、西ゴートを打ち破った。しかしフランク王国は、そのときは地中海・ローヌ川西岸・セヴェンヌ・コルビエールの間のセプティマニアを取り戻すことは叶わず、そのためその首都ナルボンヌから切り離されたトゥールーズは、西の方、アクイタニアに組み込まれ、地中海からも退くことになる。

その後、フランクの宮宰シャルル・マルテル（在位714〜741年）はトゥール゠ポワティエ間の戦いでイスラーム教徒を撃破し、ブルゴーニュとともにラングドックを平定した。その息子でカロリング朝初代国王となったピピン短躯王（在位751〜768年）もひきつづき彼らを寄せつけず、アラブ人はセプティマニアから追い出された。ところが彼らはときどき再来し、長らく海岸沿い地帯への襲撃はやまなかった。カール大帝（在位768〜814年）はイスラーム世界への橋頭堡として、この地域にアクイタニア王国を創設し、セプティアニアもそこに合体されたため、トゥールーズを中心にピレネーからロワール川まで、ロデーズから大西洋までがまとめて支配されるようになった。

中世都市トゥールーズの執政制

初期中世のトゥールーズは、城壁の周囲に未耕地が広がっていて、それが畑や牧場より多くの面積を占めた。アプリシオ制、すなわち未耕作地ないし放棄地が最初に占有し開拓した者の所有となる制度で自由地をふやしていった家族も多く、9世紀にはとりわけ修道院の働きにより、農業が再興していった。だからこの時代、ラングドックはじめ南フランスは、比較的平安な時代を享受できた。ところが9世紀末〜10世紀初頭に、とくにハンガリー人の襲来があって深刻な被害をもたらし、また略奪・山賊行為も絶えなかった。こうした混乱の中、土地領主らは、恩貸地由来の封土設定を盛んに行うようになり、封建制の時代に入っていった。11世紀半ばまでにアクイタニア王国が崩れたが、それでもトゥールーズは、トゥールーズ伯やナルボンヌ公のお気に入りの大きい主邑でありつづけた。人口も、1050年からは、司教や領主屋敷まわりでふえていった。

　カロリング朝の後は、トゥールーズ伯がこの地域「オクシタニア」を支配するようになった。だがトゥールーズ伯は冒険と戦争が好きで、支配を代官に任せることが多かったので、その結果市民らは自立性を高めて、自分たちで協力して生活ルールを決め、法・慣習に従うことで政治的・経済的に独立度を高めていった。

　トゥールーズおよびラングドック全体には2人の主人がいた。司教と伯（または副伯）である。司教座と伯領は、永遠のライバルでありつつ、一体化し、両者の概念はしばしば融合していった。司教座と参事会教会の周りには urbs episcopale があり、一方、伯ないし副伯の城の周りには civitas があった。

　もう1つ無視できない力を有していたのが、サン・セルナン教会とその周囲に創られたブールである。サン・セルナン教会の聖堂参事会員らは、周りに自由ブール（bourg franc）を作って彼ら流に治めたが、シテのための管理も引き受けた。レモン4世（在位1094〜1105年）はこの事情を弁え、彼らに特権をいろいろ与えた。しかし息子のベルトランは特

権と権利を奪おうとしたので、サン・セルナン教会と対立・決裂した。こうした中、アキテーヌ公ギョーム9世が、妻の家系を盾にトゥールーズ伯位を主張。サン・セルナン教会の聖堂参事会員は喜んだが、さまざまなやりとり、各方面の思惑もあり、またギョーム9世は十字軍に行くことになって、伯領所有をあきらめた。こうしてトゥールーズは、その後もずっとトゥールーズ伯を宗主として戴くことになったのである。

　いずれにせよ、レモン4世以来の伯は、都市住民を味方に付けるべく、土地・権利委譲や減税・免税で、職人・商人らを優遇した。伯は有力市民たちに権限を委譲しつつ、両者助け合いながら、13世紀半ばまで都市を治めることになるのである。

　そこに登場するのが、南フランス独特の都市政体である執政制である。

2　執政制とは何か

　執政制（コンシュラ）とは、12〜13世紀南フランス諸都市に広まった独自の自治＝統治組織である[3]。北フランスにおいては、市長および参審人がいて施政に当たったのだが、南フランスの諸都市では、複数の執政が合議する執政府（コンシュラ）が統治の最高機構となっていたのである。選挙によって選ばれる執政官（コンシュル）は、「良識者」probi homines/ prud'hommes と称される名望家・有力者出身で、事実上寡頭政であり、民主体制とは言えなかった。とはいえ後になると、特権階級のほか、商工業者も執政官になることがあった。

　その発祥地や伝播経路——があるとして——は、明確には知られないが、たとえば、成立年（ないし史料初出）は、モワサック1125年、ベジエとアルル1131年、モンプリエ1141年、ニーム1144年、ナルボンヌ1148年といった具合で、トゥールーズは1175年である。12世紀前半から半ばにかけて広まり、トゥールーズは晩生であった[4]。地理的な拡大パターンを炙り出してみると、初期にはローヌ川の下流域周辺諸都市に

成立し、まさに川沿いのアルル、タラスコン、アヴィニョンから、西の方はナルボンヌまで普及した。イタリアに近いニースでの出現が1144年と早いことが、唯一例外的なケースであろう。その後12世紀後半、13世紀前半には、さらに四方に広がっていった。そしてこの後半期には、ラングドック地方——とりわけローラゲとトゥールーズ領ガスコーニュ（Gascogne toulousaine）——では、主要都市のみならず小さな村まで執政府（コンシュラ）が存在したことが注目に値する。

　執政府の下級統治機関には、評議会がある。トゥールーズにおいては、それは共同評議会（Commun-Conseil）と呼ばれた。執政府に服しつつその補佐をし、政務執行する合議体である。もう1つ総評議会（Conseil général）があり、例外的に、全騎士と全有力者＝良識者（probi homines）が参集するが、賛意を表するのみで大きな役割はなかったようだ。

　執政制を採用した南フランス都市は、都市領主から解放された自立的な都市との印象があるのはたしかだし、その点はコミューン体制の都市と非常によく似ている。両者ともに法人格を持つ一種の団体を構成する、領主から解放された町であり、少なくとも部分的には、かつて領主に属していた政治、司法、財政の権利を行使できた。そこで、コンシュラ都市も実際はコミューンであり、住民の誓約にもとづいて成立したのだ、とする研究者もかつてはいた。

　その本質については後から考えるとして、ではこの制度はどこから由来したのだろうか？　かつて、イタリア商人などとの結びつきにより、一定の商業・交易ルートに乗って、北イタリア都市の制度が移入されたという説が提起されたが、今では連続的系譜を史料上見出すことはできないとして、イタリア起源説には多くの学者は否定的である。とくに南フランス各地に出来たおなじコンシュラ（執政制／執政府）という制度でも、内実が千差万別——もちろん共通点もあるが——であって、すべて同日に論ずることはできないことも、単一の起源を想定する仮説を弱めている。しかしイタリアとの関係がまったく否定されているわけでは

ない。

　たとえば、A・グロンは、この制度が、少なくとも名称やアイディアについては、ローマ法と関わっているとする[5]。すなわち彼によると、ローマ法の導入と執政制成立は軌を一にしているようだ。場所にせよ日付にせよ、ローマ法導入とコンシュラ制導入はほぼ同一であり、この並行関係が目を惹くという。両方とも、イタリアから1130年頃以後に持ち込まれ、かつてのドミティア街道を通って伝わり、また海岸沿いの町にはピサやジェノヴァ商人らによって伝達されたのかもしれない。南フランスでは、公証人（職）も12世紀に公的な制度に仕えるようになるが、これはまさにローマ法の日常的な利用を裏づけよう。トゥールーズでは、公証人は1179年に初めて publicus tabellio との名で登場するが、同市の執政制誕生がほぼおなじ1175年であったことから見ても、相関関係は明瞭であろう。

　いずれにせよ南フランスへの執政制とローマ法——とその用語——の導入は、イタリアから同時にやってきた。もちろん制度としての執政制がイタリア由来とは断言できないが、南フランスのブルジョワたちは、自分たちの都市制度を、いささか内容不分明だがそれでも輝かしいオーラのある先人から採用したこと、そしてローマ法の影響があったことは疑いないだろう。

　また、別の側面からイタリア都市との類似を見出す研究者もいる。それは都市によるコンタード支配である[6]。すなわち、J・ペトロウィストによると、トゥールーズを騒がした1202～04年の一連の事件は、市民の経済的利害を護るため武器の力で地域的な「トゥールーズの平和」pax tolosana を課そうという試みであったのであり、これは北・中イタリアでの後背地の領主領を都市が支配するやり方と比較でき、トゥールーズのコンタード発生を印づけているというのである。しかも執政官が召集を掛けると、一部の騎士たちを含め、商人・職人らの市民は喜んで「市民軍」に参加し、規則的に都市の軍役に服する様も窺われる。彼ら

は身分の別を越えて、都市の支配する周囲領域・大街道を平定して、誰でもが商品を安全に携えて行き来できるように協働していたのだ……と。加えて、イタリア自治都市やその市民が「報復」représailles の権利を持っていたように、執政府もこの権利を行使できたが、これにもローマ法の普及が関係していよう。

もちろん、ペトロウィストも、執政府の周辺領域への働き掛けを、イタリア都市のコンタード支配とまったくおなじとまでは言わない。というのも、執政府はイタリアのようには周囲の領域を政治的に支配しようとせず、近隣の城（castra）の領主は、そのまま自由と裁判上の特権を享受しつづけたのだから。アルビジョワ十字軍による混乱の時代、カペー朝北フランス王権の圧力に対する抵抗のほとんど唯一の実質的中心地となった自治都市トゥールーズは、おそらくは伯の不在に乗じて勢力を拡大したのは確かだろう。しかしトゥールーズと周辺領域の領主や集落代表者と交わされた和解協定文書の内容からは、トゥールーズが周辺領域を「征服する」というような意図は認められないと、説く研究者もいる[7]。

結局、南フランス諸都市の執政制は、ローマ法の普及や、イタリアから伝わったローマの伝統、そして先蹤者としてのイタリア都市モデル（慣習・行政組織）の感化はあったにせよ、地域独自の社会の体制に合わせて形成されたものと考えたほうがよいだろう。

3　トゥールーズの発展と執政制

それでは、ここで、南フランス最大の都市トゥールーズにおける、執政制の起源と発展について、現在、分るかぎりで追跡してみよう。

トゥールーズの初期中世の行政・制度についてはまったく史料がなく、他のラングドックやアキテーヌ諸都市からの類推によるしかないようである。5世紀に西ゴートが南フランスに支配を広げ、アラリック2世

（在位484〜507年）は全域にローマ法の存続を許し、ガロ・ローマ人のためにテオドシウス法典を簡略化した「アラリック法要覧」Bréviaire d'Alaric を制定していた。しかし多くの帝国諸制度は消えていき、かわりに王の一種の高官たる伯が都市で公的権限を独占するとともに、裁判権の大部分も保持した。

　都市領主たる伯の商業的な特権は大きかった。裁判権のほか、ユダヤ人支配、貨幣鋳造権・課税権、パンと塩の独占権などであり、伯はその家臣たる都市に対し、税金を課しまた封建的奉仕を求めた。伯の下には、副伯、城主がいて、都市中心部たるシテを支配していた。一方、ブールはサン・セルナン教会が領主権を有していた。多くの家臣、領主がいて伯に下属していたし、教会・世俗の両方にまたがる複雑な封建的絆が都市の住民たちの間にはあった。北フランスでコミューン運動が荒れ狂った時代にも、トゥールーズ住民は、自由を得ようとして領主である伯に抵抗した様子はない。

　盛期中世の状況を概観してみよう。11世紀のトゥールーズでは、空間的枠組みは古代のものが残っていた。シテは相変わらず1世紀の城壁によって囲まれ、面積は94ヘクタールあった。ヨーロッパ全域での経済・交易発展が地中海にもおよび、十字軍によって近東との交易が始まったり、イタリア商人が活躍したりして、トゥールーズもその余慶を受け、12世紀初頭にかけて古いトゥールーズの共同体がふたたび成長しだした。そして遠隔地商業以外に地域商業も栄え、市場が開かれた。この町でも、新たな職人・商人階級が発展し、マンモルト（死手譲渡）廃止により、住民の多くが早くから個人的自由を得た。

　上述のように、伯は初期中世よりトゥールーズでの裁判権を持っており、1年に2回、後には3回の司法会議 plaids を開いた。それらの会議の際には、伯はジュレ（jurés）ないしスカビーニ（scabini）という役人——ふつう貴族がなる——に補佐された。が、盛期中世には、彼らは善良者（boni homines）ないし良識者（probi homines）と呼ばれるようになっ

た。そして伯は、徐々に彼らを代官に替えて、都市行政に当たらせた。

　すなわち12世紀初期までは伯ないしその代官がトゥールーズ支配の実権を握っていたが、後半になるとその多くは彼から奪われて、俗人・聖界の領主（貴族）のほか、都市自体に権利の多くが分与されていく。都市については、まず、伯アルフォンス・ジュルダン（在位1112～1148年）が最初に権限委譲をした[8]。アルフォンスは1141年、ルイ7世との対抗で助けてくれた感謝に、ワインと塩の売買に対する流通税（usaticum）をトゥールーズ市民に免除する証書を発給した[9]。これによりトゥールーズ住民は、季節を問わずワインを課税なしで売れるが、都市の囲壁外の村や城に住む人には、相変わらず課税された。

　ついで伯アルフォンスは、1147年十字軍出発時にも、トゥールーズのシテとブール住民に questa（一種の直接税）と tolta（関税）を免除し、また、騎馬奉仕についても、敵がトゥールーズ領域に入ってきたときに限られることにした。また意志に反する presta（強制貸付）も免除されることになった[10]。息子のレモン・ド・サン゠ジルも父の宣言に同意した。他の領主も伯に倣い、相次いで住民ないし特定の職業の者に諸種の税を免除した。

　かように、最初にトゥールーズ市民らに分与された権限は経済的なもので、政治制度に関わるものではなかった。だが1152年にはじめて、都市制度が問題になる[11]。この年――レモン5世（在位1148～1194年）時代――に、はじめて、commune consilium Tolose（トゥールーズ共同評議会）という団体・組織の名前が史料に現れるのである。共同評議会は、2つの都市規約（stabilimentum）ないし警察条例を自らの名で制定した。ただしトゥールーズ伯にしてナルボンヌ公にしてプロヴァンス辺境伯たるレモン殿（領主）の助言に従ってのことであった。そのうち1つは、負債や盗みに関わる法的手続きおよび抵当・賠償、あるいは安全保障をめぐる規定であり、もう1つは、畑荒らし人や畑に紛れ込んだ家畜について、ワイン・小麦・オリーブ油・ナッツ・魚・果実の売買について、

さらに殺人・窃盗・婦女暴行についての規定など、17の条項から成る。

そしてこれらの条項は、各地区を代表する12人の証人＝有力者——彼らが共同評議会の指導者——がその真正性を保証している。つまり6人の参事会員（capitularii）、4人の判事（constituti judices）、2人の弁護士（advocati）である。彼らは従来は、伯参事会の良識者（prud'hommes）、助言者（conseillers）ならびに判事であった者たちだろう。

本稿の主題である執政制成立以前のトゥールーズには、だから政治に携わる参事会員ないし有力者がいたことが窺われる。1つは伯の下の参事会の参事会員であり、もう1つは共同評議会に集う有力者であるが、重なる者もいただろう。参事会、共同評議会とも密接に伯に従ったが、前者は後者に吸収されていき、後者は徐々に自律し伯権力から分離されていく……という流れが見受けられる。

いずれにせよ、この評議会は、実際上、小貴族とブルジョワの手にあったのであり、小商人や職人を代表するものではなかった。したがって、都市トゥールーズの統治体制は、当初、閉ざされた寡頭政であった。おそらく伯が指名した者もまだ多かっただろう。なお、共同評議会のほかに、騎士やブルジョワがすべて参加する総評議会（Conseil général）もあったが、実権はなく名目的な同意を与えるだけだったようだ。

さて、1152年段階で、良識者とか善良者と呼ばれた有力者は、伯の役人というわけではなく、むしろすでに都市共同体全体の代表であった。だが、彼らはまだ完全に独立してはいない。というのも、彼らは都市規約を伯とその代官の面前で審議し、彼らの同意を得てはじめて公布しているのだから。それでも、この年以後は、唯一共同評議会のみが民法、刑法とも裁判の実施を調整し、判決を下せるようになったのであり、共同評議会は司法会議において良識者を援助し、また両者一緒になって都市の行政法・民事法・刑事法・商法のもとになる都市規約を作っていった。これ以後、トゥールーズの良識者は、たんに市民たちの判事であるのみか、都市の共通善のために行政権を持ち、軍事指導者としても働く

ようになったのである。

　伯も、その宗主としての役割を果たすには、都市共同体に特権を授与して自分の権力の一部を委譲しないとできなくなった。ただし、裁判権のうち民事はすぐに伯から都市共同体に委譲されたが、刑事については争いがつづき、伯はしばしば良識者の判決を実行するのを拒んだ。いずれにせよ、1152年の都市規約、基本法上の契約で、伯と都市との間で権力分割がなされたとも言える。

　またおそらく1164年まで参事会員（capitulaires）は伯が任命し、その第一人者は同時に伯代官であったろう。ということは参事会はまだ伯の助言機関であったということになる。アルビジョワ十字軍後に、伯が市民らの協力を求めるために、やっと彼ら自身での選出原則が認められる。市民は徐々にのみ、伯の権限を蚕食していったのである。

　またその頃からは、伯や代官が裁判をするときにも、自分がことさら選んだ判事や弁護士を自分らとともに裁判に列席させることができず、むしろトゥールーズの執政府（参事会）という共通の人材集団から選ぶか、あるいは執政府自体が伯らに判事と弁護士を指名する、という手続きになったようだ。伯や代官は、法廷の構成を自由にできなくなったのである。そして参事会員は自ら判事となって、誓約し、裁くようになるが、これは共同評議会の有力者の同意を得てのことであったろう。

　さらに彼らがはじめて執政官（コンシュル）と呼ばれたのは、1168年教皇が聖務執行停止令の書簡の中で、「執政官、全聖職者、およびトゥールーズの平民」と名指したときだった[12]。そして1176年になって、トゥールーズ自体の史料に「執政官」consules の呼称が初登場する。すなわちこの年の3月、夫の金や衣服などを盗んで余所者と駆け落ちした不貞な妻の案件を裁くために参事会員がサン・カンタン教会に集まり、ほかに多くの有力者が評議に加わった。参事会員は──以前の6人からふえて──12人で、6人がシテ、6人がブール代表だった[13]。彼らは自分たちの前に持って来られるあらゆるシテとブール共通の案件に熱心に

III　統治について

172

耳を傾け、誠実に協議し、裁判の規則に従って終結させることを誓った。この審問記録の途次で、彼らははじめて執政官（コンシュル）の名で呼ばれたのである[14]。

　執政官の数は 1180 年には 24 人になり、シテ、ブールとも、それぞれ 12 人で構成される評議会を持つ。1180 年からは、参事会員（＝執政官）ないし共同評議会を発給人として、道路管理、広場に滞留する水のはけ口や下水道、地代や商品の販売価格、商売の不正行為、利得や給与などをめぐる係争、あるいは内戦終結のための平和集会の調書についての証書、さらには警察関係などの証書も出されている。こうして伯権力の自由な行使はより局限されていき、都市の代表機関である共同評議会に自分の案件を申し立てねばならなくなった。

　ただし 1181 年と翌年には、伯レモン 5 世の反攻があって、参事会と共同評議会の同意を得て、伯自らが都市規約を発布した[15]。しかも同伯は、1186 年までには執政官の人数をもとの 12 人に縮小した。こうした伯による攻勢はトラブルを惹き起こしたが、同伯は、アキテーヌ公リシャールと封建戦争を戦う中で、トゥールーズ住民を惹き寄せ、執政官らに譲歩して和解せざるを得なかった[16]。1189 年になされた伯と執政官との間での相互誓約においては、立法の権限を後者が獲得し、その後は伯の統制や裁治権は一層弱くなる。執政府の裁判、警察、規制、徴税の権限が急速に成長して、伯によって認可されることになったのである。つまり 1175 年段階では、執政官は、自分の名で裁判を行うだけだったが、1189 年からは、彼らは都市住民の代表者にして支配者になったのである。

　今後は、執政府法廷は、都市と周辺領域に関わるあらゆる訴訟を受け付け、刑罰も科した。法的には伯が最高審級を持っていて、だから介入できるはずだが、実際は、都市住民の間でのことなら、執政官が民事・刑事とも、あらゆる目前の紛争や闘争を取り仕切った。1189 年、伯が執政官の判決に従って正義を行うと誓約したことは、執政官が伯から実

質的な裁治権を委譲されたことを象徴していよう[17]。

　執政官らは、今や封建誓約によってのみ、伯と結びつく。彼らは選出され職務に就くとき、都市共同体（universitati ville）へとともに、伯（domino comiti）にも封建誓約をする[18]。だが反対に伯は彼らにその権利、フランシーズ（特権）を授与し、ずっと尊重することを正式に認可し誓うのであり、かくて独立した執政官らが、封建ヒエラルキーの中にそれなりに高い位置を占めるに至ったのである。

　伯と都市共同体の関係は明確ではなく、権限委譲も部分的である。その委譲の理由を、伯は民や有力者への愛だとか、神・マリアと聖人への敬意からとか、自分の罪を赦してもらうためだとか言っている[19]。1188年の混乱前は、伯は参事会や共同評議会を自らの統治の補助手段と考えていたのだが、その後、伯は執政官の権力に頼るようになる。だが、伯が執政官を選ぶ権利は自分にはまったくなく、都市の市民、有力者にあることを認めたのは、ようやく1223年になってからであった[20]。

　こうして結局、都市自体が領主になっていき、政治、司法、軍事、財政など、大半の至上権を得ていったのだが、ただ貨幣鋳造権のみそこには欠けていた。都市トゥールーズは、家臣にして宗主 suzerain になったのであり、その都市の領主権は伯の統治権（至上権）が少しずつ分解していって形成されたのであった。そこに大きな対立はあまりなく、両者の合意・納得の上で進んでいったところが、南フランスに特徴的な事態だろう。

4　トゥールーズにおける執政制体制の本質について

　トゥールーズでは執政制が形成・確立していく過程で、シテとブールの自由や特権が、両者対等な資格で与えられ、両者は連携していった。この際立った特色の中に、南フランスの執政制の本質を考えるヒントがあるように思われる。

1215年に政治的に結合するまで、トゥールーズはシテとブールに分かれ、それぞれの管理者と財政機関を有していた。シテは古代以来の古い集落であり、伯の館とカテドラルを2つの権威・権力のセンターとして備えていた。一方ブールは、商人、職人、労働者などがシテの脇に新たに住みついて出来た集落で、徐々に大きくなっていった。もともと商人の家やサン・セルナン教会の聖堂参事会員らの館がある小さな集落だったが、巡礼が押し寄せると、宿屋、居酒屋、土産屋なども出来ていき、大いに賑わった。トゥールーズのブールはシテに劣らぬ発展を遂げて、住民やその社会的性格も大差がなくなるのである[21]。

　もうすこし詳しく観察してみよう。1100年頃、サン・セルナン教会は建築中で、楕円の大きな堀で囲まれていた。その後、堀は埋め立てられてブールは拡大し、サン・セルナンおよびサン・ピエールの両小教区を擁した。1152年の都市規約が成立したときには、ブールの面積はまだ50ヘクタールに満たず、シテに比してずっと小さかったのだが、シテと同格扱いされた。それに関連して、ブールを指すのに1149年までは burgus との語も使われたが、1150年以降 suburbium と呼ばれるようになる。burgus だとシテと競合関係にある地誌実体の登場を暗示していたが、それが suburbium に取って代わられると、ブールはシテと補完的関係にあり両者が一体化していることを明示できるからだろう。その語の文書上の登場は、まさに共通の都市共同体が出来てきたときのことだった。

　トゥールーズでは、13世紀初頭までにシテもブールも6つの街区に分かれ、それぞれが、時期により1人ないし2人の執政官を出すことになった。これらの街区は、行政、財政、軍事の区画であり、執政官はそれぞれの区で警察と行政権を行使するとともに、第1審の裁判権ないし仲裁権も持った。各街区にはまた、毎年選出される徴税官（communier）もいた。さらに各区は、それぞれ10人隊長（dizenies）に指揮される一定数の市民兵を擁し、決まった集合場所、軍旗、鬨の声を有していた。

もう1つ注目すべきは、この都市の農村的というか両者一体的性格を示す「安全保証境域」salvetat/ sauveté である[22]。これは、浮動住民を定着させ、また遠くから植民者を集めるべく作られた一種の開拓集落である。安全保証境域は早くも1080年から作られ、貧者の慈善のために「聖レモン救護所」に与えられて、十字架によって印づけられまた護られた。1115年には、レザ修道院の修道士とアルフォンス・ジュルダン伯によって、市壁の外、サン・タントワーヌ地区に「ナルボネ城の安全保証境域」Salvetat du Château-Narbonnais が作られた。1141年には、同伯がガロンヌ川沿いにもう1つ作った。そこにはアジール権が付与されて浮動住民が集められた。さらに1162年には、ある寄進者によって新たな安全保証境域が作られた。トゥールーズを囲む広大な森を開墾する目的もあった。

　安全保証境域に住む住民は、小麦、葡萄、ワインの流通税を免除され、市場税からも解放されて、好きなように肉を切って売ることや、1年ごとまた保有地ごとに一荷分の塩を所有することが許された。また伯の裁判権は彼らに対しては縮減された。そして特別な許可なくいかなる職種の仕事も営め、外部で犯した軽犯罪ならば、その安全保証境域内部では訴追されないですんだ。

　かようにシテの縁辺から市壁外部にまで広がって都市領域の拡張をもたらした安全保証境域は、同時に周辺農村で領主に従属していた農民の解放を狙うトゥールーズの商人層の願望にも叶うものであった。そしてその商人層と農民層が合流するのみか、都市のブルジョワたちの政策に屈した領主層までが市民権を獲得して市民になっていくと、旧来の都市貴族層が充実強化され、さらには市民層と貴族層の合体も進んでいったのである。

　つまり安全保証境域に見られる動向も、執政制が都市の公共の利害を代表するようになる動向と軌を一にしている。そもそも、伯は執政府によって権力を蚕食されながらも、それに好意的であった。なぜならば、

執政制／執政府は封建制に適応して生まれ、いわば執政府は領主（伯）の家臣であったからであり、両者は持ちつ持たれつの関係にあったからである。また執政府自らが家臣を持つようになり、封建的な義務に縛られていたのである。執政官は領主（伯）が替わるごとに臣従礼を捧げ、また毎年、領主（伯）は、新たな執政官から忠誠誓約を受け取った。

　トゥールーズそしてラングドック地方では、11世紀後半から12世紀にかけての封建制の危機に際して、伯領は城主や他の小領主らの台頭によって分解を余儀なくされたが、そうした危機に乗じた都市が、封建制とは別の原理で自治独立を目指すのではなく、封建的な原理を利用しながら、自ら――トゥールーズ伯には臣従しつつ――封建領主として立っていくことにしたのである。それは同時に、農民と都市民、貴族と市民の融合をもたらし、騎士と市民が市政参加権を完全に両分することになった。さらにシテとブールが対等に補完し合って、新たな都市共同体としてのトゥールーズが成立するのである。トゥールーズには、もともと騎士、商人、職人、農民、隷属民と雑多な身分の住民がいたが、トランカヴェル家やフランス王などの外部勢力の介入に際して全身分の団結が求められ、また都市領主たる伯とも協力し合うことになったのである。

　渡辺昌美によると、トゥールーズという都市は、都市内に大きな耕地を抱える巨大農村でもあって、実際住民の過半は耕作者として生活しつつ、補足的に商工業に従事していた。執政府の権力というのは、コミューンのような外部の領主権から独立した団体・共同体の権限を代表しているのではなく、むしろ本質は領主の行政委任機関ないし領主権の延長であったからこそ、この制度は農村をも広く覆えたのである。だから都市の自由とか特権と看做されることのある「自由」や「特権」は、むしろ執政府の自由や特権つまり領主権の一部なのだ。そして執政府の前身と位置づけるべきは、伯の参事会であり、それは、伯ないし伯代官の行政と裁判を補佐する機関であった。それが、伯の商業保護政策の推進者になったり夥しい通行税、輸送税の免除措置の媒介者になったりすると、

ある程度住民の利益を代表するようにもなり、伯権力に対する発言権も増していって、相対的独自性をもつ合議体になっていった……このようにまとめられている[23]。古い研究であるが、事態の要諦を捉えていると思われる。

　かつて Ch・プティ＝デュタイイが述べたように、自治都市はすべてコミューン都市であるというわけではない。自治のシンボルについてはおなじでも、内実は異なる。南フランスの執政制都市は、イタリア都市やローマ法の影響下に、北フランスのコミューンより遅れて成立した。そこでは、執政制形成と発展に貴族や聖職者も大いなる役割をはたした。当初は平民以上の働きであった。コミューンと異なり、南フランスの都市の自由の本質は宣誓団体ではない。執政制都市は、むしろ集合的に、領主および家臣になぞらえられる、封建的な法人格なのである[24]。

　また Th・N・ビッソンの言うように、そしてペトロウィストも確認しているように、レモン 6 世と執政官らはお互いに権力を奪い合うのではなく、むしろレモン伯にとっては、執政官は、伯領発展計画のために共に力を尽くしてくれる同志だった[25]。執政官が軍を派遣するのも、伯の権威を強めるためであり、隣人のトランカヴェル家による脅威を中和化するためだった。すでに見たように、1147 年以降は、トゥールーズ人・トゥールーズ地方が直接脅かされるときにしか市民軍の軍役奉仕義務は発動できず、それを実施するにはなにか特別な理由・言い訳が必要のはずであったが、都市の商品の輸送に掛かるこの地域への不当な課税をめぐる係争や、規則的な略奪の温床になっていた報復戦争の激化が、その理由・言い訳を提供することになった。大半が伯の忠臣から成る都市貴族らは喜んで共通の利害のために努力したのである。

　市民軍の介入は、小領主に約束を守らせ、都市への物資補給、通商の道を安全にさせたが、これには 1202 年〜 03 年の執政官選挙時に露わになった政治的内部分裂を、修復するという意味もあった。伯は執政官らを気遣って自分の領地の多くの場所での課税額を彼らに決めさせたが、

替わりに、この軍事遠征のおかげで、伯に敵対する近隣諸侯らが彼の忠臣になったのである。20 ほどの封建領主が、トゥールーズ市民軍の攻撃を受けて、トゥールーズに有利な平和条約を結ばされたが、それは伯にとっても大きなメリットだったのである。以後、アルビジョワ十字軍まで、都市トゥールーズは、伯への揺るぎない忠誠を示した。

　トゥールーズ在住の都市貴族は伯の家臣集団であったし、であるならば執政官らもそうであり、執政府が代表し治める都市もそうなのである。トゥールーズでは、領主権の伸長と都市の自由が巧みに共存していたのである。

おわりに

　中世の都市トゥールーズは伯の家臣であるが、しかし自身、周辺の小さな封建領主たちの領主だった。それは執政官と参事会が治め、伯を宗主（suzerain）とする小さな共和国である。

　トゥールーズの都市共同体成立は 11 世紀末から 12 世紀初頭だが、それは北フランスやロンバルディア諸都市よりやや遅れた。そしてそれは、執政制という独特な統治形態を取った。ローマからの制度的な連続性の証拠はまったく残っていないが、たしかにそこにおけるローマの記憶は根強く、とくにローマ法は日常生活に関わる諸手続きにまで及んでいた。またカピトリウムの丘（Capitole）の記憶は、サトゥルニヌスの殉教の歴史と結びついて、地方的な諸伝統に残存した。また都市の区画である「パルティータス／パルティーダス」partitas ou partidas も、古代起源かもしれない。

　南フランスの執政官は、新しい伯がやって来たとき、あるいは別の機会に相互誓約を行う。これは領主（伯）とその家臣（執政官）が慣習と忠誠を守るために、互いに与え合うものであった。ところが執政官たちは、彼ら同士では互いに誓約で結ばれておらず、他の市民たちも同様で

あった。まるで同一領主への臣従礼をする複数の家臣同士の関係である。南フランスの執政制都市が、北フランスの都市やドイツの一部の都市のような宣誓共同体としての都市、コミューン都市ではない、という証拠がここにある。

　むしろシテやブールの住民が密かに共同の誓約をして協力し合って反乱などを企むことがあれば、伯の裁きを受ける旨、1152年の都市規約ではっきり定められているのである[26)]。

　だから中世都市トゥールーズは、大きな自治都市でありつつ、同時に封建的な様相を呈していたのである。伯と都市は敵対しておらず、それどころか伯はトゥールーズに不在でも、「都市の本来の主人にして栄光」として市民たちに尊敬されており、都市は彼のために戦ったのである。

　そもそも伯の方も、トゥールーズの物的かつ精神的な援助を必要としていた。多くの機会、たとえば十字軍がそうだし、また外部の権力者（アキテーヌ公ギョーム、ルイ7世ら）による侵略に際してもそうであった。トゥールーズ人はそうしたときに、伯を助けて武器を取り、金銭援助をしたが、それらの見返りに労働と交易を阻害していた多くの権利の廃止ないし制限を伯（や他の領主たち）から勝ち得、自由をふやしていったのである。

　トゥールーズはじめ南フランスでは、特権を利用して富裕化した職人・商人らは名望も得て、都市小貴族と接近していく。南フランスでは、他のどの地域よりも寛容かつ民主的な雰囲気が広まり、小貴族は民衆に近く、あるいは彼ら自身民衆出身であるケースも多かった。ここでは、血縁を重視する地域とは異なり、軍事に携わったり、土地を所有している、ということだけで貴族になるのに十分だったのかもしれない。こうした諸身分の接近・混淆・連合が、住民をして相共に自立性を求めさせたのだろう。それは、対等な資格での忠誠誓約ないし約定（convenientiae）があらゆる人と人との関係を統べるのに利用されてきた、地域の伝統とも無関係ではないだろう。

Ⅲ　統治について

北フランスのコミューンは、誓約に保証された人と人との水平的結合関係を前提とし、それが封建的上下関係に楔を打ち込んだのであったが、南フランスにおいては、あくまでも実質的な上下・垂直的関係を都市の統治体制の背骨として維持しつつ、そこに水平的関係を仮構しうる誓約の儀礼を注ぎ込んでいった。ところがその誓約が、当該社会全体の人間関係を統べるのに広く使われてきた対等な資格での約定や忠誠誓約と共鳴し、統治機構の垂直的関係をも変質させていくことがあったのではないか、と推測できる。

　最後に、トゥールーズの執政制を、「断絶」と「新生」という観点から捉え返せば、元来、伯に従属する参事会という制度が、その服従の絆を断絶させつつ、都市全体の利害を目指す制度（執政制）へと新生していったのであり、またそこには封建的な原理との断絶とその内部での新生をも含み持っている、というように言うことができるだろう。

註
1) Débax, H., *La féodalité languedocienne XIe- XIIe siècles: Serments, hommages et fiefs dans le Languedoc des Trencavel*, Toulouse, 2003 参照。
2) 古代から初期中世のトゥールーズについては Wolff, Ph.（sous la dir. de）, *Histoire de Toulouse,* Toulouse, 1974, pp.7-65 参照。
3) 執政制（コンシュラ）については、Gouron, A., "Diffusion des consulats méridionaux et expansion du droit romain aux XIIe et XIIIe siècles," *Bibliothèque de l'École des Chartes,* 121 (1963), pp.26-76; Timbal, P.-C., "Les villes de consulat dans le Midi de la France: histoire de leurs institutions administratives et judiciaires," in *Recueils de la Société Jean Bodin,* VI: *La ville - Première partie: Institutions administratives et judiciaires.* Bruxelles, 1954, pp.343-370; 渡辺昌美「中世南フランス史研究の覚書――異端と騒乱の時代から、而して執政府制度を中心として」『史学雑誌』66（1957 年）、320-337 頁など参照。
4) Limouzin-Lamothe, R., *La commune de Toulouse et les sources de son histoire (1120-1249)*, Toulouse, 1932, pp.110-111.
5) Gouron, *art.cit.*
6) Petrowiste, J., "Le consul, le comte et le marchand: commerce et politique à Toulouse au seuil du XIIIe siècle," *Annales du Midi,* 117（2005）, pp.308-309 参照。

7) 図師宣忠「中世盛期トゥールーズにおけるカルチュレールの編纂と都市の法文化」『史林』（史学研究会）90（2007年）、280-287頁；薮本将典「自治都市トゥールーズにおける上訴制の確立とカペー朝期親王領政策の諸相──上訴裁判権をめぐる執政官府と伯代官の抗争を中心に」『法学研究』（慶應義塾大学法学研究会）、85（2012年）、29頁など参照。
8) 以下、アルフォンス・ジュルダンによる特権の付与から、執政制成立・発展の過程については、Limouzin-Lamothe, *op.cit.*; Déjean, J.-L., *Les comtes de Toulouse 1050-1250*, nouvelle éd., Paris, 1988（1re éd=1979）, pp.156-165; Turning, P., *Municipal Officials, Their Public, and the Negotiation of Justice in Medieval Languedoc: Fear Not the Madness of the Raging Mob*, Leiden, 2013, pp.20-24; Ramet, H., *Histoire de Toulouse*, t.I: *Des origines au XVIe siècle*, Monein, 2008（1ère éd.=1935）, t.I, pp.48-55; Roschach, E., "Sur la commune de Toulouse," in Dom Devic et Dom Vaissète, *Histoire générale de Languedoc*, t.VII, Toulouse, 1879, Note XLVII, pp.214-223; Mundy, J. H., *Liberty and Political Power in Toulouse 1050-1230*, New York, 1954, pp.25-73 など参照。
9) AA1: 1. AA は、慣用に従った略号で、Le Cartulaire du Consulat, conservé aux Archives municipales de Toulouse（トゥールーズ市古文書館所蔵の、執政府作成のカルチュレール）のことである。Limouzin-Lamothe, *op.cit.,* pp.261-478 に公刊されている。なお AA1 が Cartulaire du Bourg で AA2 が Cartulaire de la Cité である。
10) AA1: 2.
11) AA1: 4, 5.
12) « Consulibus, et universo clero, et populo Tolosano… » in Catel, G., *Mémoires de l'histoire du Languedoc*, Toulouse, 1633, pp.885-886.
13) AA1: 33.
14) ただし consules（執政官）と capitularii（参事会員）と iudices（判事）が混在して使われている。
15) AA1: 6, 7.
16) Limousin-Lamothe, *op.cit.,* pp.127-132.
17) AA1: 8: « ero inde fidelis dominus et bonus iusticiator, et faciam inde illam iusticiam quam consules Tolose iudicaverint (…) ».
18) AA1: 10, 75, 101.
19) AA1: 8, 11, 76.
20) AA1: 87.
21) サン・セルナン周囲のブールとその展開については、Catalo, J. & Cazes, Q.（sous la direction de）, *Toulouse au Moyen Âge: 1000 ans d'histoire urbaine (400-1480)*, Portet-sur-Garonne, 2010, pp.50-54 など参照。
22) 安全保証境域については、Delaruelle, É., "La ville de Toulouse vers 1200 d'après quelques travaux récents," *Cahiers de Fanjeaux,* 1（1966）, pp.119-120; Limouzin-Lamothe,

op.cit., pp.221-222 など参照。
23）　渡辺昌美「中世南フランス史研究の覚書」（前掲論文）および同「南フランス中世都市トゥールーズ研究の近況――ウォルフ・マンディその他の近業をめぐって」『史学雑誌』68（1959 年）、880-897 頁を参照。
24）　以下、Petit-Dutaillis, Ch., "La prétendue commune de Toulouse," in *Comptes rendus des séances de l'Académie des Inscriptions et Belles-Lettres,* 85e année, N.1, 1941, p.63 参照。
25）　Bisson, Th.N., "Pouvoir et consuls à Toulouse（1150-1205）," in H. Débax（éd.）, *Les sociétés méridionales à l'âge féodal（Espagne, Italie et sud de la France Xe- XIIIe siècles）: Hommage à Pierre Bonnassie,* Toulouse, 1999, pp.197-202; Petrowiste, *art.cit.,* pp.315-316.
26）　AA1: 4: « Item si aliqui urbis Tholose vel suburbii clam conjuraverint, quod in placito vel in rixa vel in contentione vel in seditione sibi invicem auxilium prebeant, cadant sub justiciam comitis. »

宗教改革導入にともなう死者追悼儀礼廃止に対する請願
——カトリック共同体からプロテスタント共同体への移行の狭間で——

原田晶子

はじめに

　ルターの『95か条の論題』が発表された1517年秋から約7年後の1524年6月5日日曜日、ドイツ南部の帝国都市ニュルンベルクの教区教会で初めてプロテスタント式の二種陪餐による礼拝が行われ、これにより同市の宗教改革導入の先鞭がつけられた。一般信徒も聖体のパンだけでなく、主の血に与るようになったのだ。しかしその一方で、死者の魂救済のための儀礼が、聖書に根拠がないとして、突如廃止された。それまでカトリックの一般信徒にとって特に重要であった儀礼が無効とされても、市民や住民の間に全く戸惑いはなかったのだろうか？　管見の限りでは、従来のドイツ宗教改革史研究においては、いかにプロテスタントへ移行したのかという論点に焦点が当てられ、その際、決して都市の支配層には属していなかった階層の市民や住民あるいは下級聖職者の態度について語られることはなかったように思われる[1]。従来の神学あるいは政治にのみ比重が置かれていた宗教改革史研究を一変させ、宗教と社会の関連に目を向けさせたB. メラーは、その嚆矢となった著作『帝国都市と宗教改革』の中で、市参事会は市民の宗教生活にも責任を負っていたとの見解を示している[2]。宗教改革導入がスムーズに進行し

た都市として有名なニュルンベルクにおいても[3]、宗教改革が導入されたとされる 1524 年 6 月から約 1 年間の史料に目を通してみると、死者追悼儀礼廃止に関して少なくとも 10 件の請願を確認することができた[4]。そこで本稿では、この神聖ローマ帝国の皇帝直属都市ニュルンベルクを例に、宗教改革導入時期の死者追悼儀礼廃止に関する請願を検討することにより、都市共同体としてカトリック共同体からの「断絶」と、プロテスタント共同体への「新生」の過程の狭間で周章狼狽した人々を取り上げ、市参事会がどのように市民の宗教生活に責任を負っていたのか考察を試みたい。

1　ニュルンベルクの宗教改革導入（1524 年 6 月〜 1525 年 3 月）

1）宗教改革前夜の帝国都市ニュルンベルク

ニュルンベルクはバンベルク司教区に属する。15 世紀末にはドイツにおいてケルンに次ぐ人口約 5 万人を擁した大都市であったが、教区は聖ゼーバルト教区と聖ローレンツ教区のわずか 2 つしかなかった。両教区教会の主任司祭に対する保護権（司教への推挙権）は、バンベルク司教座聖堂参事会にあったが、15 世紀からはニュルンベルク市参事会が望む人物が教区主任司祭に任じられる場合がほとんどであった。1477 年、2 つの教会は法的には教区教会から聖堂参事会教会となり、各教会に属する聖職者の人事権は聖堂参事会長すなわち教区主任司祭が掌握するところとなった。さらに 1514/17 年、ローマ教皇を介したバンベルク司教との協約が成立し、教区主任司祭の保護権が正式にニュルンベルク市参事会へと移る[5]。ルターによる改革と時期がほぼ重なるのは偶然のタイミングではあったが、この保護権の移行はバンベルク司教による介入を抑え、ニュルンベルクが宗教改革導入を比較的短期間の内に円滑に進めることのできた一要因となる。

また15世紀末から16世紀のニュルンベルクは、バーゼル、シュトラースブルク、リヨンと並んで出版・印刷業の中心地の1つであり、人文主義の中心地でもあった。「人文主義なくして、宗教改革なし[6]」という文言は、とりわけニュルンベルクに当てはまるだろう。ニュルンベルクの人文主義サークルに思想的に大きな影響を与えたのは、アウグスティノ隠修会士でルターの信仰の師であったヨハネス・フォン・シュタウピッツ[7]である。特に1516年の待降節と1517年の四旬節に行われた説教は、ニュルンベルクの聴衆の喝采を博した。彼の説教は、それまでの神学の折衷主義的なところもあったが、魂への配慮が強調され、聖書の引用や、聖書のテクストに即した表現が用いられていた。また人間の救済に対するキリストの唯一有効性を説き、教会が授ける秘跡による救済には冷淡な態度を示していた。この人文主義サークルへのシュタウピッツの影響は、後に都市の上層階層にルター派の教えが浸透する素地を形成した[8]。さらに宗教改革導入直前の1520年に聖ローレンツ教会の主任司祭となったヘクトール・ペーマーも、1522年に聖ゼーバルト教会の主任司祭となったゲオルク・ペスラーもヴィッテンベルク大学で学び、ルターの教えに触れたことのある人物であった。1522年には市民の寄進により両教区教会と聖霊施療院附属礼拝堂に説教師職が設けられ、ルターの教えに近い人物であるアンドレアス・オジアンダー（聖ローレンツ教会）、ドミニクス・シュロイプナー（聖ゼーバルト教会）、トーマス・ヴェナトリウス（聖霊施療院）がその任に就いた。ニュルンベルクではすでに1522年からルターの教義に基づく説教が行われていたのである[9]。

2) 1524/25年の宗教改革導入

　ニュルンベルクの宗教改革に関しては、前述のメラーの著作『帝国都市と宗教改革』の中で市参事会主導による宗教改革は存在しないとしながらも、その例外的な存在の筆頭にニュルンベルクを挙げたことから、

市参事会の主導により導入されたとのイメージが定着している[10]。しかしニュルンベルクに関する個別研究は、同市の宗教改革が必ずしも「上から」の宗教改革ではなかったことを明らかにしている[11]。1524年6月1日聖ゼーバルト教会と聖ローレンツ教会は共通の新たな規定を導入し、そして迎えた最初の日曜日の6月5日に初めてドイツ語による礼拝が行われ、プロテスタント式の二種陪餐による聖体拝領が執り行われた。両教区教会が1524年6月1日に新規定を導入したのは、巧妙に時期を選択した結果であろう。ニュルンベルクでは1522年〜24年4月に3回ほど帝国会議が開催されており、また1521年から24年4月まで帝国統治院が置かれていた。つまり神聖ローマ皇帝やその関係者がニュルンベルクを離れたタイミングで、両教区教会はルター派の礼拝を正式に導入したのだった。

　当初、ニュルンベルク市参事会は両教区教会の主任司祭に対し導入撤回を求めたが、市参事会員を含む多くの市民が教区教会側に立ったためこれを断念している。市参事会は決してカトリック共同体との「断絶」を望んでいたわけではなかったが、5月下旬から6月にかけてのニュルンベルク周辺の農民による貢租や十分の一税の支払い拒絶を訴える暴動やそれを支援する市内の市民や手工業者たちの動きも、市参事会の判断に大きな影響を与えた[12]。帝国都市としてニュルンベルクは皇帝に対し申し開きを行わなければならない立場に追い込まれた。だが、このとき市参事会は民衆反乱の危険性を盾に撤回断念の弁明を行っている。さらに9月にはバンベルク司教より両教区主任司祭とアウグスティノ隠修士会修道院長への破門宣告と罷免が言い渡されるが、1514/17年にすでに両教区教会の保護権を獲得していた市参事会はこれを無視した[13]。

　ニュルンベルクの市参事会の方向転換が明らかとなるのは1524年12月12日ウルムでの帝国都市会議に参加していた諸都市からカール5世に宛てられた書簡においてである。この中で彼らは皇帝に対する忠誠を表明する一方、キリストのことばと福音を「墓の中まで」信奉するとも

宣言し、さらにこの福音への信奉は皇帝も教皇も禁ずることはできないと述べている[14]。そして市参事会はチューリッヒをモデルに公開の宗教討論会を企画する。1525 年 3 月 3 日〜 14 日に市庁舎のホールで開催された宗教討論会の結果、ついにニュルンベルクの宗教改革導入は決定的となる[15]。

2 　市民や助任司祭たちによる異議申し立て

1）ニュルンベルクの請願システムと史料について

　宗教改革前の一般のカトリック信徒たちにとって最も重要な教義のひとつと思われる死後の魂の救済のための儀礼が廃止されたことは、都市の上層階層にルター主義が浸透していたとはいえ、ニュルンベルクの市民や住民、下級聖職者たちの一定数に強い衝撃を与えたことは想像できよう。実際に市参事会の議事録からは、宗教改革導入期である 1524 年 6 月〜 1525 年 6 月の約 1 年間においても、少なくとも 10 件の市民や聖職者からの請願があり、市参事会にてのべ 19 回取り上げられたことが確認できる[16]。

　ニュルンベルクの請願システムについては、史料としての請願書そのものが残っていないこともあり、詳細は不明な点もあるが、上述の通り、市参事会の議事録からは市民や聖職者による請願が度々議題として上がっていたことが読み取れる。しかしながらニュルンベルクの議事録はあくまで市参事会内での覚え書きに過ぎなかったため、議事録を頼りに請願内容の詳細を知ることは困難な場合が多い[17]。だが事案によっては市参事会が都市の法律顧問団に助言を求めており、その回答として法律顧問団が作成した法鑑定書から請願内容を推し量ることは不可能ではない。従って本稿ではこの法鑑定書から詳細が分かる教区教会の助任司祭たち（本節第 2 項①）、市民カスパー・ショッパー（本節第 2 項②）、バルバラ・ショイヒ（本節第 3 項）、タウハー兄弟の寡婦たち（本節第 4 項）の

宗教改革導入にともなう死者追悼儀礼廃止に対する請願

189

4件の請願を例に、考察を進めていく。

　考察に入る前に、前提となる知識としてニュルンベルクの法律顧問団について触れておこう[18]。ニュルンベルクの法律顧問 Ratskonsulent/ Advokat の存在は、すでに 14 世紀には史料上で確認されている。1366年からは都市の常勤の役職となり、給与も支払われていた。15 世紀後半、市参事会はローマ法の継受を決断し、これにより法律顧問も増員されることとなった。市参事会は高レベルの法知識を持つ法律家を集めようと尽力し、彼らとは通常 2 〜 5 年の契約を結んでいた。

　1516 年の時点では、法律顧問団は大きく 2 つのグループに分けられていたことが確認できる。第 1 のグループは 5 〜 6 人で形成され、法律家として市参事会のために法鑑定書[19]を作成したが、それだけではなく、高度な法知識を持つ交渉人、外交官として都市を助けることもあった。都市のために困難な交渉に参画し、時には都市の外交使節団にも加わっていたのである。第 2 のグループは 4 人で構成され、主に都市裁判所の陪席判事としての職務を果たした。しかし彼らは裁判所で弁護人として働くこともあった。またニュルンベルクの法律顧問は、ニュルンベルクのためだけでなく、周辺の他都市のために法鑑定書を作成することを求められることがあり、これにも応じていた。この点からもニュルンベルクの法律顧問たちの水準の高さが推し量られよう。

2）死後の魂の救済の問題か、それとも聖職禄（生計）の問題か
①教区教会助任司祭たちの請願

　前章で述べた通り、ニュルンベルクでは聖ゼーバルトと聖ローレンツ両教区教会の主任司祭および説教師の主導のもと、1524 年 6 月 1 日にこれらの教会でルター派の教義に則った新しい規定が採用された。だが、この変更に対して最初に訴えを起こしたのは、彼らの監督下にあった両教区教会の助任司祭たちであった。1524 年 7 月 7 日付の市参事会の議事録には、両教区教会の助任司祭たちの請願書を学識者たち（＝法律顧

問団）に諮問したと記載されているが、その内容は定かではない[20]。しかしながら、同日付で作成され、この事案に対する回答と思われる法鑑定書によれば、「聖ローレンツ教会と聖ゼーバルト教会の助任司祭と礼拝堂付助任司祭たちは、命日ミサの廃止について自分たちの生計が成り立たないなどと、訴状をもって請願し苦情を訴えた」ことが分かる。結論から言えば、法律顧問団は助任司祭たちの請願に対して「市参事会は何もできない」と回答している。なぜなら「命日ミサの廃止は両教区教会の主任司祭や監督者たちによって命じられており、市参事会が知る所以も認める所以もない」というのがその根拠である[21]。

　また、法律顧問の１人であるマルジーリ博士は両教区教会のそれぞれに知人の聖職者がおり、彼らに訊ねたところ、彼らはこの請願の件を知らず、「この請願は、命日ミサによる収益を「拾い集める」聖職者によって行われたのではないか」と考えていたとのことである。ゆえにこの請願は全ての助任司祭によって行われたものではないと断定し、命日ミサを重要な年収とする聖職者たちが減収を心配して訴えたと判断した。さらにこの請願の中では、魂の救済はほとんど顧慮されていないことも問題視している[22]。このように聖職たちは減収を心配しているに過ぎないという指摘は、後述のカスパー・ショッパーの請願に対する回答（本節第２項②）でも述べられている。

　法律顧問団の回答を得たニュルンベルク市参事会は、２日後の７月９日に請願を行った助任司祭らに対して、「両教区教会で行われた命日ミサの変更と廃止は市参事会の判断と命令とは関係なく行われたものであり、従って今回助任司祭たちの訴えに対して市参事会は回答を与えることはない」と伝えた。さらに市参事会はこの件については熟慮することを望み、助任司祭たちには彼らが行った請願についてさらなる意見の表明を求めた[23]。

②市民カスパー・ショッパーの請願

　同じ月である7月21日の市参事会では、市民のカスパー・ショッパーが100年以上前に祖先であるペーター・ショッパーによりドミニコ会修道院に設置された命日ミサと永灯の件で請願していることが、議事に上っていた[24]。さらに10月31日の議事録にも「ドミニコ会修道院にカスパー・ショッパーの両親が寄進した命日ミサに関する」議案があり、この案件も同じくショッパー家がドミニコ会修道院に寄進した命日ミサに関する請願であることが確認できる[25]。この請願を行ったカスパーが属するショッパー家とは、1267年の証書にすでに「市民」として登場し、現存する最古の1318年の市参事会員リストにもその名を連ねる名門家系である。ニュルンベルクの都市門閥は1521年のいわゆる舞踏条例により42家系（後に43家系）に閉鎖され、さらにこの42家系は3つのランクに分けられたのだが、ショッパー家は第1ランクに数えられていた。しかし実際にはショッパー家は1435年から凋落の兆しが見え始め、1489年に亡くなったカスパー・ショッパーを最後に、二度と市参事会員リストにその名が上がることはなかった。この請願を行ったカスパー・ショッパーについては、ショッパー家の人物であるということしか分かっていない[26]。

　7月に受理されたカスパーの請願は、実は、すぐには法律顧問団に諮られなかった。10月31日になってはじめて諮問され[27]、11月2日に法律顧問団から回答を得ている[28]。ここで注目すべき点は、7月21日と10月31日の市参事会議事録には、カスパー・ショッパーの請願 *suplication* あるいは要求 *bege[h]r[e]n* としか記述されていないにもかかわらず、11月2日の法鑑定書には、ドミニコ会士たちによる訴えと加わっている点である。この法鑑定書を受けて、11月5日の市参事会の議事録も、「ドミニコ会士たちとカスパー・ショッパーに対し法律顧問団により助言された通りに回答を与える」という表現に変化している[29]。法律顧問団は、この請願は「かつてショッパー家の人物が寄進し、遺言

書によって、ドミニコ会修道士によりドミニコ会修道院で毎年（地代の支払いに対して）行われるべきと訴えている命日ミサの件で」行われたものであり、一方修道士たちの訴えは、彼らはショッパー家の家督相続者と協力して命日ミサの手配をし、寄進の際の条件に従ってミサを挙げるが、それにはドミニコ会に地代が支払われなければならないと解釈した。そしてこの請願に対し、市参事会は現時点ではドミニコ会の修道士たちの訴えには応じず、ショッパー家の遺言執行人、寡婦、遺児たちに「少しの間沈黙し我慢するよう」求めるか、あるいは今回の案件は類似の他の案件も含めて時間をかけてそれに対する準備をした上で議論され諮問されると伝えるよう助言している[30]。この回答を受けて市参事会では、「ドミニコ会修道士たちとカスパー・ショッパーに対して、法律顧問団によって助言された通りに回答を与える。そして学識者たちには、すみやかに今回や他の類似の寄進（Stiftung）と魂を救済するための寄進（Seelgerät）の諸事例に関して、何が正しいのか文書にするよう命じ、加えてドミニコ会士からは何が良心において義務とされるのか聴取する」ことが決議された[31]。ここでは市参事会はドミニコ会修道士たちに対し、彼らの訴えが死後の魂の救済の問題に起因するものなのか、それとも寄進から得られる収入に起因する問題であるのか確認したかったのであろう。法律顧問団は、前回の教区教会の助任司祭たちに対してと同様、ドミニコ会士たちも減収への心配から請願を起こしているとの見解を示しているが、それに対し市参事会は聖職者たちに再度、魂の救済の問題を問いただそうとする態度がみられ、市民の魂の救済が市参事会の関心事であったことが窺える。

　カスパー・ショッパーの請願に関しては、もう１つの問題が浮かび上がってくる。助任司祭たちの請願に対しては、市参事会はすぐに回答を示したのに対し、なぜカスパー・ショッパーの場合は約3ヶ月もの間、保留にされていたのだろうか。1524年10月の市参事会議事録に、この問いに対する解答となりうる決議が存在する。10月7日の市参事会は、

今後も命日ミサのために寄進された財産などから収入を得てもよいか熟考し、方法を模索することを決めている[32]。そして10月12日には、両教区主任司祭と教区教会は、それまでに行われたすべての魂の救済のための寄進と、富者の喜捨[33]、家住み貧民への喜捨について、それらからの地代や租税などの収入を市が管理する同一の金庫へ移行することを決定した条例に従って速やかに取り組み実行し、またその条例の施行に信頼できる人物を充てるよう努力することを決議している[34]。1522年の喜捨条例により、ニュルンベルク都市当局は貧民救済事業の組織化に着手していたが、まだこの時点では財源は市民からの寄進に頼っていた。しかし1524年からの宗教改革導入によって教会財産は市参事会の管理下に置かれるようになり、貧民救済に当てることのできる財源が一気に増加した。その資産管理のため、市参事会は1525年、以前から存在していた都市喜捨局 Stadtalmosenamt に対し、新たにラント喜捨局 Landalmosenamt を創設し、それまで市内の各教会、修道院、施療院、喜捨組織などが所有していた財産をこのラント喜捨局の下にまとめ、一元的な管理を行えるようにした[35]。カスパー・ショッパーの請願が行われた時期は、ちょうど財源の移行が問題となっていた時期でもあったため、市参事会は回答を保留していたと考えられる。

3）契約の問題か、それとも聖職禄の問題か――市民バルバラ・ショイヒの請願

　市民からの訴えは、死者追悼儀礼廃止に対する異議申し立てには限らなかった。命日ミサ廃止に対して訴えを起こす聖職者に異を唱える請願も存在したのである。次に市民バルバラ・ショイヒ[36]の件を検討しよう。ここで問題となっているのは、聖ローレンツ教区教会にある聖アンデレ祭壇の聖職禄についてである。この祭壇の聖職禄をかつて所有していた聖職者は、アンスバハの聖堂参事会員であり、請願者バルバラ・ショイヒの内縁の夫でもあったエアハルト・ショイヒであった。エアハルトは

すでに 1515 年に他界しており、この時バルバラは寡婦であった。彼女自身も市民権を得ていたことが他の史料より確認できる。またバルバラ・ショイヒが訴えた聖職者の名はウルリヒ・メッケンハウザー[37]というが、バルバラの旧姓もメッケンハウザーであり、訴えられた聖職者はバルバラの親族であった可能性が高い。

　彼女の請願について最初に確認できる史料は 10 月 25 日付の法鑑定書である[38]。このバルバラ・ショイヒの請願は非常に難しい案件であったようで、この法鑑定書では聖職禄の扱いに関して法律顧問たちの間でも意見が割れていた。そのため、通常は出席した法律顧問全員と 2 名の市参事会員によって起草される法鑑定書が、この時は市参事会員ニコラス・ハラーのみによって執筆されている。まずバルバラ・ショイヒの請願内容について確認しておこう。おそらくこの寄進のために都市金庫 Losungstube から都市債券「永遠の金 Ewiggeld[39]」が購入され、その金利が聖職禄に当てられていた。バルバラ・ショイヒは、この聖職禄の寄進者の相続人であったと思われる。宗教改革導入にともない死者追悼儀礼が廃止されたのだが、「彼女はこれ（＝都市債券の金利）を返却してほしいとは思ってはいないが、他のしかるべきところで使ってほしい」と訴えたのである[40]。しかしこの金利を聖職禄として受け取っていた助任司祭ウルリヒ・メッケンハウザー（この法鑑定書では「聖職者」としか書かれていないが 1525 年 4 月の市参事会議事録に氏名が記載されている[41]）は、これは契約であるとして異議を申し立てた。バルバラ・ショイヒの請願は、メッケンハウザーに対する逆異議申し立てであった。

　4 名の法律顧問たちのうち、ヨハン・プロッツァー博士とヨハン・ヘプシュタイン博士は、この聖職者の収入は保証されるべきとの見解を示している。誰も彼が所有するものを不当に奪うべきではないし、また市参事会がこの件で彼を訴えると、おそらく彼はバンベルク司教のもとへ駆け込むだろう。そうなると小さな火種が大きな火事へと変わる可能性があるとも意見している。従ってバルバラ・ショイヒに対し、市参事会

はメッケンハウザーに何か指示を与えるようなことを望まないし、聖職禄を法でもって奪うことも望んでいないと伝えるよう助言している[42]。

　それに対しクリストフ・ショイルル博士とミヒャエル・マールシュターラー博士は、死者追悼儀礼の廃止という教義の原理原則に重きを置いている。つまり（都市債券からの）金利が聖職禄に使われていたのは命日ミサを挙げるためであり、契約に起因したことではないと両名は認識していた。従って命日ミサが廃止された以上、この金利の転用は可能であるとしている。またこのように支払われていた金利を聖職者たちに再び与える義務はなく、統治機関（オーブリヒカイト Obrigkeit—史料では oberkeit）には、もはや命日ミサがその金利によって挙げられることのない寄進から生じるものを転用する権限があると解釈している。従ってショイルルとマールシュターラーは、市参事会がバルバラ・ショイヒの訴えにそって行動するよう助言している。メッケンハウザーという聖職者は彼の欲のために陳述しているのであって、神と神の言葉に反する悪しき古き慣習には逆らわなければならず、神と神の言葉は人の規約 prescription よりずっと古いものであるのだから、その聖職者が示した規定に従わないよう求めた[43]。

　法鑑定書作成の日付から 2 日後の 1524 年 10 月 27 日に市参事会が行った議決は、バルバラ・ショイヒによる聖ローレンツ教会での命日ミサの寄進を取り消すという請願について、他の同様の寄進に関する問題が解決されるまでの間、我慢して穏やかに協議し、しばらくはその聖職者に彼の地代収入の所有権を放棄させることはないというものであった[44]。ここでもカスパー・ショッパーの請願同様、市参事会は聖職禄の問題の解決に時間をかけるという慎重な姿勢を示している。そして翌年 4 月 24 日の市参事会議事録でバルバラ・ショイヒの事案が再び取り上げられ[45]、4 月 28 日の議事録では、メッケンハウザーに対しては法鑑定書で助言されたことが実施されると書かれている[46]。だが結局は、バルバラ・ショイヒが 1525 年に亡くなったこともあり[47]、メッケンハウザー

は死亡時までこの聖職禄を所有した。彼の死後、1547年にニュルンベルクのラント喜捨局がこの聖職禄の資産を受け継いだことが確認されている[48]。

1525年5月10日、ニュルンベルク市参事会は市内の聖職者たちに、市民になるか都市を離れるか選択するよう決断を迫った。市民になった聖職者には大学へ派遣するなど優遇措置が施されている。また宗教改革導入により、市内の修道院も廃止が決定されたが、しかし最後の修道士が亡くなるまで修道院の存続は認められていた[49]。このように市参事会は決して強引に原理原則に従って宗教改革を推し進めたわけではなく、聖職者の生計や生存に配慮しつつ、できるだけ穏健に都市のプロテスタント共同体化を進めていったのだ。

4）相続の問題か、それとも貧困の問題か——タウハー兄弟の寡婦たちによる請願

市民たちからの請願の中には、死者追悼儀礼の廃止そのものを問題とする訴えのみならず、命日ミサ挙行のために寄進した財源に関する訴えも起こされていた。ここではシュテファン・タウハーとヨルク・タウハー兄弟の寡婦、アナとバルバラの請願を例に検討してみよう。

彼女たちの訴えは、まず1524年8月6日付の史料で確認される。この日の市参事会議事録には「タウハー家が聖ゼーバルト教会に寄進した命日ミサに関する請願やその他の件を学識者たち（＝法律顧問団）に伝える」とある[50]。法律顧問団が法鑑定書を作成した正確な日付は定かではない[51]。しかし法律顧問団の回答をもとに市参事会がアナとバルバラに回答したのは翌年の2月17日[52]のことなので、前節の考察で用いた史料の日付から類推すれば、2月17日の直前に作成されたと考えるのが妥当であろう。

実は訴えを起こした寡婦たちは両名ともその時点ですでに新しい夫を得ていた。それは2月17日の市参事会議事録から判明する。この議事

録の冒頭部分には「シュテファン・タウハーの妻アナ、現在はクンツ・ランゲン（史料ママ）と婚姻」、「イェルク・タウハー（史料ママ）の妻バルバラ、現在はハンス・エルンストと婚姻」とあるのだ。またアナとバルバラの請願内容が、彼女たちの義父ウルリヒ・タウハーの妻（故人）によって聖ゼーバルト教区教会に設置された命日ミサのために寄進された都市債権の利息「永遠の金」4グルデンを彼女たちに譲渡あるいは返却するようにとの要求であったことも、この市参事会議事録から確認できる[53]。請願者たちがすでに再婚していたにもかかわらず、亡き前夫の親族が行った寄進の件で請願が行えたこと、またこの請願が市参事会できちんと諮られていた点は、当時の家族関係あるいは婚姻による相続のあり方を考察する上で貴重な情報となり得るであろう。しかし本稿が問題とするのは、むしろ請願者たちの請願時点での生活状況である。

　1502年に亡くなったバルバラの前夫、シュテファン・タウハーはビール製造業者であり[54]、ニュルンベルク市立文書館にある未刊行史料によれば、現在の夫クンツ・ランクもまたビール製造業者であった[55]。ビール製造業は裕福な職業であり、従って請願時点でアナが貧困に陥っている可能性は非常に少なかったと考えられる。

　他方、バルバラの場合は、1517年に亡くなった前夫ヨルク・タウハーはニュルンベルクでは当時プフラーグナー Pfragner と呼ばれていた製粉業者であった[56]。ニュルンベルクの製粉業者には大製粉業者と小製粉業者の区別があり、製粉小屋所有権の有無が相違していた。大製粉業者とは、相続か婿入りあるいは8年以上製粉業者かパン製造業者として登録されることにより、製粉小屋の所有が許された業者を指す。また限定的だが香辛料販売も許されていた。それに対し小製粉業者は、小麦を大製粉業者あるいは市場から購入することを条件に、製粉小屋での業務を請け負うことが許されていただけであった[57]。ヨルク・タウハーについては、その職業はプフラーグナーとしか記述されていないため、大製粉業者であったか小製粉業者であったかは分からない。しかし彼の父でバ

ルバラとアナの義父に当たるウルリヒ・タウハーも製粉業者であったことは確認できる[58]。バルバラの現在の夫ハンス・エルンストについては、同時代に幾人かの「ハンス・エルンスト」が存在したため断定はできないが、製粉に携わっていた可能性はある[59]。夫の職業からバルバラの生活状況を推定するのは難しい。だが彼女が1525年6月19日にコンラート・ハラーから8グルデンの地代の件で訴えられていたことが他の史料から確認でき[60]、経済状況が芳しくなかった可能性も窺える。

　カスパー・ショッパーの件同様、市参事会はこの請願に対しても、しばらく慎重な姿勢をとり決議を保留していたようである。だが、2月17日の市参事会議事録には「［法律顧問団の］法鑑定書に従って回答を与える」とあり、最終的に市参事会は法律顧問団の助言に従いアナとバルバラに回答を与えていた[61]。この法鑑定書からも彼女たちは、亡くなった前夫たちの両親が都市金庫に100グルデンを支払って都市債券「永遠の金」を購入し、その金利でもって永遠の命日ミサを寄進したが、この命日ミサは現在は挙行されていないので、その金を彼女たちへ返却するよう、要求していたことが確認できる。この件で市参事会は聖ローレンツ教会と聖霊施療院の説教師、市参事会の博士たち（＝法律顧問団）3名に、市参事会の対応を諮問した[62]。彼らの一致した意見は次の通りである。すなわち、寄進者たちである彼女らの義父母の意図が、彼らの生計において余ったものを、まさに神の名誉や隣人の利益のため使用しようと欲したことは疑いようがない。宗教改革によって神が神のことばでもって我々を照らし示すまで、命日ミサの寄進は行われていた。しかし今や、神のことばと命令以外、あらゆる手段は至福を得るためには無価値で不必要であり、神への侮辱でさえある。今や人々は知っている。市参事会がタウハーやその他の人々が命日ミサのために寄進した財産を貧民のための共同金庫に入れたことは、より良いことであることを。従ってかつて先祖が命日ミサのために寄進した財産に相続権はなく、返却する義務は市参事会にはない。しかしそれと同時に寄進者たちは、彼らの

貧しい友人がこのことを理解し神の恩寵を得るならば、友人だからと言って彼らを排除するのではなく、むしろ他の貧しい人々と並んで、あるいは先んじて考慮するつもりでいた。もしヨルク・タウハーの残された夫人が現在困窮しているのなら、血統により相続するのではなく、喜捨として与えられることが望まれると[63]。

2月17日の市参事会議事録では、アナとバルバラに対して法律顧問団による法鑑定書に従って回答を与えることが決議されている。共同金庫はこの金（＝寄進された財産）の相続人と承認され、もしバルバラ・エルンスト（史料ママ）から要求があったならば、彼女に対し十分な額の施しが行われるべきであるとしたのである[64]。法律顧問団と市参事会の一致した見解は、命日ミサ設置のために購入された都市債券「永遠の金」を返却する必要はなく、その資産は都市の貧民救済のため共同金庫に入れられるべきとのことであった。そして貧困を理由に寄進の返却を求める要求があった場合には、相続に由来するのではなく、貧民救済のための施しとして与えられることが強調されていたのだった。

おわりに

本稿では、これまではほとんど議論の俎上に載せられることのなかった、プロテスタントに転じた都市における請願から、カトリックの教義や慣習からの移行について考察を試みた。本稿が考察したニュルンベルクにおいては、これら請願は一般市民や下級聖職者が行っており、その内容は死者追悼儀礼廃止そのものに対する苦情、死者追悼儀礼の廃止を望む訴え、死者追悼儀礼廃止を前提とした先祖の寄進した財産の返却を求める請願と多彩であったことが明らかとなった。市参事会は下級聖職者に対して、魂の救済について問い直しながらも、彼らの生計に直結する聖職禄を直ちに停止するような行動には出なかった。市民からの請願に対しては、1525年3月の宗教討論会で市参事会の方針が固まるまで

は、度々法律顧問団に相談するなど慎重に対応していた。今回は請願書そのものが史料として現存しないため、法律顧問団による法鑑定書を主要な史料として用いたが、1525 年 3 月以降に起こされたバルバラ・ロートムント、イェルク・ヴェーレーリン、ユルゲン・コーペルの請願について法律顧問団に助言を求めた形跡がないことも、その傍証となろう[65]。この間、市参事会は教会財産や喜捨のために設立された財団の財産を、都市当局の管理下へと慎重に移していった。そして先祖が寄進した財産返却を求める市民からの声に対しては、最終的に拒絶の姿勢を示した。しかし同時に貧民救済としてであれば、対応可能なことも示しており、必ずしも市民の要望に対し門を閉ざしたわけではない。

本稿の考察で主に用いた法鑑定書という史料の性質上、権利関係について法律顧問団の助言を求める必要のあった案件、すなわち金銭的な問題が絡む事例に議論が集中せざるを得なかった。だがそれ故に、寄進と聖職禄の密接な関係、また死者追悼儀礼の背後にある寄進された資産の問題は、同時代の人々にとって請願に値する重要な事柄であったことが浮き彫りにされたとも言える。本稿の結びにかえて市参事会はカトリック共同体との「断絶」からプロテスタント共同体としての「新生」への移行において、一般市民や下級聖職者の信仰と生計の問題の両面において責任を負っていたことを指摘しておこう。

　　＊本稿は文部科学省科学研究費基盤研究（C）研究課題番号：15K02933 の平成 27 年度における研究成果の一部である。

註
1) 個別の都市に関する研究については枚挙に暇がない。そのためここでは宗教改革と都市に関する日独それぞれを代表する 2 つの論文集を挙げる。MOELLER, Bernd (Hg.): Stadt und Kirche im 16. Jahrhundert, Gütersloh 1978; 中村賢二郎・倉塚平編『宗教改革と都市』刀水書房、1983 年。

2) B. メラー著、森田安一・棟居洋・石引正志訳『帝国都市と宗教改革』教文館、1990 年、19-23 頁／ MOELLER, Bernd: Reichsstadt und Refomation, Neue Ausgabe, Tübingen 2011, S. 48-51. 同書の初版は 1962 年、補遺が付けられた増補第 1 版は 1987 年に出版されている。
3) ニュルンベルクの宗教改革導入について：ENGELHARDT, Adolf: Die Reformation in Nürnberg, Bd. 1, in: Mitteilungen des Vereins für Geschichte der Stadt Nürnberg（以下 MVGN と略記）33 (1936), S. 1-258; PFEIFFER, Gerhard: Entscheidung zur Reformation, in: ders. (Hg.), Nürnberg – Geschichte einer europäischen Stadt, München 1971, S. 146-154; SEEBAß, Gottfried: Stadt und Kirche in Nürnberg im Zeitalter der Reformation, in: MOELLER (Hg.): S. 66-86; VOGLER, Günter: Nürnberg 1524/1525. Studien zur Geschichte der reformatorischen und sozialen Bewegung der Reichsstadt, Berlin-Ost 1982; SCHMIDT, Heinrich Richard: Reichsstädte, Reich und Reformation. Korporative Reichspolitik 1521-1529/30, Stuttgart 1986; HAMM, Berndt: Die Reformation in Nürnberg, in: Theologische Literaturzeitung 136 (2011), Sp. 855-874. 本稿の次節も参照のこと。
4) 後述の註 16 を参照。
5) 両教区主任司祭とその保護権については、REICKE, Siegfried: Stadtgemeinde und Stadtpfarrkirchen der Reichsstadt Nürnberg im 14. Jahrhundert. Eine rechtsgeschichtliche Untersuchung, in: MVGN 26 (1926), S. 1-110 を参照。
6) MOELLER, Bernd: Die Reformation und das Mittelalter. Kirchenhistorische Aufsätze, Göttingen 1991, S. 109.（HAMM: a. a. O.（註 3）, Sp. 859 より引用）
7) WRIEDT, Markus: Art. Staupitz, Johann[es] von, in: Lexikon der Reformationszeit, Freiburg i. Br./Basel/Wien 2002, Sp. 722-724; vgl. HAMM, Berndt: Art. Staupitz, Johann[es] von, in: Theologische Realenzyklopädie, Bd. 32, Berlin 2001, S. 119-127.
8) ENGELHARDT: a. a. O.（註 3）, S. 25-28; HAMM: Reformation（註 3）, Sp. 858-860.
9) HAMM: ebenda, Sp. 861.
10) メラー、前掲書（註2）、41 頁／MOELLER: Reichsstadt und Refomation（註2）, S. 66. 実際にはメラーは「市参事会は最初から、あるいは少しの躊躇の後に、民衆の突き上げに譲歩し」宗教改革を導入したと都市と述べているので、ここでは必ずしもニュルンベルクが「最初から」市参事会の主導で宗教改革が導入された都市とは断定されていない。その他、宗教改革導入が早急に進められた都市としてはシュトラースブルク、コンスタンツ、メミンゲン、マグデブルクが挙っている。
11) 註 3 参照。
12) SCHMITD: a. a. O.（註 3）, S. 152-161; VOGLER: a. a. O.（註 3）, S. 88-127. なおニュルンベルクは当時のドイツ都市としては珍しく 1502 年に周辺約 1200 平方キロメートルを支配する領域都市となっていた。
13) PFEIFFER: a. a. O.（註 3）, S. 150 f.
14) HAMM: Reformation（註 3）, Sp. 868.

III　統治について

15) ニュルンベルクの宗教討論会については、早川朝子「ニュルンベルク市当局の再洗礼派理解と市の平和」『アジア文化研究別冊』11 (2002 年)、273-286 頁、273-275 頁を参照。
16) 本稿では史料として、刊行史料 PFEIFFER, Gerhard (Hg.): Quellen zur Nürnberger Reformationsgeschichte. Von der Duldung liturgischer Änderungen bis zur Ausübung des Kirchenregiments durch den Rat (Juni 1524 – Juni 1525), Nürnberg 1968（以下 PFEIFFER: Quellen と略記）を主に利用した。本史料集に掲載されている市参事会議事録を調べたところ、時系列に①両教区教会聖ゼーバルトと聖ローレンツの助任司祭たち：RV67 (1524 年 7 月 7 日付)、RV78（同年 7 月 9 日付）、②カスパー・ショッパー：RV100 (1524 年 7 月 21 日付)、RV194（同年 10 月 31 日付）、RV199（同年 11 月 5 日付）、③タウハー兄弟の寡婦たち：RV134 (1524 年 8 月 6 日付)、RV343 (1525 年 2 月 17 日付)、④イェロニムス・ベスラー：RV142 (1524 年 9 月 26 日付)、⑤エンドレス・メンデル：RV177 (1524 年 10 月 11 日付)、RV178（同年 10 月 12 日付）、⑥バルバラ・ショイヒ：RV188 (1524 年 10 月 27 日付)、RV541 (1525 年 4 月 24 日付)、RV565（4 月 28 日付）、⑦ハンス（またはヨハン）・ハーナーとヴュルツブルクの聖堂参会会員ボリアンダー：RV338 (1525 年 2 月 11 日付)、RV406（同年 3 月 20 日付）、⑧バルバラ・ロートムント：RV625 (1525 年 5 月 12 日付)、RV674 (1525 年 5 月 20 日付)、⑨イェルク・ヴェーレーリン：RV675 (1525 年 5 月 20 日付)、⑩ユルゲン・コーペル：RV688 (1525 年 5 月 22 日付) の計 10 件の請願を確認することができた。
17) 市参事会議事録はドイツ語では通常 Ratsprotokoll と言われるが、帝国都市時代のニュルンベルクでは Ratsverlass と呼ばれ、Staatsarchiv Nürnberg（以下 StAN と略記）に保管されている。StAN, Ratskanzlei, Ratsverlässe, Nr. 1-4456.
18) ニュルンベルクの法律顧問団に関しては DIEFENBACHER, Michael/ENDRES, Rudolf (Hg.): Stadtlexikon Nürnberg, 2. Aufl., Nürnberg 2000（以下 Stadtlexion と略記）の以下の項目を参照：BAUERFEIND, Walter: Art. Ratskonsulenten, S. 858; ders. Art. Ratschlagbücher, S. 857.
19) ドイツ語では通常 Rechtsgutachten と言われるが、帝国都市ニュルンベルクでは Ratschlag と呼ばれ、StAN に保存されている。StAN, Ratskanzlei, Ratschlagbücher, Nr. 1-115.
20) PFEIFFER: Quellen（註 16), RV 67.
21) Ebenda: Ratschl. 5.
22) Ebenda.
23) Ebenda: RV 78.
24) Ebenda: RV 100.
25) Ebenda: RV194.
26) ショッパー家については FLEISCHMANN, Peter: Rat und Patriziat in Nürnberg, Bd.

2, Nürnberg 2008, S. 1138-1143. 請願者カスパー・ショッパーについては ebenda: S. 1143.
27）PFEIFFER: Quellen（註 16）, RV 194.
28）Ebenda: Ratschl. 14.
29）Ebenda: RV 199.
30）Ebenda: Ratschl. 14
31）Ebenda: RV 199.
32）Ebenda: RV170「両教区司祭館で再度十週間の収入に対して支払いが行われること……。それと並んで、この後もそのような寄進された命日ミサからあるいは他の方法から得られた収入を得ることができるかどうか、速やかに考慮し方法を模索すること。」
33）1388 年に市民ブルクハルト・ザイラーにより設立され、その後多くの市民たちによる追寄進を受けた貧民救済のための基金。管理は市参事会に委ねられていた。BEYERSTED, Horst-Dieter: Art. Reiches Almosen, in: Stadtlexikon, S. 872.
34）PFEIFFER: Quellen（註 16）, RV 179.
35）RÜGER, Willi: Mittelalterliches Almosenwesen. Die Almosenordnungen der Reichsstadt Nürnberg, Nürnberg 1932, S. 37-47, besonders S. 41 ff.
36）バルバラ・ショイヒについて：Stadtarchiv Nürnberg（以下 StadtAN と略記）: GIS. 180 (Daterbank Personen allgemein).
37）KIST, Johann: Die Matrikel der Geistlichkeit des Bistums Bamberg 1400 – 1556, Würzburg 1965, Nr. 4267.
38）PFEIFFER: Quellen（註 16）, Ratschl. 13.
39）「永遠の金 Ewiggeld」とは、都市の金庫 Losungstube から購入する都市債券の利息のことをいう。債権者から取消しや返還を求めることはできない。Vgl. Art. Ewiggeld, in: HEYDENREUTER, Reinhard/PLEDL, Wolfgang/ACKERMANN, Konrad: Vom Abbrändler zum Zentgraf. Wörterbuch zur Landesgeschichte und Heimatforschung in Bayern, 3. Aufl., München 2010, S. 66-67. 本史料では「寄進のために［都市］金庫で購入した金利 Zins」としか書かれていないが、他の同時代のニュルンベルクの教会関連証書（StAN, Rep. 8）には都市金庫から〇〇グルデンの永遠の金を購入し、その金利を寄進に当てる旨の記述を頻繁に目にするので、ここでの Zins は都市債券「永遠の金」の金利を指していると考えるのが妥当であろう。
40）PFEIFFER: Quellen（註 16）, Ratschl. 13.
41）Ebenda, RV 541（1525 年 4 月 24 日付）; RV 565（1525 年 4 月 28 日付）.
42）Ebenda, Ratschl. 13.
43）Ebenda.
44）Ebenda: RV 188.
45）Ebenda: RV 541「バルバラ・ショイヒの請願を聖ローレンツ教会の助任司祭ウル

リヒ・メッケンハウザーにはっきりと示し、彼の返答を聴取し、学識者たち（＝法律顧問団）に申し伝える。……」

46） Ebenda: RV 565「バルバラ・ショイヒに彼女の寄進について学識者たちの法鑑定を示す。同時に助任司祭ウルリヒ・メッケンハウザーに対しても。……」
47） StadtAN: GSI 180（註 36）.
48） WINKLER, Johann: Der Güterbesitz der Nürnberger Kirchenstiftungen unter der Verwaltung des Landalmosenamtes im 16. Jahrhundert, in: MVGN 47（1956）, S. 160-296, hier: S. 182.
49） PFEIFFER: Entscheidung（註 3）, S. 153.
50） PFEIFFER: Quellen（註 16）, RV 134.
51） Ebenda: Ratschl. 30. この史料の日付は不明であり、刊行史料では「2 月 17 日以前」と記されている。
52） Ebenda: RV 343.
53） Ebenda.
54） BURGER, Helene（Hg.）: Nürnberger Totengeläutbücher, T. 1: St. Sebald 1439 – 1517, Neustadt a d. Aisch 1961, Nr. 4898; ebenda, T. 2: St. Lorenz 1454 – 1517, Neustadt a. d. Aisch 1967, Nr. 3754.
55） StadtAN, B14/II, Bd. 17, Bl. 130v「ステファン・タウハーの寡婦アナ、現在ビール製造業者のクンツ・ランクと婚姻……」
56） BURGER（Hg.）: a. a. O., T. 1: St. Sebald（註 54）, Nr. 6449.
57） BEYERSTED, Horst-Dieter: Art. Pfragner, in: Stadtlexikon, S. 824.
58） BURGER（Hg.）: a. a. O., T. 1: St. Sebald（註 54）, Nr. 3831.
59） Ebenda, T. 3: St. Sebald 1517-1572, Neustadt a. d. Aisch 1972, Nr. 5104（†1554）「ハンス・エルンスト　粉引き　インネン・ラウフ門前に居住」
60） StadtAN, B14/II, Nr. 21, Bl. 77r.
61） PFEIFFER: Quellen（註 16）, RV 343.
62） Ebenda: Ratschl. 30.（この法鑑定書にはこの年の法律顧問 5 名の内、ミヒャエル・マールシュターラーとヴァルフィル・パウムガーの名がないので、代わりに聖ローレンツ教会と聖霊施療院の説教師か出席したものと思われる。法律顧問団の氏名は StAN, Rep. 62: Amtsbücher, Nr. 44（1524 年）と Nr. 45（1525 年）の「Bestellte dortors der Rechten」の項目にて確認。）
63） Ebenda.
64） Ebenda: RV 343.
65） 註 16 の⑧～⑩を参照。

IV

信仰のはざまで

第 2 次アルプハーラス反乱再考
―― レコンキスタ運動はいつ終焉したのか ――

関 哲行

はじめに

　1492 年にカトリック両王がグラナダ王国の首都を攻略すると、20 万人以上のムスリムがムデハル（キリスト教徒支配下のムスリム）として、カスティーリャ王国に編入された。グラナダ攻略後、アンダルシーアや新カスティーリャ地方の「旧キリスト教徒」――定義については次頁参照――が、主要都市や戦略拠点を中心に入植する一方、ムデハルは信仰の自由と自治権を保障されながら、グラナダ市のアルバイシン地区、グラナダ平野や「旧グラナダ王国」北東部のアルプハーラス地方などの村落に集住した。これらのムデハルへの改宗活動を当初、担ったのは、初代グラナダ大司教タラベーラ（在位 1492 〜 1507 年）である。しかしアラビア語を使った「平和的手段」による改宗活動は十分な成果を上げることができず、イサベル 1 世（在位 1474 〜 1504 年）の聴罪司祭で異端審問長官でもあったシスネーロスが、改宗活動の実権を掌握する。シスネーロスは、ムデハルに信仰の自由や自治権を認めた 1491 年の降伏協定を無視し、多くのムデハルの強制改宗、コーランの焼却やモスクの教会への改変といった強圧的な改宗政策を断行した。こうした中で 1501年、アルバイシン地区やアルプハーラス地方でムデハル反乱が勃発する。第 1 次アルプハーラス反乱である。「モザイク国家」スペインの政治・

宗教的統合を重視するカトリック両王は、これを降伏協定違反とみなし、1502年、ムデハル追放令を発して、カスティーリャ王国のムデハルに改宗か追放かの二者択一を迫った。多数のムデハルが改宗しモリスコ（改宗ムスリム）となったが、実質的な強制改宗であり、モリスコのイスラーム的習俗の根絶は容易ではなかった[1]。

イスラーム的習俗を保持する「新キリスト教徒」のモリスコは、「旧キリスト教徒」——4世代を遡って異教徒の「血」が混じっていないキリスト教徒——にとって、「偽装改宗者」もしくは「ムスリムの同盟者」と映じた。そこでカルロス1世（在位1516～56年）は、1526年の王令で、「コーランの言語（アラビア語）」の使用禁止とスペイン語の使用強制、日曜ミサへの参列義務、安息日である日曜日の労働禁止、イスラーム的舞曲の禁止、通常の居住地からの移動制限、半月マークの着用強制などを命じた。しかしカルロス1世（神聖ローマ皇帝カール5世）は当時、宗教改革やイタリア戦争に忙殺されており、また「旧グラナダ王国」の有力モリスコからの要請もあって、この王令の実施を延期する[2]。

1556年に即位したフェリーペ2世（在位1556～98年）は、父カルロス1世の王令を継承し、その実施に全力を傾注する。それが第2次アルプハーラス反乱の直接的契機となる。本稿の目的は「旧グラナダ王国」の転換点となる第2次アルプハーラス反乱を、「旧キリスト教徒」の「他者」認識、モリスコ教化のための「平和的手段」、国際情勢、追放後のモリスコという視点から検証し、その歴史的意義を再検討しようとするものである。キリスト教とイスラームの間を往来し、「再生」と「断絶」を繰り返したモリスコは、コンベルソ（改宗ユダヤ人）と並び、近世スペインを代表する宗教的マイノリティに他ならない。

1　「他者」としてのモリスコ

「新キリスト教徒」としてのモリスコは、言語、習俗、ムスリム名、

食文化を含む「イスラーム文化」全般の放棄を求められた。とりわけ重視されたのは言語と習俗であり、支配言語であるスペイン語の習得、「コーランの言語（アラビア語）」やイスラーム的習俗の放棄、カトリックの宗教儀礼への参加を強要された。しかし「イスラーム文化」の根絶は容易ではなく、「旧キリスト教徒」のモリスコへの差別と偏見、従って異化の温床ともなった[3]。

　同化の指標ともいうべき支配言語（スペイン語）能力は、有力モリスコか否か、都市在住か農村在住かによって大きく左右された。都市在住で商業活動に従事し、官職や貴族身分を保有する有力モリスコは、スペイン語に堪能で識字率も高く、ラテン語能力すら兼ね備えていた。手工業や小売商業に携わった都市在住のモリスコ民衆も、職業上「旧キリスト教徒」との接触が多く、文字言語能力はともあれ、オーラル言語としてのスペイン語能力は高かった。他方、農村在住で住民の大多数がモリスコ農民から構成されるモリスコ村落では、支配言語の習得率は大きく低下する。スペイン語の使用強制にもかかわらず、モリスコ村落ではアラビア語やムスリム名が使用され続け、スペイン語の農業契約文書の作成にあたっては、通訳を必要とした。改宗後も自分と家族の洗礼名を知らず、ムスリム名で呼び合うモリスコすら、少なくなかったのである[4]。

　スペイン語能力の点でもう1つ注目すべきは、男女間の性差である。モリスコ女性は都市在住か農村在住かを問わず、「旧キリスト教徒」との接点が少なく、あるいはほとんどなく、家庭内言語としてのアラビア語をオーラル言語として保持した。16世紀後半〜17世紀初頭のバレンシア地方——第2次アルプハーラス反乱までのグラナダ地方と共に、モリスコ人口の比重が高いことで知られる——の裁判所で証言したモリスコ女性のうち、3分の2がスペイン語通訳を必要としたということからも、それは傍証される[5]。

　アラビア語と同様、イスラーム的習俗の排除も容易ではなかった。改宗後もモリスコは豚肉を忌避し、伝統的手法で屠殺された食肉のみを摂

取したばかりではない。ムスリム時代の伝統的な衣服や靴、髪型を維持し、安息日（金曜日）の清浄儀礼、可能であればラマダーン月の断食や割礼すら強行した。出産、結婚、葬儀についても同様で、新生児の顔に星のマークを付けたり、受洗後の新生児の塗油を自宅で洗い落とした。結婚式では新婦にヘンナを施し、法的には禁じられている「ウラマー」を同席させたし、葬儀に際しては、死者の顔をメッカの方向に向け、横臥させた上で、旧モスクを転用した教区教会の墓地などに埋葬した。安産祈願や病気、事故から身を守るため、コーランの一節を記した紙片を護符として持ち歩くのも、日常的光景であった。出産、結婚、終油、葬儀への「旧キリスト教徒」助産婦や教区司祭の立会いを規定した、1580年のモリスコ教化指示書は、モリスコとりわけ農村在住モリスコの間で、イスラーム的習俗の根絶がいかに困難であったかを端的に示している[6]。

　マジョリティ社会への同化に階層差や地域差があることは否めないにしても、概して農村在住モリスコと女性は、都市在住モリスコや男性より同化水準が低かった。農村在住モリスコと女性は、改宗後も内面的にはムスリムであり続けたのであり、両者にあっては、イスラーム時代との断絶以上に連続性が顕著である。こうした中にあって「他者」であるモリスコ教化、イスラーム的習俗根絶の手段として、教会が特に重視したのが、兄弟団 cofradía——これについては後述する——と初等学校である[7]。

　兄弟団と並びモリスコ教化のための「平和的手段」として機能したのが、モリスコの子供たちを対象とした初等学校である。イエズス会は16世紀半ばに、グラナダ大司教ペドロ・ゲレーロ（在位 1546 〜 76 年）の要請を受け、グラナダ市内にモリスコの子供たちのための初等学校を設立した。この初等学校を管理・運営したのが、グラナダのモリスコの家に生まれたイエズス会士フアン・デ・アルボトードであった。アルボトードはモリスコの多いアルバイシン地区の中心部に初等学校を設立し、400 人のモリスコの子供たちにアラビア語による宗教教育とスペイン語

教育を施した。アルボトードはアルバイシン地区のみならず、アルプハーラス地方でもモリスコ教化に努め、グラナダの多数のモリスコに慕われたイエズス会士であった。バレンシア地方のモリスコ教化やイスラーム世界へのカトリック伝道に携わり、1609年のフェリーペ3世（1598～1621年）によるモリスコ追放に反対した、イエズス会士イグナシオ・デ・ラス・カサスは、この初等学校で教育を受けたモリスコの子供たちの1人である[8]。

　しかしながら初等学校や兄弟団という「平和的手段」によるモリスコ教化策は、長い時間と忍耐を必要とし、短期間での成果を求めるフェリーペ2世の強圧的なモリスコ教化策と相いれなかった。抑圧的なモリスコ教化策が支配的となる中で、モリスコ急進派が蜂起し、「平和的手段」によるモリスコ教化策も放棄される。イエズス会が「血の純潔規約」を受け入れ、コンベルソやモリスコといった「新キリスト教徒」の入会を禁止するのは、第2次アルプハーラス反乱後の1593年のことであった[9]。

2　モリスコ反乱と兄弟団

　グラナダ地方のムデハル改宗、モリスコ教化に取り組んだ初代グラナダ大司教タラベーラは、カトリック両王側近の有力コンベルソ（改宗ユダヤ人）の1人であった。コンベルソ出身ということもあり、タラベーラは「平和的手段」によるムデハル改宗とモリスコ教化を模索し、そのための手段として兄弟団を重視した。16世紀初頭のものと推定される覚書の中で、タラベーラは「汝ら（モリスコ）は存命中も死去に際しても相互扶助すべく、キリスト教徒と同様の兄弟団を有すべし」、「汝ら（モリスコ）は、それ（施療院）を必要とする貧しい病人が治療され、また慰められる1ないし2の施療院を有すべし。それらは（施療院）は汝らの間でなされる、あるいは求められる施しによって支えられるべし」

と述べている。ここにはモリスコ教化の手段、王権と教会による社会統合の一環としてのモリスコ兄弟団の重要性が示されている。こうした兄弟団と施療院 hospital での救貧活動は、差別と偏見に晒されたモリスコの相互扶助、社会的結合装置として機能し、ムスリム的慈善活動の伝統を持つモリスコにとって、違和感なく受容されたに違いない[10]。

17世紀初頭のモリスコ追放により、モリスコ兄弟団関連の直接的史料がほとんど失われる中で、興味深いのは、1542年のグラナダ市の有力モリスコ、ゴンサロ・フェルナンデス・エル・セグリの遺言状である。ゴンサロ・フェルナンデスは、ナスル朝時代のムスリム貴族でマラガ城代であったが、グラナダ陥落後の1499年に改宗し、スペイン王権のグラナダ統治に積極的に「協力」した。モリスコ教化や貧民、孤児の救済にも尽力し、その功績を認められて、16世紀初頭、グラナダ市の上級都市役人であるレヒドールに任命され、都市寡頭支配層の一翼を担った。下級貴族の称号と有力「旧キリスト教徒」の閉鎖的兄弟団への加入を許され、マジョリティ社会での社会的上昇に成功した、有力モリスコであった。複数の兄弟団への多重所属を基本とする有力モリスコの1人として、ゴンサロ・フェルナンデスは、後述するモリスコ兄弟団「我らが救世主イエス・キリストの聖なる復活兄弟団 Cofradía de la Santa Resurrección de Nuestra Redentor Ihesucristo」にも所属していたとみて大過あるまい[11]。

アロンソ・デ・グラナダ・ベネガス、エルナンド・デ・コルドバ・イ・バロルも、16世紀のグラナダ地方を代表する有力モリスコである。ベネガス（グラナダ・ベネガス）家はナスル朝の王族で、グラナダ王国東部の都市バーサやアルメリーアなどを領有したヤフヤー・アンナヤールに起源をもつ。ナスル朝の内紛に乗じたカトリック両王の軍事的圧力が強まる中、ヤフヤー・アンナヤールはバーサやアルメリーアなどをカトリック両王に引き渡すと共に、カトリックに改宗し、ペドロ・デ・グラナダと称した。改宗した「協力派」のペドロは、多くの所領を安堵され、征服後のグラナダ王国においても、有力モリスコとしての地位を維

持した。そのペドロの息子が、第 2 次アルプハーラス反乱時のベネガス家当主アロンソである。穏健派モリスコを代表するアロンソは、イサベル 1 世側近の女官と結婚し、貴族に列せられたばかりか、モリスコ民衆の信頼も厚く、第 2 次アルプハーラス反乱では、フェリーペ 2 世と反乱軍の調停にあたっている。バロル家はウマイヤ家の末裔を称するグラナダ王国東部の有力ムスリムで、アルプハーラス地方の村落バロルなどに所領を有した。15 世紀末に改宗し、16 世紀半ばには当主エルナンドが、グラナダ市のレヒドールに任命されている。第 2 次アルプハーラス反乱の指導者に選出され、「カリフ」を称するのは、このエルナンドに他ならない[12]。

　こうした有力モリスコが一部に確認されるにしても、モリスコの多くは「新キリスト教徒」として、「旧キリスト教徒」の差別と偏見に晒され、マジョリティ社会の底辺に放置された。当然、「旧キリスト教徒」の伝統的兄弟団への加入を認められず、独自の兄弟団を模索しなければならなかった。グラナダ市のモリスコ集住地域である、アルバイシン地区のモリスコ男性会員を主要会員として結成され、多様な階層のモリスコ男性会員を含む、「我らが救世主イエス・キリストの聖なる復活兄弟団」は、その典型である。同兄弟団は、1560 年に有力モリスコ商人を中心に組織され、手工業や小売商業に従事したアルバイシン地区の多数のモリスコ民衆が参加したことで知られる。グラナダ大司教ペドロ・ゲレーロの承認を得て発足し、モリスコ出身のイエズス会士アルボトードが関与した同兄弟団は、モリスコの教化、マジョリティ社会への同化の上で重要な役割を担った。有力モリスコ家門であるベネガス家やバロル家も、この兄弟団に所属していた可能性が大きい[13]。

　フアン・フェルナンデス・モファダールは、「我らが救世主イエス・キリストの聖なる復活兄弟団」の初代代表であり、同兄弟団は、併設した施療院で病人や貧民を対象とした慈善活動を展開する一方、施療院に本部を置き、そこで年 1 回の総会を開催した。復活祭の時期に開催され

た総会で、兄弟団代表——施療院兄弟団代表を兼任——や会計係などの役職者が選出され、会員の親睦のための祝宴と宗教行列が行われたものと思われる。1562年の兄弟団関連文書に名を連ねた26人のモリスコは、同兄弟団創設に深くかかわった有力モリスコであり、アルバイシン地区の多数のモリスコ民衆も同兄弟団に加入した[14]。

モリスコ兄弟団会員は、ミサや祝祭への参加、毎月1回の信仰告白、主禱文や天使祝詞、使徒信経の読誦を義務づけられ、モリスコの教化と社会統合に重要な役割を担った。第2次アルプハーラス反乱に、エルナンド・デ・コルドバ・イ・バロルを除き、グラナダ市の有力モリスコがほとんど参加しなかったのは、同兄弟団を介した有力モリスコの同化の進展と無関係ではあるまい。同兄弟団を管理・運営したのは、有力商人の中から選出された1名の兄弟団代表と、基本的に1名の会計係であった。初代兄弟団代表のフアン・フェルナンデス・モファダールは、多くのモリスコから尊敬された商人であったし、最後の兄弟団代表エルナン・ロペス・エル・フェリーも同様である。他の兄弟団の例からみて、兄弟団代表は下級裁判権を行使し、兄弟団の平和維持にあたり、違反者から罰金を徴収したものと思われる。会計係は施療院を含む兄弟団財政の責任者で、兄弟団代表を補佐した[15]。

「我らが救世主イエス・キリストの聖なる復活兄弟団」の運営した施療院は、ムスリム時代の施療院を改変したもので、アルバイシン地区のモリスコの強い要望を受けて維持された。ムスリム時代の施療院との連続性、イエスの名を冠した兄弟団——イエス（アラビア語でイーサー）はムスリムにとって預言者の1人である——は、注目すべきである。兄弟団代表と会計係が施療院の管理・運営に携わる一方、施療院で病人や貧民への慈善活動に直接従事したのは、住み込みで有給の看護師や医者、薬剤師であった。このように同兄弟団は、モリスコ教化と慈善活動に重要な役割を担ったが、第2次アルプハーラス反乱が勃発した1568年に解散を命じられた。フェリーペ2世による強圧的なモリスコ教化策への

反発を強めた、アルバイシン地区のモリスコ急進派——主としてモリスコ手工業者や小売商人から構成——が、同兄弟団の本部の置かれた施療院を拠点に抵抗運動を活発化させ、兄弟団のネットワークを使って反乱軍の資金や武器、兵士を調達した。それが兄弟団解散の主要因であった。反乱軍兵士のリクルートにあたっては、24〜45歳の武器携行可能な男性モリスコのリストすら作成している。王権はモリスコ兄弟団への疑念を強め、アルバイシン地区のモリスコの多くを追放したのみならず、最後の兄弟団代表も国外へ放逐した。モリスコ教化の「平和的手段」として創設された兄弟団は、モリスコ教化の一方で、モリスコ反乱を支える社会的結合としても機能したのである[16]。

3　モリスコ反乱の国際性とプロセス

　第2次アルプハーラス反乱の直接的契機となったのは、1567年のフェリーペ2世の王令であった。敬虔なフェリーペ2世はトレント公会議の決議に従い、信仰の純化を求める王令を発し、カルロス1世時代に策定されたモリスコ教化策の厳格な実施を命じた。3年以内のスペイン語の習得、アラビア語契約文書の失効、アラビア名の禁止、イスラーム的習俗——金曜礼拝、割礼、ヘンナや音楽、沐浴——の禁止、日曜日の労働や奴隷所有の禁止などが、その主たる内容である。しかし住民の大多数を零細な保有農が占める、アルプハーラス地方のモリスコ農民にとって、3年以内でのスペイン語習得は事実上不可能であり、「旧キリスト教徒」領主権力との間で交わされたアラビア語契約文書の失効も、伝統的農業契約の破棄、従って地代の増額を意味した。ムルシア産絹織物の流入や土地の簒奪も、モリスコ農民の貧困化を助長した。それ以上に深刻であったのは、アラビア名の禁止に伴うスペイン名への変更であった。アラビア名の禁止は、アラビア語により維持されてきた伝統的親族関係や部族関係といった、アイデンティティの根幹を破壊するからである。

オスマン帝国の台頭や宗教改革を背景に、モリスコの間に終末論すら浸透し始める中、フェリーペ2世の王令への批判はいっそう強まった。とりわけ批判的であったのは、アルバイシン地区のモリスコ民衆と、アルプハーラス地方やグラナダ平野のモリスコ農民であり、彼らを中心に反乱軍が組織される。アルプハーラス地方を中心に、不法行為を繰り返すモンフィ monfí（モリスコ匪賊）も、マジョリティ社会への異議申し立ての一形態であった。マジョリティ社会にとってモンフィは、非道なモリスコたちの組織したアウトロー集団にすぎなかったが、虐げられたモリスコ民衆にとっては、「失われた正義」の回復を目指す、「聖戦の兵士」と映じた[17]。

　第2次アルプハーラス反乱の出発点となったのは、1568年4月のアルバイシン地区での「旧キリスト教徒」とモリスコの騒擾であり、数名のモリスコが犠牲となった。これに激高した一部のモリスコ民衆は、モンフィと接点のある急進派のファラス・ベン・ファラス――以下ファラスと略記――の指導下に、アルバイシン地区の「解放」を試みるが、実現しなかった。アルバイシン地区のモリスコも社会・経済格差や同化水準に落差があり、決して一枚岩ではなかった。こうした中でファラスと並ぶ急進派の指導者エル・サケールは、モリスコ民衆の信任の厚い有力モリスコのエルナンド・デ・コルドバ・イ・バロルを「国王」に推挙、その下でのムスリム王国の再建をアルバイシン地区の急進派会議で提案し、了承された。「後ウマイヤ朝の再興」を期する有力モリスのエルナンドは、逡巡しつつも叔父エル・サケールの提案を容れ、所領のあるアルプハーラス地方に拠点を移した。エルナンドがアルプハーラス地方レクリン渓谷のオリーブの樹の下で、コーランに手を置いて戴冠し、ムーレイ・ムハンマド・ブン・ウマイヤと改名したのは、1568年12月のことであった。アルプハーラス地方の多数のモリスコが彼に臣従し、新たなイスラーム国家の建設を歓迎した。「カリフ」を称したムーレイ・ムハンマドの戴冠は、スペイン王権や教会にとって、半世紀以上に及ぶモ

リスコ同化政策の破綻を意味した[18]。

1）16世紀半ばの国際情勢

　第2次アルプハーラス反乱期にあたる1560〜70年代前半は、スペイン帝国を取り巻く国際情勢が大きく変化する時代であった。最大の脅威はオスマン帝国であり、シチリア副王メディナセリ公麾下のトリポリ遠征軍は壊滅的打撃を被った。1571年のレパントの海戦でこそオスマン海軍を撃破するものの、東地中海の軍事上の要衝キプロス島を失い、東地中海の制海権を掌握することはできなかった。15世紀末以降、マグリブ地方へ亡命したムデハルやモリスコも、ラバト・サレやテトゥワンを拠点に「旧グラナダ王国」を含む、アンダルシーア海岸への略奪行為を繰り返していた。ピレネー北麓ではユグノーに支えられたアンリ・ド・ナヴァール（後のフランス王アンリ4世）が、モリスコとの関係を深めていたし、1568年にはオラニエ公に率いられたネーデルラントのカルヴァン派が、スペイン帝国からの分離独立運動を開始する[19]。

　第2次アルプハーラス反乱は、こうした国際情勢下に生じており、スペイン王権や教会、「旧キリスト教徒」にとってモリスコ反乱者は、ムスリムやプロテスタントと内通したスペイン帝国の「第5列」とみなされた。それ故フェリーペ2世は、スペイン帝国の人的物的資源の全てを動員して、一刻も早い反乱鎮圧にあたらせた。反乱の長期化はムスリムやプロテスタントの介入を招き、「第2のスペイン喪失」をも生じさせる恐れがあった。少なくともフェリーペ2世と側近は、こういう認識で一致していた[20]。

2）モリスコ反乱のプロセス

　1568年12月にムーレイ・ムハンマドを「国王」に選出して開始されたモリスコ反乱は、グラナダ地方のモリスコに大きな影響を与え、アルプハーラス地方はもとより、グラナダ平野やアルバイシン地区のモリス

コ民衆が馳せ参じた。例えばグラナダ平野のガビアール・ラ・チカ村では、アロンソ・ラシード兄弟が反乱軍に加わったし、メルチョール・アベンシレンの妻は、2人の息子、1人の娘と共に反乱軍に身を寄せた。ラ・マラーア村では夫が獄死したため、モリスコの妻ルシーア・サルカが2人の息子を連れて、アルプハーラス地方に逃亡し、ガビーア・ラ・グランデ村では、5人に1人のモリスコが反乱軍に加わった。急進派が指導権を握ったアルバイシン地区のモリスコ民衆、形式的に改宗を受け入れながらも、ナスル朝時代とほとんど変わらぬ日常生活を営むアルプハーラス地方のモリスコ農民が、終末論の浸透する中で、反乱軍に「正義の回復」を期待するのは当然のことであった。アルプハーラス地方は、「旧キリスト教徒」の差別と偏見に苦しむ、モリスコ民衆の「アジール」と化したのである[21]。

　「後ウマイヤ朝の再興」を目指すムーレイ・ムハンマドは、即位後、直ちにイスラーム国家の建設に着手し、急進派の叔父エル・サケールを軍司令官、同じく急進派のファラスを首席裁判官に任命する一方、両者を含む「国務会議」を設立した。イスラーム国家では、伝統的な部族制度や地方行政組織タア taha──城塞を備えた主要村落を中心に、複数の村落から構成されるナスル朝時代以来の地方行政単位──が重視され、部族長を介した徴税と地方統治・治安維持が行われた。イスラーム回帰も顕著で、各地にモスクが再建され、イスラームの宗教儀礼が復活した。イスラーム回帰運動の一環として、急進派による「旧キリスト教徒」農民や聖職者殺害が相次ぎ、各地で教会や聖画像も破壊された。ムーレイ・ムハンマドのイスラーム国家は、多数のモリスコ民衆に支えられて急速に勢力を拡大し、最盛期には「旧グラナダ王国」北東部を中心に、兵力2万5000人を備え、版図は2700平方キロメートルに達した[22]。

　それと並行して、オスマン帝国やマグリブ地方のイスラーム権力との関係も緊密化する。軍司令官のエル・サケールは、スペイン帝国を取り巻く国際情勢を的確に把握していたし、その影響下にムーレイ・ムハン

マドも、1569 年、腹心の部下エルナンド・エル・アバキーをマグリブ地方に派遣し、軍事援助を要請した。オスマン帝国のスルターン、セリム 2 世への臣従を条件に、オスマン帝国のアルジェ総督から軍事援助を引き出すことに成功したばかりではない。サアド朝のスルターンも軍事援助を約束し、トルコ人部隊長フセイン麾下の 400 人のムスリム義勇兵が、アルプハーラス地方に入り、反乱軍を支援した。ここに第 2 次アルプハーラス反乱は、国際性をも帯びることになったのである[23]。

しかし内陸部に拠点をもつイスラーム国家には、様々な弱点があった。最大の弱点が、武器、弾薬、食料などの兵站にあったことはいうまでもない。1569 〜 70 年にフェリーペ 2 世が、反乱に参加しないまでも、反乱軍との内通を疑われていた「平和のモリスコ moriscos de paces」を、アンダルシーア地方西部やエストレマドゥーラ、新カスティーリャ地方などに強制移住させると、イスラーム国家は兵站を断たれ深刻な危機に直面した。アルプハーラス地方には多数の女性や子供、老人が避難していたし、反乱軍兵士たちの装備も貧弱であり、多数の大砲と兵力を動員したスペイン軍に太刀打ちできなかった。そのため山岳地帯でのゲリラ戦に活路を見出そうとしたが、戦略・戦術を巡る指導層の対立が表面化し、1569 年 9 月、ムーレイ・ムハンマドは、急進派のアベン・アブーやトルコ人部隊長フセイン麾下のムスリム義勇兵に殺害された。ムーレイ・ムハンマドの従兄弟にあたるアベン・アブーがムーレイ・アブドゥッラー・ブン・アブーとして即位し、再度、オスマン帝国のスルターンに軍事援助を要請する。キプロス攻略のため反乱の長期化を望むセリム 2 世は、新たにトルコ人義勇兵を派遣するが、圧倒的な火力と兵力をもつスペイン軍に追い詰められる。1571 年 3 月、ムーレイ・アブドゥッラーも内紛の中で急進派に殺害され、第 2 次アルプハーラス反乱は収束した[24]。

反乱軍がアルジェ総督やサアド朝の軍事援助を受け、国際性を帯びたことを認識していたフェリーペ 2 世は、イスラーム軍の侵攻による「第

2 のスペイン喪失」を恐れ、反乱鎮圧に全力を傾注した。スペイン軍も穏健派と強硬派の対立を内包していたが、王弟ドン・フアンを総司令官に任命し、南イタリアに駐屯するレケーセンス麾下の約 2 万のスペイン軍精鋭部隊を投入すると状況は一変した。都市民兵の参加もあり、1571 年 3 月には反乱の鎮圧に成功するが、フェリーペ 2 世にとってそれは、薄氷を踏む勝利であったろう。第 2 次アルプハーラス反乱に呼応して、バレンシアやアラゴン地方のモリスコが蜂起し、マグリブ地方のイスラーム軍やピレネー北麓のユグノーが介入すれば、スペイン帝国の根幹が大きく揺らぐ事態になりかねなかったからである[25]。

4　追放されるモリスコ

　前述のようにフェリーペ 2 世は、1569 ～ 70 年、第 2 次アルプハーラス反乱を鎮圧する軍事戦略の一環として、「旧グラナダ王国」の多数のモリスコをアンダルシーア地方西部、エストレマドゥーラ、新カスティーリャ地方などへ強制移住させた。マグリブ地方に近接した「旧グラナダ王国」は、ムスリム侵攻の可能性の最も高い地域の 1 つであり、ムスリムに内通する恐れのあるモリスコ人口の削減は、「旧グラナダ王国」の安定的支配に不可欠であった。モリスコは厳寒の時期に、わずかな所持品だけを持って強制追放され、行き倒れが続出し、死亡率は 25％にも達した。他方、マジョリティ社会への同化の可能性の高い 5 ～ 10 歳前後の子どもたちは、教化を名目に「旧キリスト教徒」の手に委ねられた。戦乱の中で遺棄された、これらの子供たちは、低賃金の家内奉公人や徒弟、農業労働者として長年使役され、20 歳前後で「旧キリスト教徒」の雇用者から一定額の俸給を給付されて「自立」した。アルプハーラス地方に近接する、1570 年のアルメリーア市の公証人文書によれば、「旧キリスト教徒」のペドロ・デ・アロは、「旧グラナダ王国」外への移住を強いられた、貧しいモリスコの母親の要請により、10 歳の息子シ

モンを 12 年間預かり、12 年後に 24 ドゥカード——1567 年当時の羊 1 頭の価格は 1 ドゥカードであった——の俸給を支払うという条件で、シモンの母親と奉公契約を結ぶ。1570 年、「旧キリスト教徒」のホルヘ・サリードは、移住を強いられたモリスコの娘で僅か 4 歳のサビーナを 16 年間預かり、16 年後に 20 ドゥカードを支払うとの奉公契約を、サビーナの父親と締結している。中南米のエンコミエンダ制を模して、強制的に両親から切り離され、「旧キリスト教徒」に預けられたモリスコの子供たちは、マジョリティ社会の底辺に放置されながらも、やがて同社会への同化を強めていくことになる[26]。

　追放令により、「平和のモリスコ」を含め約 8 万人のモリスコが追放され、それに反乱で死亡・流刑・奴隷化されたモリスコを加えると、約 13 万 5000 人のモリスコが「旧グラナダ王国」から消失した。当時の「旧グラナダ王国」のモリスコ人口は 15 〜 16 万人と推定されるので、モリスコ人口の 85 〜 90％が失われた計算になる。1568 年当時の「旧グラナダ王国」の総人口は約 27 万 5000 人とされ、人口の半分近くが消失したことになる。王権やグラナダ地方当局は「旧キリスト教徒」の入植者誘致に躍起になるが、その空白を埋めることは容易ではなかった。事実、1587 年の「旧グラナダ王国」の総人口は約 19 万人で、第 2 次アルプハーラス反乱以前の人口に遠く及ばなかった。人口減少以上に重要なのは、モリスコ人口と「旧キリスト教徒」人口の人口比である。全人口に占めるモリスコ人口の比率は、追放以前に 55 〜 57％であったが、追放後は 6 〜 13％へと大幅に低下し、グラナダ市の代表的なモリスコ地区たるアルバイシン地区の衰退も顕著であった。1492 年をもってレコンキスタ運動の終焉とするのではなく、第 2 次アルプハーラス反乱を「レコンキスタ運動の最終局面」「イスラーム的グラナダの終焉」とするアンヘル・デ・ブネスやフェルナンデス・チャベス、ペレス・ガルシアの指摘には、説得力がある[27]。

　以下ではグラナダ地方のモリスコが追放された、アンダルシーア地方

の中心都市セビーリャとエストレマドゥーラ地方の中小都市オルナーチョスを例に、追放後のモリスコの実態について検討したい。

1）セビーリャのモリスコ

アメリカ貿易の拠点都市であった 16 世紀のセビーリャは、政治・経済・宗教的中心地機能を有するスペイン最大の都市で、1565 年当時の都市人口は約 8 ～ 11 万人と推定される。当時のモリスコ人口は約 6250 人で、都市人口の 6 ～ 8% を占めた。これらのモリスコは都市郊外の貧民街であるトリアナ地区やサン・ベルナルド教区などに集住し、多くは家内労働、手工業、小売商業に従事した。わけても「グラナダ系モリスコ」の比重が高かったのは、ロマ（ジプシー）の居住区でもあったトリアナ地区で、モリスコ人口の約 3 分の 1 にあたる 2000 人が居住した。「旧モリスコ」の一部に国際商業や金融業、陸上運送業に従事する有力商人、国王役人や都市役人、下級貴族、聖職者、医者もみられるが、モリスコの圧倒的多数はセビーリャ社会の中下層に属し、「グラナダ系モリスコ」を中心に貧民も多数包摂していた。手工業としては、皮革・繊維関連（靴職、仕立職、染色工、職布工、紡糸職）、建築関連（大工、レンガ職、ガラス職）、金属関連（鍋職、ナイフ職、鍛冶職、蹄鉄職）手工業が知られている。特に金属関連手工業に携わるモリスコは多く、トリアナ地区だけでも鍋職は 10 人に上った。小売商業としてはパン屋やブニュエロ（揚げドーナッツ）屋、居酒屋――同化の進んだモリスコが経営し、情報交換の場として機能した――などの食品関連の小売商業が主たるものであった。古くから市内に定住する「旧モリスコ」の徒弟や奉公人となる「グラナダ系モリスコ」も、少なくなかった[28]。

これらのモリスコと共に、16 世紀後半のセビーリャでは、多数のモリスコ奴隷が確認される。第 2 次アルプハーラス反乱の過程で、反乱地域の女性と子供を含む 2 万 5000 以上のモリスコが、戦争捕虜奴隷とされた。国際都市セビーリャでは奴隷価格が相対的に高いこともあり、

1569〜71年に1500〜2000人のモリスコ戦争捕虜奴隷が流入した。1569年のアルメリーア市の公証人文書によれば、モリスコのルイス・サバラは、第2次アルプハーラス反乱の激戦地の1つイノックスの戦いで、スペイン軍兵士に捕えられたモリスコ農民ロペの解放金の一部を支払うことに合意している。同年、「平和のモリスコ」と思われるガルシア・ウレイアスも、イノックスの戦いでスペイン軍兵士に捕えられたモリスコ農民の妻で、彼の娘でもあるマリアの解放金の一部の支払いに応じている。解放金を支払うことのできたモリスコが一部に存在したにしても、居住地を追われ、戦争で疲弊した貧しいモリスコ民衆の大多数が、解放金を完済できたとは到底考えられない。多くが貧しいモリスコ民衆から構成された戦争捕虜奴隷は、セビーリャの奴隷市場などに売却され、主として家内奴隷として使役された。トリアナ地区の家畜小屋や水車小屋、遊郭などに居住し、家内労働や性的サービスに従事したモリスコ戦争捕虜奴隷は、セビーリャ社会の最底辺で絶望的な生活を強いられた宗教的マイノリティに他ならなかった[29]。

　セビーリャのモリスコは「モリスコ取締官 alguacil de morisco」や教区司祭の監督下に置かれ、移動を禁じられのみならず、日曜ミサをはじめとするキリスト教の宗教儀礼への参加を義務づけられた。その一方で、アラビア語の使用やラマダーン月の断食、割礼などのイスラーム的習俗は厳しい取り締まりの対象となった。セビーリャ社会への同化が困難な「グラナダ系モリスコ」の中には、絶望的状況を脱却するため、マグリブ地方への逃亡を企て、異端審問所に訴追されたモリスコも散見される[30]。

　新たに来住した「グラナダ系モリスコ」と、従来から市内に定住する「旧モリスコ」の関係も複雑であった。「旧モリスコ」が当初、貧しい「グラナダ系モリスコ」の救済に尽力したとはいえ、アラビア語をほぼ唯一のオーラル言語とし、イスラーム的習俗に固執する「グラナダ系モリスコ」との一体感は希薄であった。出身地域も同化水準も異なる「旧

モリスコ」と「グラナダ系モリスコ」の間には、様々な軋轢が生じ、「同族結婚」を重視するモリスコにあってすら、両者の結婚は全体の1％に満たなかった。これらの現実を前にした時、同質的なモリスコ像は「旧キリスト教徒」の創造した「神話」といわざるをえない。「旧キリスト教徒」にとってモリスコは、「旧モリスコ」か「グラナダ系モリスコ」かを問わず、ムスリムやプロテスタントに内通した「第5列」と映じ、1580年にはセビーリャでモリスコの反乱計画——実態については不明な点が多い——さえ発覚する。そこで1582年以降、国務会議でスペイン全土からのモリスコ追放が何度か検討されたが、実施されるには至らなかった。1609年にフェリーペ3世治下で実現する、全国規模のモリスコ追放令が、アルプハーラス反乱以降、度々、国務会議で検討されていたことは注目してよい[31]。

2) オルナーチョスのモリスコ

オルナーチョスはエストレマドゥーラ地方南西部の中小都市で、サンティアゴ騎士団領の一部を構成し、アル・ハジャリーの生地ともされる。アル・ハジャリーはマドリード、セビーリャなどを転々とした後の1599年にモロッコに亡命し、イスラームに再改宗したモリスコ知識人である。モロッコではサアド朝のスルターン、マンスールやザイダーンに書記官、外交官兼通訳として仕え、1611〜12年、ルイ13世治下のフランスやオランダ——1609年にスペインから事実上、独立を達成——で、対スペイン同盟の締結に力をつくした。帰国後ラバト・サレやチュニスなどに居を構え、アラビア語の不得手なモリスコのためにムハンマドの生涯のスペイン語訳を手掛けたのみならず、ムスリムの聖戦への寄与を目的に、スペイン語銃砲書のアラビア語訳にも従事した[32]。

「グラナダ系モリスコ」が再定住した後の1580年代のオルナーチョスの人口は約4800人で、「旧モリスコ」を一部含むものの、人口の大部分を「グラナダ系モリスコ」が占めた。近世スペイン社会のマイノリティ

である「グラナダ系モリスコ」が、「マジョリティ」を構成した数少ない近世スペイン都市の1つである。当時、サンティアゴ騎士団は衰退の著しいエストレマドゥーラ地方の中小都市オルナーチョスを、「グラナダ系モリスコ」を誘致して再建しようとしており、そこに「グラナダ系モリスコ」が「マジョリティ」を占めた一因が求められる。オルナーチョスのモリスコは、大都市セビーリャと異なり、特定地区ないし教区への集住を許されなかった。「旧キリスト教徒」との「混住」によるモリスコ教化の推進が、その主目的であった[33]。

　オルナーチョスのモリスコは、多くの貧民を含むとはいえ、養蚕や陸上運送業などに従事し、オーラル言語は基本的にアラビア語であった。陸上運送業に従事した一部のモリスコは、外部のモリスコやマグリブ地方のムスリムとの接点も少なくなく、エストレマドゥーラ地方南西部というスペインの周縁部にありながら、政治・経済・軍事情報に逸早く接することができた。内面的にはムスリムで、ラマダーン月の断食や割礼などのイスラーム的習俗を実践し、豚肉やワインを忌避したばかりか、家屋の地下に秘密の墓所を有した。モリスコが人口の大多数を占めたことから、追放直前の17世紀初頭には、僻遠の地の「モリスコ都市」の観を呈した。「モリスコ取締官」さえモリスコが任命され、オルナーチョスのモリスコは、マグリブ都市「アルジェにおけるように暮らしていた」。17世紀初頭のモリスコ追放令により、オルナーチョスのモリスコはマグリブ西部に追放され、ラバト・サレにモリスコの「都市共和国」を樹立する。アル・ハジャリーも一時期ラバト・サレに居を構えており、オルナーチョスの「モリスコ都市」とラバト・サレの「都市共和国」の間に、「連続性」を措定してもあながち不自然ではあるまい[34]。

おわりに

　1492年のグラナダ攻略により、約800年に及ぶレコンキスタ運動は

終焉し、アンダルシーアや新カスティーリャ地方の「旧キリスト教徒」が主要都市や戦略拠点を中心に入植・定住した。しかし、アルバイシン地区やグラナダ平野、アルプハーラス地方にあっては、モリスコが住民の大多数を占め、イスラーム時代との連続性が顕著であった。地域差や階層差があるにしても、改宗後もモリスコの多くは、イスラーム的習俗を保持し続けたのであり、こうしたモリスコが1560年代に入っても、「旧グラナダ王国」人口の過半数を占めた。レコンキスタ運動の終焉した1492年は、内部に多数の「偽装改宗者」や「第5列」を抱えた「新たなフロンティア」の設定を意味した[35]。

　イスラーム的習俗を保持するモリスコに対しては、初等学校や兄弟団といった「平和的手段」による教化策もとられた。しかしキリスト教とイスラームの間を往来し、「再生」と「断絶」を繰り返す、モリスコのイスラーム的習俗を根絶できず、フェリーペ2世はトレント公会議後の1567年、強圧的なモリスコ教化策を断行する。これを契機に1568年末、急進派のモリスコはアルプハーラス地方に結集し、ウマイヤ家の末裔を称する有力モリスコのエルナンド・デ・コルドバ・イ・バロル（ムーレイ・ムハンマド）を「国王」に選出、イスラーム国家の成立を宣言して、スペイン軍と対峙した。ムーレイ・ムハンマドはオスマン帝国のスルターンに臣従し、軍事援助を得ており、第2次アルプハーラス反乱は国際性を強めた。しかも第2次アルプハーラス反乱が、オランダ独立戦争と同時期に生起したことから、同反乱はモリスコがムスリムやプロテスタントと結び、スペイン帝国の根幹を揺るがす「国際的陰謀」とみなされた。「第2のスペイン喪失」を恐れたフェリーペ2世は、王弟ドン・フアンを総司令官に任命し、スペイン軍の精鋭部隊を投入して、1571年、アルプハーラス反乱の鎮圧に成功した[36]。

　「旧グラナダ王国」のモリスコは、地域差や階層差を抱えており、同化水準においても反乱軍への共感においても、決して一枚岩ではなかった。モリスコ民衆が反乱軍に好意的である一方、有力モリスコの多くは

反乱軍から距離を置いていた。反乱の過程で軍事戦略の一環として、「平和のモリスコ」を含む多数のモリスコが、アンダルシーア地方の中心都市セビーリャやエストレマドゥーラ地方の中小都市オルナーチョスなどへ追放された。セビーリャに追放された「グラナダ系モリスコ」は、商業や手工業に従事する「旧モリスコ」の奉公人、徒弟、家内奴隷として使役され、主としてトリアナ地区に居住した。多くの貧民を抱え、同化水準の異なる「グラナダ系モリスコ」と「旧モリスコ」との関係も、複雑であった。他方、「グラナダ系モリスコ」がモリスコ人口の大多数を占めたオルナーチョスでは、「モリスコ取締官」すらモリスコが任命され、マグリブ都市アルジェの観があった。

第2次アルプハーラス反乱時のモリスコ追放により、総人口の約半分にあたる13万5000人のモリスコが、「旧グラナダ王国」から失われた。追放前のモリスコ人口は、「旧グラナダ王国」人口の55～57%を占めたが、追放後は6～13%に激減した。ここにおいて「イスラーム的グラナダの終焉」が実現し、レコンキスタ運動は名実ともに完了する。そればかりかこのモリスコ追放は、フェリーペ3世による全国規模でのモリスコ追放、即ち「最終的解決」の序章ともなったのである[37]。

註
1) 関哲行、立石博高、中塚次郎編『世界歴史大系スペイン史1』（山川出版社、2008年）258-60頁; J. Acosta Montoro, *Aben Humeya, rey de los moriscos*, Almería, 1998, pp.24-28; M. Barrios Aguilera, *La Suerte de los vencidos. Estudios y reflexiones sobre la cuestión morisca*（以下 *La Suerte* と略記）, Granada, 2009, p.151.
2) J. Acosta Montoro, *op.cit.*, pp.10,44.
3) 関哲行「近世スペインにおけるモリスコ問題」『中近世ヨーロッパの宗教と政治』（ミネルヴァ書房、2014年）349頁。
4) 同書、349頁。
5) 同書、350頁。
6) 同書、350頁。

7) 同書、350-51 頁。
8) M. Barrios Aguilera, *La Suerte*, pp.30-31, 349-51; M.Barrios Aguilera, *La Convivencia negada. Historia de los moriscos del Reino de Granada*（以下 *La Convivencia* と略記）、Granada, 2007, p.312.
9) M. Barrios Aguilera, *La Suerte*, p.349.
10) 関哲行「第六章スペイン」『ヨーロッパ中近世の兄弟会』（東京大学出版会、2014 年）、341 頁。
11) 同書、341-42 頁。
12) J. Acosta Montoro, *op.cit*., pp.28-31.
13) 関哲行「第六章スペイン」、342-43 頁 ; M. Barrios Aguilera, *La Convivencia*, p.230.
14) 関哲行「第六章スペイン」、343 頁。
15) 同書、343 頁 ; J. Acosta Montoro, *op.cit*., pp.30-31.
16) 関哲行「第六章スペイン」、344 頁 ; J. Acosta Montoro, *op.cit*., pp.105, 306-07; A. García Pedraza, El otro morisco: Algunas reflexiones sobre el estudio de la religiosidad morisca a través de fuentes notariales, *Sharq al-Andalus*, núm.12, 1995, pp.231-34.
17) J. Acosta Montoro, *op.cit*., pp.44, 83, 98-99; M. García-Arenal, *La Diáspora de los Andalusíes*, Barcelona, 2003, pp.88-89, 99-100; M. Barrios Aguilera, *La Suerte*, pp.101-102; M. F. Fernández Chaves, R. M. Pérez García, *En los márgenes de la Ciudad de Dios. Moriscos en Sevilla*, Valencia, 2009, p.262; N. Cabrilla, *Almería morisca*, Granada, 1989, pp.69, 71; R. G. Peinado Santaella, *Los inicios de la resistencia musulmana en el Reino de Granada (1490-1515)*, Granada, 2011, pp.16, 19;関哲行「近世スペインにおけるモリスコ問題」、351 頁。
18) J. Acosta Montoro, *op.cit*., pp.44, 83, 102, 135-37; M.García-Arenal, *op.cit*., pp.99-100; M. Barrios Aguilera, *La Suerte*., pp.34, 146.
19) M. García-Arenal, *op.cit*., pp.120-21; J. Acosta Montoro, *op.cit*., p.49；M. Boeglin, *Entre la Cruz y el Corán. Los Moriscos en Sevilla (1570-1613)*, Sevilla, 2010, pp.63, 67;関哲行「第六章スペイン」、298-302 頁；関哲行「近世スペインにおけるモリスコ問題」、357-59 頁。
20) M. Barrios Aguilera, *La Suerte*., pp.34, 197.
21) *Ibid*., pp.95-97, 101-02, 195, 202; J.Acosta Montoro, *op.cit*., pp.90,106; M. García-Arenal, *op.cit*., p.88.
22) J. Acosta Montoro, *op.cit*., pp.90, 120-21, 158, 160, 162, 172-73, 232, 265; M. Barrios Aguilera, *La Convivencia*, pp. 354-55.
23) J. Acosta Montoro, *op.cit*., pp.117, 121, 258-59.
24) *Ibid*., pp.258-59, 269, 288-91, 294; M. Barrios Aguilera, *La Suerte*, pp.45-46; L. del Marmol Carvajal, *Historia de la rebelión y castigo de los moriscos del Reino de Granada*, Valladolid, 2009（初版 Madrid, 1797）, t.II, 168, 263-65, 454-56; M. Ángel de Bunes, *Los Moriscos en el pensamiento histórico*, Madrid, 1983, pp.14-15; M. Barrios Aguilera, *La*

Convivencia. p.335.

25） M. Barrios Aguilera, *La Suerte.*, pp.34, 44; J. Acosta Montoro, *op.cit.*, pp.207, 221, 230; A.González Rodríguez, *Hornachos, enclave morisco*, Mérida, 1990, p.60.

26） N. Cabrilla, *Almería morisca*, pp.319-32; N.Cabrilla, *Documentos notariales referentes a los moriscos（1560-1571)*（以下 *Documentos notariales* と略記)、Granada,1978; A. González Rodríguez, *op.cit.*, p.61.

27） A. Barrios Aguilera, *La Suerte.*, p.19, 39, 162-63, 200; A. Ángel de Bunes, *op.cit*. pp.27, 125; M. F. Fernández Chaves, R. M. Pérez García, *op.cit.*, p.145.

28） M. F. Fernández Chaves, R. M. Pérez García, *op.cit.*, pp.142, 264-65; M. Boeglin, *op.cit.*, pp.63, 66-67,116; 関哲行「近世スペインにおけるモリスコ問題」、347 頁。

29） M. Boeglin, *op.cit.*, pp.53-54; M. F. Fernández Chaves, R. M. Pérez García, *op.cit.*, pp.90-92; N. Cabrilla, *Documentos notariales*, pp.61-62; 関哲行「15 世紀末～16 世紀のスペインの都市社会と奴隷」『歴史学研究』No.664、1994 年、3-5、11 頁。

30） M. Boeglin, *op.cit.*, pp.43-46, 90-92.

31） *Ibid.*, pp. 53, 76-86, 100, 103; A.González Rodríguez, *op.cit.*, p.65.

32） A. González Rodríguez, *op.cit.*, pp.49-51; 関哲行「近世スペインにおけるモリスコ問題」360-61 頁。

33） A. González Rodríguez, *op.cit.*, pp.62-64.

34） *Ibid.*, pp.69, 76-80, 83, 86, 88.

35） M. Barrios Aguilera, *La Convivencia*, p.380; 本章「はじめに」参照。

36） 本章第 2、第 3 節参照。

37） M. Barrios Aguilera, *La Convivencia*, pp.381, 405-06; 本章第 3、第 4 節参照。

17世紀チュニジアのモリスコ

佐藤健太郎

はじめに

　1609年、スペイン国王フェリーペ3世はモリスコ（ムスリム住民の末裔）の国外追放を決断した。これにより、同年9月のバレンシアでの追放令をかわきりに、1614年までの約4年の間にスペイン各地から30万人あまりのモリスコが追われることとなった。1492年のグラナダ陥落と16世紀初頭のキリスト教への強制改宗を経てもなお、約1世紀にわたって、かつてのアンダルス（イスラーム期のイベリア半島）の社会や文化の名残を保ち続けてきたスペインのモリスコ社会の歴史は、ここに終焉を迎えたのである。その点で、17世紀初頭のモリスコ追放は大きな断絶をもたらす出来事であった。

　しかし、この大規模な追放政策によって、モリスコという存在が完全に消滅したわけではない。当然のことながら、個々のモリスコはその後も追放先で自らの人生を歩み続けたし、彼らを通じてモリスコの社会や文化は追放先の土地に受け継がれることになった。スペインを追放されたモリスコの主たる移住先となったのが、地中海南岸のマグリブである。現在のチュニジア、アルジェリア、モロッコに相当するマグリブ諸地域に移住した彼らは、アラビア語で「アンダルス人」（集合名詞としてはandalus、個別名詞としてはandalusi）と呼ばれ、アンダルス住民の末裔で

あると自他共に認められていた。スペインからのモリスコの追放は、移住先の地におけるモリスコ社会の新生をももたらしたのである。

　20世紀末以降、モリスコ研究はその視野を大きく広げてきた。スペイン国内のマイノリティとして扱われるだけではなく、追放後の彼らの歴史にも光が当てられるようになったのである[1]。モリスコの歴史は、追放前と追放後とで、またスペインと移住先の地域とで、時間的・空間的に分断するのではなく、両者の間の連続性にも着目しながら論じられなければならない[2]。本稿はこうした点をふまえて、モリスコの重要な移住先の1つであるチュニジアを例に取り上げ、追放を契機とする彼らの断絶と新生の諸相を、そこに見られる連続性も念頭におきながら、検討する。

　その際に着目したいのが、モリスコの多様性と一体性である。スペインにおいては、先祖代々のキリスト教徒家系出身者（「旧キリスト教徒」）によって、ひとしなみに信仰の不確かな新参キリスト教徒（「新キリスト教徒」）と扱われてきたモリスコであるが、言うまでもなく、彼らは一枚岩の存在ではなかった。「旧キリスト教徒」社会への同化の度合いという点に限っても、実に多様である。信仰に関しては、公式には全てのモリスコがキリスト教を信仰しているはずであったが、強制改宗後数世代を経ても「隠れムスリム」の存在が消えることはなかった。言語についても同様である。スペイン語（カスティーリャ語）やカタルーニャ語といった「旧キリスト教徒」と同様の言語を用いる者もいれば、かつてのアンダルスの言語であるアラビア語を使い続ける者もいた。様々な要因が左右するとはいえ、一般的には、農村よりも都市、女性よりも男性、そして旧世代より新世代の方が「旧キリスト教徒」社会への同化の度合いは高かった[3]。

　また、地域差が果たす役割も無視できない。16世紀半ばの段階で多くのモリスコが居住していたのは、スペイン東北部のアラゴン、東海岸のバレンシア、そして最後までイスラーム政権が残存していたグラナダ

IV　信仰のはざまで

である（ただし、グラナダのモリスコの多くは1568〜71年の第2次アルプハーラス反乱の後、カスティーリャやアンダルシーアなどへと国内追放に処されている）。この他、カスティーリャやアンダルシーアなどにもモリスコが居住していた。これらのうち、アラゴンやカスティーリャのモリスコはほとんどアラビア語を理解しなかったが、グラナダとバレンシアにおいては少なくとも口語レベルではアラビア語が支配的であった[4]。出身地域の違いは、ときにモリスコの間に壁を作ることもあった。あるグラナダ系の富裕なモリスコは、追放に際してカスティーリャ出身の貧しいモリスコのためにチュニス行きの船賃を肩代わりするよう求められると、「彼らは別の王国（reinos separados）の出身だ」といって断ったという[5]。

　以下では、まずモリスコのチュニジアへの移住について概観した後、17世紀のチュニジアにおいてモリスコ自身の手によって執筆されたいくつかの著作を検討する。この中には、アラビア語で書かれたものもあれば、スペイン語で書かれたものもある。これらを通して、チュニジアのモリスコの多様性と、その中に垣間見える彼らの一体性を示していきたい。

1　チュニジアへの移住

　チュニジアに最初にモリスコが到来したのは追放開始の翌年、ヒジュラ暦1018／西暦1610年である。そのほとんどは南フランスの港町アグドとスペイン南部アンダルシーアの港町マラガから海路でやって来たと考えられている。アグドから出航したモリスコは、もとはアラゴンやカスティーリャから陸路ピレネー山脈西部のロンセスバーリェスやイルンを経由してフランスへと追放された者たちで、フランス当局も彼らの滞留を望まずにアグドから出航させたのである。また、マラガから出航したモリスコの多くは、アンダルシーアやカスティーリャから集められた

者たちであった。最終的にチュニスに到来したモリスコの数は諸説あって定めがたいが、5万から8万人程度と見積もられている[6]。

当時、チュニジアはオスマン朝の宗主権の下、ウスマーン・デイ（任1007～19／1598～1610年）の統治下にあった。彼はモリスコをムスリム同胞と見なして積極的に受け入れる政策をとり、入港税を免除してスペイン当局やフランス当局に対してモリスコを移送する船舶のチュニジアへの回航を促すとともに、移住したモリスコには3年間の免税を約束した[7]。

チュニジアに到来したモリスコは、主都チュニスの他、チュニジア中北部の各地に入植した。チュニス市内では、以前からアンダルス系住民が住んでいたことで知られる市街地南部の「アンダルス人通り（zuqāq al-Andalus）」に、富裕層が入植した。また、市壁の外側、北郊にも多くが入植し、ここは新たに「アンダルス人地区（ḥawmat al-Andalus）」と呼ばれるようになった。彼らはシャーシヤ（赤いフェルト帽）生産をはじめとする手工業のほか、私掠船を活用した商業にも従事し、後には巨万の富を築く者も現れた。チュニス以外では、都市ビンザルトを中心とする北部海岸、タストゥールなどのマジャルダ川流域、スライマーンやグロンバーリーヤなどのボン岬半島の付け根部分、さらにはアトラス山脈の北麓に位置するザグワーンなどチュニジア中北部の中小都市や農村にも彼らの入植地が広がり、ブドウやオリーブを中心とする果樹栽培が盛んに行われた。これらの入植地の中には、廃村の上に新たに集落を建設したものも多く、彼らの移住はチュニジア社会に新たな活力をもたらすものであった[8]。

チュニジアに移住したモリスコの中で指導的な役割を果たしたのは、グラナダ系の出自を持つ者たちである。ウスマーン・デイやその後継者ユースフ・デイ（任1019～47／1610～37年）の下でモリスコ共同体のとりまとめを委ねられたルイス・サパータ Luis Zapata やその後任ムスタファー・カルデナス Mustafá Cárdenas といった人物は、いずれもグラ

ナダ系のモリスコである。2人は、すでに南仏アグドからチュニス行きの船を待つ時点でモリスコたちを代表する存在としてフランス当局との交渉にあたっており、チュニスにおいてもそのまま彼らを指導する立場にあり続けたものと思われる。とりわけムスタファー・カルデナスは「アンダルス人の長 (shaykh al-Andalus)」と呼ばれ、ときにモリスコを率いてユースフ・デイのために出兵することもあった。また、彼はモリスコの集住地グロンバーリーヤに邸宅をかまえ、広大なオリーブ畑やブドウ畑と圧搾所を経営するほか、奴隷交易にもかかわって富貴を極めた[9]。

彼らがチュニジアのモリスコ社会の中で指導的な立場につくことができた要因は、財力をはじめ様々なものがあろうが、グラナダ系という出自も少なからず影響していたものと考えられている。スペインにいた追放前の時点においてもアラビア語をはじめとするかつてのアラブ・イスラーム文化の名残を色濃く保持していた彼らにとって、チュニジアのムスリム住民との意思疎通やチュニジア社会への適応は、カスティーリャやアラゴン出身のモリスコに比べれば比較的容易だったと想定されるからである[10]。

2 アラビア語で書くモリスコ

こうした指導層と同じように、追放前のスペイン在住時代からアンダルス的なアラブ・イスラーム文化を保持していたのが、アラビア語で著作を残したモリスコである。その代表といえるのが、アラビア語で『最良の被造物の父祖の中にある預言者の光 *al-Anwār al-nabawīya fī ābā' khayr al-barīya*』(以下、『預言者の光』)[11]を著したイブン・アブドゥッラフィーウである。この著作は、預言者ムハンマドの祖先や子孫についての系譜の書であり、奥書によれば1044年シャアバーン月6日金曜日／1635年1月26日にチュニスで執筆されたものである[12]。

著者の生年は不明だが、スペインからチュニジアに移住したのは幼少

の時であったというので[13]、16世紀末から17世紀初頭の生まれとみて差し支えないであろう。没年は、写字生が奥書に記すところによれば、メッカ巡礼中の 1052／1643 年である[14]。

著者の名は、自らの記述によれば、Muḥammad b. 'Abd al-Rafi' b. Muḥammad al-Sharīf al-Ḥusaynī al-Ja'farī al-Mursī al-Andalusī とある[15]。奥書では Muḥammad al-Rafi'ī とも名乗っているので、アブドゥッラフィーウは父の名というより、祖先の名で一種の家名として用いられていたのであろう[16]。シャリーフ・フサイニーとあるように第4代正統カリフ・アリーと預言者ムハンマドの娘ファーティマとの間に生まれた次子フサインに連なるシャリーフ（預言者一族）の系譜を名乗る人物である。この書のねらいも、著者をはじめとするシャリーフ家系のモリスコが自らの高貴な系譜の真正さを主張するというものである。

彼がスペインのどの地域の出身なのかは明示されてはいない。名前の中にはムルスィーとありスペイン東南部のムルシア出身であるようにも見える。しかし、彼はまだ幼い頃にイスラームを学ぶべく「優れたムスリムたちに会うために、イブン・マーリクの町であるハエンから、グラナダ、コルドバ、セビーリャ、トレード、その他「緑の島」（アンダルスの別名）の様々な町へと、何度も旅をした」という。また、彼が学んだ師たちは皆、グラナダのイスラーム法学者アウトゥーリー al-Awṭūrī なる人物に師事したことがあった[17]。したがって、彼はアンダルシーア地方のハエンに暮らし、グラナダゆかりの人間関係の中でイスラームを学んだということになる。ハエンが第2次アルプハーラス反乱後にグラナダから国内追放に処されたモリスコの移住先の一つであったことを踏まえれば[18]、イブン・アブドゥッラフィーウもまたグラナダ系のモリスコであった可能性は相当に高い。ムルスィーという名は、おそらくより古い時代の彼の祖先の出身地を示すものであろう。

彼がグラナダ系モリスコの家庭、あるいはそうでなくともグラナダゆかりの人間関係に連なる家庭の出身だとすれば、彼は多様なモリスコた

ちの中でも比較的アラブ・イスラーム的な色彩の濃い環境の中で育ったと思われる。実際、彼は幼少の時から父親を通してアラビア語とイスラームを学んでいた。最初、4歳の時点でキリスト教徒の学校に入れられてキリスト教信仰を学んでいた彼は、6歳になる頃から、キリスト教徒の学校に通うのと並行して自宅においてアラビア語とイスラーム信仰とを学ぶようになったという。彼は以下のように記している[19]。

> いと高き神は、父を通して〜神よ彼に慈悲を与え給え〜私にイスラームの信仰を教えて下さった。当時、私は6歳かそれ以下だったが、キリスト教徒の学校（maktab al-naṣārā）へ彼らの信仰を学ぶため通っていた。そして家へ戻ると、父がイスラームを教えてくれていた。したがって私は両者を同時に学んでいたのである。私がキリスト教徒の学校に入れられたのは4歳頃のことだった。（中略）父は私にアルファベットを書いて、一字一字、キリスト教徒の文字（ḥurūf al-naṣārā）について私に尋ねた。私が異国の文字（ḥarf aʿjamī）の名前を答えると、父はアラビア文字（ḥarf ʿarabī）を書いて、「我々の文字はこうだ（hākadhā ḥurūf-nā）」と言った。

このように彼は、スペイン在住時代の自分が、表面的にはキリスト教徒として生きながらも、かつてのアンダルス的なアラビア語とイスラーム信仰とを父を通して受け継いでいたことを強調している。さらに彼は、自分自身だけでなくモリスコそのものがアンダルス住民の末裔であること、そしてそのアンダルスがイスラームの歴史の中に正当に位置づけられるべきことを繰り返し述べる。『預言者の光』の比較的長めの後書きには、イブン・カルダブース（12世紀）やイブン・アル゠ハティーブ（14世紀）などを引用しつつ、いかにアンダルスがイスラームの地となったか、いかにジハードを繰り返してきたか、そしていかに多くのムスリムとりわけシャリーフがこの地に住み着いたかが記されている[20]。イ

ブン・アブドゥッラフィーウはチュニスで教えを受けた師匠から、次のように度々言われていたという[21]。「知識はメッカで種を播かれ、メディナで育ち、エジプトで収穫され、カイラワーン（チュニジア最古のイスラーム都市）で脱穀され、アンダルスに貯えられた。」「見よ、あなたの国にはどれほどの知識が貯えられていたことか。我々にはこぼれ落ちた穀粒しか残っていない。」イブン・アブドゥッラフィーウにとって、アンダルスとは他の中東・北アフリカ諸地域にも引けをとらない由緒正しいイスラームの地であり、そのアンダルス文化の系譜を受け継いでいることを彼は大いに誇りとしていたのである。

3　スペイン語で書くモリスコ

　しかし、17世紀チュニジアのモリスコが書き残した著作のすべてがアラビア語で書かれていたわけではない。その中にはスペイン語で書かれたものもあった。その代表的なものがイブラーヒーム・タイビリーによる『キリスト教信仰に関する14項目の矛盾 *Contradicti*ó*n de los catorçe artículos de la fe cristiana*』（以下、『14項目の矛盾』）である[22]。三位一体など、イスラームの立場からは矛盾と見なされるキリスト教の教義に対して韻文形式で反駁したもので、序文によればタストゥール（Taçator）において1037／1627-8年に執筆された[23]。

　著者は、序文などでは自らの名をイブラーヒーム・タイビリー（Ybrahim Taybili）と記しているが、スペインにいた頃のエピソードによれば、友人からフアン・ペレス（Juan Péreß）とも呼ばれている[24]。後者のフアン・ペレスが、追放前にスペインのキリスト教徒社会の中で常用していた名であるのは間違いないであろう。一方、前者のイブラーヒーム・タイビリーはチュニジアへの移住後に名乗るようになったか、あるいは仮に彼がスペインにおいてもイスラーム信仰を保持していたとすれば、隠れムスリムとして追放前から用いていた名であると思われる[25]。

彼は追放の約 30 年前にスペイン中部の古都トレードで生まれた。タイビリーという名はムルシア地方のタイビーリャ Taibilla にちなむと考えられているが、これはおそらく祖先の故地であろう[26]。イブン・アブドゥッラフィーウと異なり、追放前のタイビリーがスペインにいた頃からアラビア語やイスラームにかかわる知識を身につけていたことを示す明確な証拠はない。むしろその著作を見る限りでは、彼はスペイン語の読み書き能力を持ち、かなりの程度までスペイン文化の影響を受けていた様子がうかがえる。彼の著作の中にはスペインの大学都市アルカラ・デ・エナーレスの書店で書籍を買い求めたエピソードが現れ、その際に彼が購入したのはアントニオ・デ・ゲバーラ、ペドロ・メヒーアといった当時のスペインで大きな人気を博していた作家たちによる歴史に題材をとった著作であった[27]。また、ソクラテス、ゼノンといった古代ギリシアの哲学者への言及も見られる[28]。これは、当時のスペインにおける人文主義の潮流を反映したものであろう。そもそも、彼の著作はスペイン語の韻文によるものだが、そこには 11 音節、8 行詩など当時のスペインで流行していた形式が見て取れるという[29]。こうした点から言えるのは、タイビリーは 16 世紀から 17 世紀のスペイン文化に相当程度までなじんでいたということである。

　同じようなことは、やはりチュニジアで書かれたスペイン語著作である通称『2 つの道の書 *Tratado de los dos caminos*』についても言える[30]。残念ながら、この書の著者については、タイビリーをはじめ様々な候補が挙げられているが、今に至るまで確実なことは分かっていない[31]。内容はイスラームの信仰・儀礼・倫理などをスペイン語で説いたもので、1630 〜 50 年頃に著されたものと考えられている。古くから研究者たちの関心を呼んできたように、この著作の中には、ロペ・デ・ベガやケベードといった黄金世紀のスペイン文学からの借用がしばしば見られる。この著作についてはじめて詳細な分析をおこなったオリベル・アシンのいささか奇をてらった表現に従えば、この著者は「チュニスのモリスコ

にしてロペ愛好家（Un morisco de Túnez, admirador de Lope）」だったのである[32]。

　この2つの著作とスペイン文化との近さは、文字からもうかがうことができる。追放前のモリスコによるスペイン語表記としては、アラビア文字を用いたアルハミーアがよく知られているが[33]、追放後に書かれたアルハミーア表記の著作は現在までのところ存在が確認されていない。アルハミーア表記の消滅については様々な説明が試みられてはいるが、この特殊な表記法がスペインというアラビア語と縁遠い環境の下でかろうじて文字の中にアラブ・イスラーム文化への愛着をこめたものだとすれば、もはやそうしたこだわりはアラビア語世界であるチュニジアでは不要だったといえる。むしろチュニジアにおいては逆にスペイン文化への愛着をラテン文字の中にこめていたのではないかとも考えられるのである[34]。

　もちろん、著者がスペイン文化に親しんでいたとはいっても、これらの著作がイスラームの信仰に基づいて書かれていることは間違いない。タイビーらの著作の情報源ははっきりとは分からないものの、信仰に関してはアラビア語著作を情報源としていた可能性はあり、彼らにはある程度のアラビア語読解能力があったと思われる。また、いずれの著作においても、随所に祈願文などの簡単なアラビア語フレーズがアラビア文字によって記されており、アラビア語へのこだわりを見て取ることもできる。

　それにもかかわらず、彼らはあえてスペイン語を用いてイスラーム信仰を語ろうとした。この理由については、『2つの道の書』が、モリスコの保護者として知られるチュニスの聖者アブー・アル＝ガイス（1031／1621-2年没）を引き合いに出して以下のように述べている[35]。

　　　ある日、彼（アブー・アル＝ガイス）は、親しいアンダルス人（andaluz）の友人に向かって、浄めの水場（mayda）へ足を運ぶよう

IV　信仰のはざまで

心がけ、追放された人々、とりわけアラビア語を知らない人々に浄め（guado）のやり方を示し、彼らがしなければならないことを教えなさいと言った。するとそのアンダルス人は言った。「それでは、だんなさま、そのような者たちに対して、信じるべきことや知るべきことをカスティーリャ語で（en castellano）書いたとしたら、それはしてもよいことでしょうか。」すると彼はとても喜び満足して、それは全く容認できることであり、大いに褒められてしかるべきである、またそれを行う者は［神から］多くの報いを得るだろう、と返答した。

このようにカスティーリャ語（スペイン語）はアラビア語を理解しないモリスコにとっては、イスラーム信仰を知るための唯一の言語であり、それゆえにスペイン語で書くことはイスラーム信仰と矛盾するどころか、むしろ好ましいことであると、スペイン語で書くモリスコたちは考えていたのである。

4　アラビア語とスペイン語を架橋するモリスコ

このようにチュニジアのモリスコの中には、グラナダ系モリスコのようにアラビア語の読み書き能力を持ちチュニジア社会で通常おこなわれているようにアラビア語で著作を残す者もいれば、アラビア語の読み書き能力を持たず（あるいは不十分にしか持たず）イスラーム信仰を語るにしてもスペイン語に頼らざるを得ない者もいた。しかし、この両者が全く没交渉だったというわけではない。アラビア語を用いるモリスコとスペイン語を用いるモリスコとの間にはそれなりの接点があり、両者を架橋するようなモリスコもいたのである。

まず第一に注目されるのがイブン・アブドゥッラフィーウによるアラビア語著作とタイビリーによるスペイン語著作のいずれにも関与してい

るサッラージュもしくはイブン・サッラージュなる人物である。イブン・アブドゥッラフィーウの『預言者の光』序文によれば、この書はそもそも「サッラージュと呼ばれるシャリーフ・アリー・ニワーリー al-sharīf ʻAlī al-Niwālī al-madʻū bil-Sarrāj」の依頼によって執筆されたのだという。また、イブン・アブドゥッラフィーウはこれ以前にもイブン・サッラージュのために自分の手元にあったシャリーフ系図（al-shajara al-sharīfa）を書写したことがあり、『預言者の光』の執筆に際してはこの系図に見合うような形でシャリーフたちの情報にも言及するよう求められていた[36]。イブン・アブドゥッラフィーウと同様にシャリーフ家系に属するイブン・サッラージュは、自らを含むモリスコたちのシャリーフとしての系譜が真正のものであることを示すために執筆依頼をしたのであろう。

　一方、タイビリーの『14項目の矛盾』もまた、イブン・サッラージュに捧げられたものであった。この著作の冒頭には「セニョール・シャリーフ・アリー・ニワーリー・イブン・サッラージュ Señor Sarife Ali Alniguali Abençeraje」に向けて書かれた序文と彼を称える詩がおかれ、その中ではこの書が彼に捧げられたものであり、彼がこの書を受け取り保護してくれるよう願う旨が書かれている。また巻末にもやはり彼に向けて書かれた後書きがあり、彼を「本書の保護者（protector de esta obra）」と呼んで、もしこの書に対する非難があった場合にはぜひ擁護してもらいたい旨が書かれている[37]。『預言者の光』と異なり、『14項目の矛盾』の執筆がイブン・サッラージュの依頼によるものかどうかは分からないが、いずれの著作も彼に捧げられたものであることは間違いないであろう。

　このイブン・サッラージュなる人物は、当時のチュニスにおけるモリスコ社会の中でも指導的な人物の1人だったと思われる。彼の名は、1034／1625年にモリスコがチュニスに建てたファトフ・マドラサ Madrasat al-Fatḥ、通称アンダルス・マドラサ al-Madrasa al-Andalusīya の碑

文の中に、建設を主導した3人のうちの1人「イブン・サッラージュとして知られるサイイド・シャリーフ・アブー・アル゠ハサン・アリー・ブン・アビー・アブドゥッラー・ムハンマド・ニワーリー al-Sayyid al-Sharīf Abū al-Ḥasan ʻAlī b. Abī ʻAbd Allāh Muḥammad al-Niwālī shuhira bi-Ibn al-Sarrāj」として現れる[38]。また、同じ碑文の中で彼は「アンダルス人のシャリーフの長 naqīb al-shurafaʼ al-andalusīyīn」とも呼ばれている。タイビリーも同様に彼のことを「チュニス王国のシャリーフの長（mißguar de los sarifes del Reyno de Túneß）」と表現しており[39]、当時のチュニスの支配者ユースフ・デイから任命されたシャリーフの長であったと思われる。また、タイビリーによれば彼はユースフ・デイの地代や資産の管理人（administrador de las rentas y hacienda）をも務めていた[40]。ムスタファー・カルデナスらと同様、デイ権力に奉仕することでチュニジア社会に一定の地歩を築くことに成功した指導的なモリスコの1人であったことは間違いないであろう。このような有力モリスコのもとにはイブン・アブドゥッラフィーウのようにアラビア語で書くモリスコだけではなく、タイビリーのようにスペイン語で書くモリスコも集い、その保護のもとで著作活動が行われていたのである。

　もう1人、チュニジア社会においてアラビア語とスペイン語とを架橋する役割を果たしていたのが、自伝的旅行記『不信仰の民に対する信仰のたすけの書 Kitāb nāṣir al-dīn ʻalā al-qawm al-kāfirīn』（以下、『信仰のたすけ』）をアラビア語で著したハジャリー Aḥmad b. Qāsim al-Ḥajarī である[41]。彼は 977／1569-70 年頃にスペインでモリスコとして生まれ、1609 年の追放令に先立つ 1007／1599 年にスペインを脱け出して現在のモロッコに移り住んだ後、30 年以上にわたってマラケシュのサアド朝宮廷において通訳を務めた人物である。チュニジアに移住するのは晩年になってからで、メッカ巡礼からの帰途、1047／1637 年にチュニスを訪れ、そのまま住み着いてしまった時のことである。1051／1641 年まではチュニスにいたことが分かるが、その後の消息は不明である。チュニスに到

来した時点ですでに高齢であったので、程なくして没したものと思われる。

　ハジャリーは、イブン・アブドゥッラフィーウと同様にアラビア語で書くモリスコであった。彼は自らが生まれた村をハジャル・アフマル al-Ḥajar al-Aḥmar（アラビア語で「赤い石」の意）と呼んでいるが、これがスペインのどこにあたるのかはグラナダ近郊のラチャル Láchar という説と、グラナダ系モリスコの国内追放先として知られるエストレマドゥーラ地方のオルナーチョス Hornachos という説とがあり、決定打はない。いずれにせよ、ハジャリーはこの村ではアラビア語が話されていたとしており[42]、イブン・アブドゥッラフィーウと同様にグラナダと関係の深いアラビア語を母語とする環境で育ったとみて間違いない。アラビア語の読み書きをどこで学んだのかは分からないが、これもイブン・アブドゥッラフィーウの場合と同様に家庭で学んだ可能性が高いと思われる[43]。

　晩年になって移り住んだハジャリーがチュニジアにいた期間はさほど長くはないが、それでも彼は当地のモリスコ社会と深い関係を結んでいた。ハジャリーの主著『信仰のたすけ』は、最初メッカ巡礼の帰途に立ち寄ったカイロで執筆されるが、その後チュニスに移住してからも加筆を続けていた。その加筆からは、彼がチュニジアのモリスコ社会に少なからぬ知己を得ていたことがうかがわれる。例えば、当時のチュニスのモリスコの中で最も著名なイスラーム知識人の１人であるアフマド・ハナフィー（1061／1651年没）には、チュニス到着直後の1047／1637年に加筆したばかりの『信仰のたすけ』を渡し、目を通してもらっている[44]。また、ハジャリーが終生大きな関心を抱いていた「サクロモンテの鉛板文書」の写しを目にすることができたのも、これをスペインから将来したチュニス在住のモリスコのおかげであった[45]。こうした彼の知己の中には、『預言者の光』の著者イブン・アブドゥッラフィーウも含まれている。『信仰のたすけ』には、彼からサクロモンテの鉛板文書の写しについての解説を受けたことが記されている[46]。

Ⅳ　信仰のはざまで

彼の人間関係の広がりは、彼自身が居を構えたチュニスに限らない。1050／1640-1 年当時、彼自身はチュニスに 1 人で暮らしていたが、息子は結婚して妻と共にタストゥール Tasaturt に住んでいた[47]。モリスコが建設した町タストゥールは、タイビリーが隠棲先に選び、『14 項目の矛盾』を執筆した場所でもある。ハジャリーとタイビリーとの関係を示す直接の証拠はないが、小さな町であるだけに間接的にせよ 2 人に接点があった可能性は否定できない。

　このようにチュニジアのモリスコ社会において構築した人間関係を通して、ハジャリーはアラビア語とスペイン語との間を架橋する翻訳活動を展開している。それを示すのがスペイン語で書かれたボローニャ大学所蔵写本 D565 である[48]。313 葉のこの写本は大きく分けて 3 つの部分から成っているが、第 2 部にはハジャリーによってアラビア語からスペイン語に翻訳されたテキストが複数含まれているのである。例えば、彼の主著である自伝的旅行記『信仰のたすけ』のうち、フランスやオランダを訪れた際の記述のスペイン語訳が含まれている[49]。また、『聖なる預言者がなした奇跡の解説（*Tratado e interpretación de algunos milagros que hiço el santo Profeta*）』と題された書も含まれている。原本は 12 世紀セウタの法学者イヤード・ブン・ムーサー（544／1149 年没）が著した預言者ムハンマド尽くしの書『選ばれし者の真実を知らしめる治癒の書（*al-Shifā' bi-taʻrīf ḥuqūq al-muṣṭafā*）』で、もともとはチュニジアではなく、ハジャリーがメッカ巡礼に向かう途上、大西洋沿岸のラバトにおいて 1044 年ラビーウ第 1 月 11 日／1634 年 9 月 4 日[50]に翻訳を完了したテキストである。ラバトはモロッコの中でもモリスコが集住していた町の 1 つで、翻訳はこの町に住むモリスコの依頼によっておこなわれたものだった。その他、この写本の第 2 部にはイスラーム信仰にかかわる雑多なテキストから成る部分も含まれている。

　翻訳の事情については、「巡礼経験者ムハンマド・ルビオ el jeche Mohamed Rubio の依頼により、神の僕の中の僕であるアフマド・ブン・

カースィム・ベハラーノ Ahmed Bencaçim Bejarano[51]の手によって」なされたと記されている。翻訳の依頼をおこなったムハンマド・ルビオはアラゴン地方のビリャフェリーチェ Villafeliche 出身のモリスコで、自らの共同体（tayfa）のために自費で（con su dinero）アラビア語からスペイン語に翻訳してこの書を得たのだという[52]。ムハンマド・ルビオの出身地アラゴン地方は、アラビア語ではなくスペイン語を母語とするモリスコたちが住んでいた地域である。それゆえに彼は、同胞たちのためにスペイン語によって書かれた写本を必要としたのであろう。ハジャリーは『聖なる預言者がなした奇跡の解説』の中で、アラビア語とりわけ古典文法に則った文語アラビア語（la lengua gramatical araviga）よりもロマンス語すなわちスペイン語（la lengua de rromâce）の方が、モリスコにとっては理解しやすいことを指摘した上で、クルアーンの一節「我らが使徒を遣わす場合には、必ずその民族の言葉を使わせる」[53]を引用して、スペイン語によってイスラーム信仰について書くことを正当化している[54]。この部分はラバトで最初の翻訳をおこなった際のテキストだが、先に述べた『2つの道の書』で見られたのと同じような論理でスペイン語とイスラーム信仰の両立を主張しているのは興味深い。

　ただし、ボローニャ写本に含まれるスペイン語テキストのうちハジャリーが翻訳したのは上に述べた第2部の諸テキストだけであり、残る第1部と第3部については原著者も翻訳者も不明である。第1部は『卓越した高貴な子孫たちについての記録（Corónica y relaçión de la esclareçida deçendençia xarifa）』と題され、第4代カリフにして預言者ムハンマドの娘婿アリーの子孫たちの事績について著した書である[55]。原著はシーア派の殉教録（maqtal）ではないかとも推測されているが、確かなところは不明である。シーア派的な殉教や救世主の待望というモチーフがモリスコにとって受容しやすいものだったとも考えられるし[56]、あるいは単に預言者ムハンマドおよびその血統を有するシャリーフへの関心を反映したものなのかも知れない。一方、第3部は特に題目は付されておらず、

礼拝や清めなどの儀礼に関する雑多なテキストの集成である。こちらもアラビア語の原本からスペイン語に翻訳したものだと思われるが、詳細はよく分かっていない。いずれにせよ、写本の所有者ムハンマド・ルビオは自分が関心を抱く主題についてのテキストを選んで翻訳を依頼し、自分にも理解可能なスペイン語の写本を得ていた。その際、彼はハジャリーのようにアラビア語とスペイン語双方の読み書き能力に通じたモリスコの知己を複数持っていたのである。

チュニジアでのハジャリーは、逆方向すなわちスペイン語からアラビア語への翻訳にも携わっていた。彼はチュニス滞在中の 1048／1638 年、スペイン語で書かれた銃砲の扱い方についての指南書をアラビア語に翻訳して、『銃砲により神の道につくす者のための力強く役立つ書 (*Kitāb al-ʿizz wal-manāfiʿ lil-mujāhidīn fī sabīl Allāh bil-madāfiʿ*)』(以下『力強く役立つ書』) と題目を付している[57]。

この書の原著者はチュニス在住のモリスコで、その経歴は序文に詳しく記されている[58]。それによれば、彼の名はイブラーヒーム・ブン・アフマド・ブン・ガーニム Ibrāhīm b. Aḥmad b. Ghānim といい、スペイン語での通称はリバーシュ (al-shahīr bil-ʿajam bil-Ribāsh) であった。リバーシュとは、おそらくスペイン語の Rivas もしくは Rives の音写であろう。生まれは、グラナダの南、アルプハーラス山地に近いニグエラス Nigüelas だが、まもなくして 1568～71 年の第 2 次アルプハーラス反乱の結果、グラナダ近郊へ、さらにはセビーリャへと追放された。長じて彼は「僻遠の西インド (al-hunūd al-maghribīya al-baʿīda)」すなわちアメリカ大陸から銀を運ぶガレオン船 (al-ghalyūnīya) に乗り組んで、そこで銃砲の扱い方を学んだ。その間、彼の同僚は「誰一人として彼がモリスコであるとは疑わなかった (wa-jamīʿ-hum lā yaẓunnūna anna-nī andalusī)」という。追放によりチュニジアに到った後は、チュニスの外港ハルク・アル＝ワーディー (ラ・グレット) を根拠地とする私掠船の船員となり、たびたびキリスト教徒と戦った。そうした経験を経て、彼はキリスト教徒た

ちが持つ銃砲に関する知識をムスリム同胞と共有する必要性を痛感するようになり、この書を著したのだという。

　以上の経歴を見ると、原著者イブラーヒーム・リバーシュはグラナダ系のモリスコであり、アラブ・イスラーム文化が色濃く残る環境に育ったように思われる。しかし彼は自著をアラビア語ではなく、スペイン語で執筆した。おそらく彼は、「誰一人として彼がモリスコであるとは疑わなかった」ほどにスペイン社会・文化に同化していたのに加え、仮に母語がアラビア語であってもその読み書き能力を学ぶ機会に恵まれなかったのであろう。またそれとともに、銃砲の扱い方という著作の主題の特性も考慮に入れなければならない。彼は銃砲の扱い方を学ぶ際に実践だけでなく書物を通しても学んだと言っており、さらには『力強く役立つ書』の写本の中にはスペイン風の絵柄で描かれた図が含まれているものもある。彼が執筆にあたって参考とすることができた情報源はスペイン語で書かれた書籍だったのである[59]。

　しかし、スペイン語のままでは、ムスリムに銃砲技術を伝達するという彼の執筆意図はかなえられない。そこで彼は序文の最後に以下のように記している[60]。

　　　神に求めます。私の意図～それは行為よりも伝わるもの～を神が受け入れてくれますよう。また、この書をスペイン語、すなわちアンダルスの地で用いられている異国語からアラビア語へと訳してくれる人（man yuʿarribu-hu bil-ʿarabīya min al-kalām al-ishbānyūl, wa-huwa al-kalām al-ʿajamī）を私が容易く見つけられますよう。

　このような彼の希望をかなえてアラビア語への翻訳をおこなったのがハジャリーであった。ハジャリーは『力強く役立つ書』の末尾に自ら付した後書きにおいて、自分がマラケシュのサアド朝宮廷で通訳を務めていたことを知った著者イブラーヒーム・リバーシュから、この書をスペ

イン語からアラビア語へ翻訳するよう依頼されたことを記している。またその際、この書を一読してムスリムにとって有益であると知ったので翻訳を引き受けたとも述べている[61]。ハジャリーの存在は、スペイン語でしか理解できなかったり表現できなかったりするモリスコたちにとって、アラビア語の世界との架け橋の役割を果たしていたのである。

5　モリスコの共通体験

　多様な文化的背景を持つチュニジアのモリスコたちを結びつける要素として、もう1つ着目したいのが追放と移住という彼らの直近の体験である。ウスマーン・デイや聖者アブー・アル゠ガイスによる積極的な保護にもかかわらず、モリスコは、移住先のチュニジア社会において当地のムスリムから疎外を受けることが少なくなかった。彼らは異教徒の土地からやってきた者としてしばしば蔑まれ、時にはムスリムではなくキリスト教徒であると見なされることすらあったのである。追放の約100年後、18世紀初頭のチュニジアで活動したスペイン人修道士フランシスコ・ヒメネスに向かって、チュニス南東のモリスコの町スライマーンの住民が語ったところによれば、自分たちは「スペインからはモーロ人（スペイン語で漠然とムスリムを指す呼称）であるとして追放されたのに、ここではキリスト教徒として扱われている」のだという[62]。

　このような疎外は、追放前にスペイン語やスペイン社会になじんでいたモリスコだけが受けていたわけではない。追放前からアラビア語とイスラーム信仰になじみ、チュニジアのモリスコの中でも比較的、現地社会のムスリムとの差の少なかったはずのイブン・アブドゥッラフィーウですら経験するところであった。彼は『預言者の光』の中で次のように記している[63]。

　　我らアンダルスのシャリーフに対して、このイフリーキヤ（チュ

ニジア）の地における我らの信仰上の同胞であるチュニスの人々やその他の地の人々〜至高の神よ彼らを護り給え〜は、繰り返し非難を投げかけていた。彼らはこう言う。「彼らの高貴さ（al-sharaf）は何に由来するのやら。彼らは不信仰者〜至高の神よ彼らを破滅させ給え〜の地にいて、何百年もあれやこれや（kadhā wa-kadhā）してきたではないか。彼らの中には、イスラームの時代のことを知る者など残っていないではないか。彼らはキリスト教徒たち〜至高の神よ彼らを遠ざけ給え〜と混じっていたではないか。」他にも多くの言葉が投げかけられたが、彼らの名誉を守るため、彼らを私が愛するがゆえ、このことを長々とここで語るのはよそう。

しかし、追放と移住の体験は彼らにとって単に否定的なものとしてだけ捉えられていたわけではない。チュニジアで書かれたモリスコの著作の中に繰り返し現れるのは、追放と移住を神の慈悲のあらわれであると見なす考え方である。イブン・アブドゥッラフィーウは、スペインにいた頃のモリスコがいかに苦難の境遇にあったかを強調したうえで、フェリーペ3世が追放令を発したことを「寛大なる主からの大きな情けと明らかな慈悲（luṭf ʿaẓīm wa-raḥma ẓāhira min al-Mawlā al-karīm）」と表現している[64]。すなわち、神の意志によってフェリーペ3世の脳裏にモリスコ追放という発想が浮かび、その結果、モリスコは異教徒の過酷な支配から逃れることが出来たのだというのである。

このようにスペインからの追放をイスラーム的な文脈の中で肯定的に捉える解釈は、イブン・アブドゥッラフィーウのように、スペインに住んでいた頃においてもアラブ・イスラーム的な文化を保持していたモリスコに特有のものではない。スペイン文化に相当程度まで同化していたと思われるスペイン語で書くモリスコたちの間にも同じような発想を見て取ることができる。例えばタイビリーは、フェリーペ3世による追放令について、「神は追放令が発せられるよう定めた（Hordena Dios que el bando se pregone）／モリスコが速やかに国を出られるよう定めた／出国の道は開かれた／彼らが自由に生きることができるように（para que en libertad passen la bida）」と述べると共に、こうして追放されたモリスコについて「彼らは、家と財産を後にしていく、とても満足して（dejan sus cassas, muebles, muy contentos）／歩いて道を進み、出て行く」「大いなる神よ、あなたは我らを解き放って下さった（Ynmenso Dios que nos abéys librado）／キリスト教徒の異端の法から」と記している[65]。同様の考え方は、著者不明の『2つの道の書』においてもうかがうことができる[66]。

> これらの理由により、我々は昼も夜も我らの主に向かって、このような苦悩と危険から我らを救って下さるよう求め、イスラームの地（tierra del yçlam）へと、たとえ身一つであっても赴くことを望んでいた。そこで、［スペインを］出るための方策を探し求めていたが、全ての道は我々にとって困難だった。ところがついに全能なる主は、慈悲をもって（con su misiricordia）、フェリーペ3世とその助言者たちの心に、ある考えをもたらした。すなわち、我々に対して、王国から出るかさもなくば死罪を命じるという考えである。こうして、フェリーペは我々に対して、自由に何ら害を被ることなく［スペインを出られるよう］海と陸の道を開いたのである。

このように、チュニジアのモリスコたちの間では、フェリーペ3世による追放令発布の背後に神の意志の働きをみる考え方が広まっていた。モリスコたちは、神の慈悲によって、スペインにおける異教徒支配の苦境から救われ、イスラームの地へと移住することができたというのである。こうした発想に関しては、アラビア語で書くモリスコもスペイン語で書くモリスコもまったく違いは見られない。

おわりに

　以上、アラビア語とスペイン語という2つの言語で書かれたモリスコの著作を通して、チュニジアの多様なモリスコ社会を検討してきた。彼らの中でも指導的な立場にあったのは、追放以前からアラブ・イスラーム的な文化の要素を強く保持してきたグラナダ系の出自を持つモリスコたちであった。「アンダルス人の長」と呼ばれたムスタファー・カルデナスはその代表格であり、著作を書き残したモリスコの中ではイブン・アブドゥッラフィーウがこれに当てはまる。

　その一方で、追放以前に相当程度までスペイン社会や文化に同化し、アラビア語をはじめとするアラブ・イスラーム的な文化から縁遠かったモリスコたちもまた、チュニジアのモリスコ社会の一員であった。当然、彼らは移住先であるチュニジアの社会や文化への同化に際して、より多くの困難を抱えていたと見られ、イスラームに関する知識を得る際にもスペイン語を介する必要があった。しかしながら、両者の間には一定のつながりがあった。イブン・サッラージュはアラビア語とスペイン語双方の言語による著作活動のいわばパトロン的な立場にあったし、ハジャリーのように両言語の間を翻訳を通して架橋する者もいた。異なる文化的背景を持つモリスコの間にも、緊密な人間関係が取り結ばれていたことが確認できるのである。

　はっきりと論証することは困難だが、このような人間関係の形成を促した1つの要因は、追放と移住の結果生じた大規模な人間の移動ではないかと思われる。チュニジアのモリスコ社会は、グラナダ、カスティーリャ、アンダルシーア、アラゴンなど様々な地域から到来したモリスコで構成されていた。いわば追放と移住は、スペインのモリスコ社会を解体する一方で、そのマグリブ諸地域における再編をもたらしたのである。もちろん追放前のスペインにおいても地域を越えたモリスコのつながりが皆無だったわけではないものの、トレード出身のタイビリーがイブ

ン・サッラージュと知り合い、アラゴン出身のムハンマド・ルビオがハジャリーの知遇を得るような機会は決して多くはなかったであろう。

　また、追放と移住は全てのモリスコにとっての共通体験ともなり、それを神の慈悲によるものと捉える解釈も生み出された。彼らが、追放というそれ自体過酷な体験を、心底からこのように肯定的なものとして捉えていたのかどうかは、もちろん疑問である。しかし、多様なモリスコが多かれ少なかれ共通して体験した苦境を乗り越え、チュニジアでムスリムとしての新たな生活を切り開く際には、きわめて有用な考え方だったのは間違いないであろう。

※本稿執筆中に、新たな写本を利用した『信仰のたすけ』の改訂版が出版されたとの情報に接した。現時点ではまだ入手できていないので、この改訂版の検討は他日を期すことにしたい。
al-Ḥajarī, *Kitāb nāṣir al-dīn ʿalā al-qawm al-kāfirīn*, 2nd edition, ed. & tr. P.S. van Koningsveld, Q. al-Samarrai & G.A. Wiegers, Madrid, 2015.

註

1) その一つの到達点が、最近出版された論文集 Mercedes García-Arenal & Gerard Wiegers ed., *Los moriscos: expulsión y diáspora. una perspectiva internacional*, Valencia, 2013（英訳は Consuelo López-Morillas tr., *The expulsion of the Moriscos from Spain: a Mediterranean diaspora*, Leiden, 2014）である。
2) 関哲行「近世スペインにおけるモリスコ問題——同化と異化の狭間に」甚野尚志・踊共二編著『中近世ヨーロッパの宗教と政治——キリスト教世界の統一性と多元性』（ミネルヴァ書房、2014 年）、345-346 頁。
3) 関哲行「近世スペインにおけるモリスコ問題」、346-352 頁。
4) Leonard Patrick Harvey, *Muslims in Spain, 1500 to 1614*, Chicago, 2005, pp. 124-125.
5) Luis F. Bernabé Pons, "Notas sobre la cohesión de la comunidad morisca más allá de su expulsión de España," *al-Qanṭara* 29, 2008, p. 326.
6) Olatz Villanueva Zubizarreta, "Los moriscos en Túnez," in M. García-Arenal & G. Wiegers ed., *Los moriscos: expulsión y diáspora. una perspectiva internacional*, Valencia, 2013, pp. 361-362; Henri Lapeyre, *Géographie de l'Espagne morisque*, Paris, 1959, pp. 103, 155.
7) Villanueva Zubizarreta, "Los moriscos en Túnez," p. 369. 追放の直前、1013／1604-5 年から 2 年間、チュニジアは疫病に見舞われていた。これによる人口減少がウスマ

ーン・デイのモリスコ受け入れ政策の背景にあった可能性もある。Ibn Abī al-Ḍiyāf, *Itḥāf ahl al-zamān bi-akhbār mulūk Tūnis waʿahd al-amān*, 2vols., Tunis, 1963, vol. 2, p. 29.

8) Villanueva Zubizarreta, "Los moriscos en Túnez," pp. 372-389; Paul Sebag, *Tunis. Histoire d'une ville*, Paris, 1998, p. 157.

9) Ibn Abī Dīnār, *al-Muʾnis fī akhbār Ifrīqiya wa-Tūnis*, ed. Muḥammad Shammām, Tunis, 1967, p. 208; Villanueva Zubizarreta, "Los moriscos en Túnez," pp. 381-382; Bernabé Pons, "Notas sobre la cohesión de la comunidad morisca," pp. 317-322; Mikel de Epalza, "Moriscos y andalusíes en Túnez durante el siglo XVII," *al-Andalus* 34, 1969, pp. 284-293.

10) Bernabé Pons, "Notas sobre la cohesión de la comunidad morisca," pp. 331-332.

11) 完全な校訂はまだなく、序文と後書きのみがトゥルキーによって校訂されている。Ibn ʿAbd al-Rafīʿ, *al-Anwār al-nabawīya fī ābāʾ khayr al-bariya*, in ʿAbd al-Majīd al-Turkī, "Wathāʾiq ʿan al-hijra al-andalusīya al-akhīra ilā Tūnis," *Ḥawliyāt al-Jāmiʿa al-Tūnisīya* 4, 1967, pp. 25-63（フランス語による抄訳は、Abdelmajid Turki, "Documents sur le dernier exode des Andalous vers la Tunisie," in M. de Epalza & R.Petit ed, *Recueil d'éudes sur les moriscos andalous en Tunisie*, Madrid, 1973, pp. 114-125）。

12) *al-Anwār al-nabawīya*, p. 62.

13) *al-Anwār al-nabawīya*, p. 28.

14) *al-Anwār al-nabawīya*, pp. 62-63.

15) *al-Anwār al-nabawīya*, p. 25.

16) *al-Anwār al-nabawīya*, p. 62.

17) *al-Anwār al-nabawīya*, p. 30. イブン・マーリク（672／1274 年没）はハエン出身の著名なアラビア語文法学者。

18) Lapeyre, *Géographie de l'Espagne morisque*, p. 127.

19) *al-Anwār al-nabawīya*, p. 28.

20) *al-Anwār al-nabawīya*, pp. 40ff.

21) *al-Anwār al-nabawīya*, pp. 57-58.

22) この著作については、著者タイビリーおよび著作そのものに関する詳細な研究とともに、ベルナベ・ポンスが校訂をおこなっている。Ybrahim Taybili, *El cántico islámico del morisco hispanotunecino Taybili*, ed. Luis F. Bernabé Pons, Zaragoza, 1988. 本稿での引用は、写本を忠実に再現したこの校訂版に依拠しているため、エスツェット（ß）の使用など、現代スペイン語の綴りと異なる部分がある。

23) *El cántico islámico*, p. 139.

24) *El cántico islámico*, pp. 139, 153.

25) フアン（すなわちヨハネ）に対応するアラビア語名はヤフヤー Yaḥyā であるが、なぜイブラーヒーム（アブラハムに対応するアラビア語名）を名乗ったのかは不明である。

26) Bernabé Pons, "I. Texto y contexto," in *El cántico islámico*, p. 64; Jaime Oliver Asín, "Le

«Quichotte» de 1604," in M. de Epalza & R.Petit ed, *Recueil d'éudes sur les moriscos andalous en Tunisie*, Madrid, 1973, pp. 240-241. タイビーリャは現在では町としては存在しないが、川の名としては残っている。

27) *El cántico islámico*, p. 153.

28) *El cántico islámico*, pp. 266-267.

29) これらタイビリーの著作とその背後にある当時のスペイン文化との関連についてはベルナベ・ポンスによる解説を見よ。Bernabé Pons, "I. Texto y contexto," in *El cántico islámico*, pp. 79-87

30) Anonymous, *Tratado de los dos caminos por un morisco refugiado en Túnez*, ed. Álvaro Galmés de Fuentes, Madrid, 2005. この著作には標題は付されておらず、『二つの道の書』というのは校訂者が作中に頻繁に出てくるモチーフである「二つの道（狭くて困難な道と広くてたやすい道）」から暫定的につけたものである。

31) Luce López-Baralt, "Estudio preliminar," in *Tratado de los dos caminos*, pp. 57-70.

32) Jaime Oliver Asín, "Un Morisco de Túnez, admirador de Lope. Estudio del Ms. S2 de la colección Gayangos," *al-Andalus* 1, 1933, pp. 409-450.

33) アルハミーアについては、以下を見よ。愛場百合子『モリスコ史資料研究文献目録——アルハミアを中心に I・II』（東京外国語大学大学院 21 世紀 COE プログラム「史資料ハブ地域文化研究拠点」、2004-5 年）；佐藤健太郎「モリスコの伝える知——アルモナシド・デ・ラ・シエラ写本を通して」山本正身編『アジアにおける「知の伝達」の伝統と系譜』（慶應義塾大学言語文化研究所、2012 年）、pp. 331-355。

34) López-Baralt, "Estudio preliminar," pp. 74-75.

35) *Tratado de los dos caminos*, p. 200. この引用にあらわれる guado とはアラビア語の wuḍū'、mayda とは mīḍa'a のことであり、それぞれ礼拝の前に行う「浄め」とそのための「水場」のことを指す。また、アブー・アル＝ガイスについては、以下を見よ。Mikel de Epalza, "Sidi Bulgayz, protector de los moriscos exiliados en Túnez (s. XVII). Nuevos documentos traducidos y estudiados," *Sharq al-Andalus* 16-17, 1999-2002, pp. 141-172.

36) *al-Anwār al-nabawīya*, pp. 25-26. モリスコのシャリーフについては以下も見よ。Mercedes García-Arenal, "Shurafā in the last years of al-Andalus and in the Morisco period: Laylat al-mawlid and genealogies of the Prophet Muḥammad," K. Morimoto ed., *Sayyids and sharifs in Muslim societies. The living links to the Prophet*, London, 2012, pp. 161-184.

37) *El cántico islámico*, pp. 139-141, 266-267.

38) このマドラサについては Abdel-Hakim El Gafsi, "La medersa des moriscos andalous à Tunis," *Sharq al-Andalus* 5, 1988, pp. 169-180 を見よ。碑文の写真も掲載されており、本文中のアラビア語テキストはこれを参照した。なお、マドラサの初代教授の名はシャアバーン・アンダルスィー Shaʿbān al-Andalusī というので、おそらく彼もモ

リスコ出身であろう。al-Sarrāj, *al-Ḥulal al-sundusīya fī al-akhbār al-Tūnisīya, al-juz' al-thānī, al-qism al-awwal*, ed. Muḥammad al-Ḥabīb Hīla, Tunis, 1973, pp. 157-158; Ibn Abī al-Ḍiyāf, *Itḥāf ahl al-zamān*, vol. 2, p. 30.

39) アラビア語マグリブ方言のミズワール（mizwār）は、ベルベル語に起源を持つ単語で「長、指導者」の意味。シャリーフの長を表す際にしばしば用いられる。cf. Herman L. Beck, *L'Image d'Idrīs II, ses descendants de Fās et la politique sharīfienne des sultans marīnides (656-869/1258-1465)*, Leiden, 1989, pp. 181-183.

40) *El cántico islámico*, pp. 139, 142.

41) ハジャリーについては、彼の著作の校訂に付された詳細な解説を見よ。P. S. van Koningsveld et al., "General Introduction," in al-Ḥajarī, *Kitāb nāṣir al-dīn 'alā al-qawm al-kāfirīn*, ed. & tr. P.S.van Koningsveld, Q. al-Samarrai & G.A.Wiegers, Madrid, 1997, pp. 11-59. また以下の拙稿も見よ。佐藤健太郎「17世紀モリスコの旅行記——ハジャリーのイスラーム再確認の旅」長谷部史彦編『地中海世界の旅人——移動と記述の中近世史』（慶應義塾大学言語文化研究所、2014年）、pp. 25-54；佐藤健太郎「アラビア語とスペイン語のはざま——モリスコたちの言語と文化」佐藤次高・岡田恵美子編『イスラーム世界のことばと文化』（成文堂、2008年）、pp. 221-243；佐藤健太郎「キリスト教徒征服後のグラナダと「隠れムスリム」の翻訳者」『アジア遊学』86（2006年）、pp. 79-91。

42) *Kitāb nāṣir al-dīn*, p. 7 (Arabic text).

43) ハジャリーによれば、彼がグラナダ大司教からアラビア語習得の経緯を尋ねられた際、バレンシア出身のモリスコから学んだと偽りの回答をしたという。彼のアラビア語習得の経緯については、佐藤健太郎「アラビア語とスペイン語のはざまで」、pp. 227-229 参照。

44) *Kitāb nāṣir al-dīn*, p. 186 (Arabic text). アフマド・ハナフィーは、シャリーフ家系のモリスコで、オスマン朝統治下のサライェヴォやブルサで学び、1620年頃からチュニスに移り住んでいた。チュニスではムフティーやマドラサ教授などの要職を歴任したほか、キリスト教信仰に対する反駁の書などをアラビア語およびスペイン語で執筆した（Mikel de Epalza, "Moriscos y andalusíes en Túnez durante el siglo XVII," pp. 293-296; Bernabé Pons, "I. Texto y contexto," in *El cántico islámico*, p. 65-66)。

45) *Kitāb nāṣir al-dīn*, p. 190 (Arabic text).「サクロモンテの鉛板文書」とは、1595年にグラナダ郊外の丘で発見された「偽文書」で、西暦1世紀にキリスト教をスペインに伝えた「アラブ人」キリスト教徒が残した文書という体裁をとっている。P. S. van Koningsveld et al., "General Introduction," pp. 52-53; 佐藤健太郎「キリスト教徒征服後のグラナダと「隠れムスリム」の翻訳者」、pp. 85-88；宮﨑和夫「イスラーム・スペインの終わらない終末——モリスコの予言とスペイン・キリスト教社会」蓮實重彦・山内昌之編『地中海　終末論の誘惑』（東京大学出版会、1996年）、pp. 133-151。この写しは、ユースフ・カルブ Yūsuf Qalb なるモリスコがチュニスに将

来し、その死後はとある1人のモリスコの手にあったのだという。
46) *Kitāb nāṣir al-dīn*, pp. 27-28 (Arabic text).
47) *Kitāb nāṣir al-dīn*, pp. 179-180 (Arabic text).
48) この写本については、以下を見よ。Juan Penella, "Introduction au manuscrit D. 565 de la Bibliothèque Universitaire de Bologne," in M. de Epalza & R.Petit ed, *Recueil d'éudes sur les moriscos andalous en Tunisie*, Madrid, 1973, pp. 258-263. 写本全体の校訂はまだなされていない。
49) この部分については、『信仰のたすけ』の刊本の付録として、英訳とともに校訂されている。*Kitāb nāṣir al-dīn*, pp. 263-275.
50) 翌ラビーウ第1月12日の預言者ムハンマドの生誕日にあわせて、ハジャリーは翻訳を完了したのであろう。
51) ベハラーノという名は、ハジャリーのアラビア語著作の中には現れない。スペインにいた頃に用いていた名だと思われる。
52) Juan Penella, "Introduction au manuscrit D. 565," p. 262.
53) 第14章第4節。訳文は井筒俊彦訳『コーラン』（岩波書店、1964年）、中巻、p. 56に従った。
54) ハジャリーにとってのスペイン語については、佐藤健太郎「アラビア語とスペイン語のはざまで」、pp. 236-241を見よ。
55) この部分は校訂出版されている。José Francisco Cutillas Ferrer ed., *Crónica y relación de la esclarecida descendencia Xarifa (Un maqtal chiī en castellano escrito por un morisco exiliado del siglo XVII)*, Alicante, 1999.
56) García-Arenal, "Shurafā in the last years of al-Andalus and in the Morisco period," pp. 177-179.
57) この書の写本はアルジェ、チュニス、ウィーンなどに残されているが、完全な校訂本はまだない。それぞれ別の写本に依拠した部分的な校訂は、以下の論考に収められている。al-Turkī, "Wathā'iq 'an al-hijra al-andalusīya,"（原著者イブラーヒーム・リバーシュによる序文、pp. 64-67); David James, "The Manual de Artillería of al-Ra'īs Ibrāhīm b. Aḥmad al-Andalusī with Particular Reference to its Illustrations and their Sources," *Bulletin of the School of Oriental and African Studies* 41, 1978, pp. 237-257（原著者イブラーヒーム・リバーシュによる序文ほか、pp. 246-253); Leonard Patrick Harvey, "The Morisco who was Muley Zaidan's Spanish interpreter. Ahmad bnu Qasim Ibn al-Faqih Qasim Ibn al-Shaikh al-Hajari al-Andalusi, Alias Ehmed Ben Qaçim Bejarano hijo de Ehmed hijo de Alfaquí Caçim hijo del Saih el Hhachari Andaluz," *Miscelánea de Estudios Árabes y Hebraicos* 8, 1959, pp. 67-97（翻訳者ハジャリーによる後書き、pp. 75-85)。
58) *Kitāb al-'izz wal-manāfi'*, in al-Turkī, "Wathā'iq 'an al-hijra al-andalusīya," pp. 65-67; in James, "The Manual de Artillería," pp. 246-249.
59) ジェイムズは記述の内容の類似性から、情報源は1592年に刊行されたLuis

Collado による *Plática manual de artillería* であろうと考えている。James, "The Manual de Artillería," pp. 239-240.

60) *Kitāb al-'izz wal-manāfi'*, in al-Turkī, "Wathā'iq 'an al-hijra al-andalusīya," p. 67; in James, "The Manual de Artillería," p. 249.

61) *Kitāb al-'izz wal-manāfi'*, in Harvey, "The Morisco who was Muley Zaidan's Spanish interpreter," pp. 75-76. スペイン語とアラビア語双方に通じたハジャリーは、自分がヨーロッパの知識を翻訳・紹介することでムスリム社会に大きな貢献をすることができる存在であると自負していた。佐藤健太郎「17世紀モリスコの旅行記」、p. 45；佐藤健太郎「アラビア語とスペイン語のはざまで」、pp. 238-239.

62) Mikel de Epalza, "Nuevos documentos sobre descendientes de moriscos en Túnez en el siglo XVIII," *Studia historica et philologica in honorem M. Batllori*, Roma, 1984, p. 212. モリスコたちがキリスト教徒と見なされることは、モロッコにおいてもあった。18世紀モロッコの年代記作者カーディリーはモリスコの追放と移住について「この年（1018／1609-10年）の出来事として、アンダルスからキリスト教徒が出国したこと（khurūj al-naṣārā min al-Andalus）がある。彼らは諸国に広がった」と述べている (al-Qādirī, *Nashr al-mathānī li-ahl al-qarn al-ḥādī 'ashara wal-thānī*, 4vols., ed. Muḥammad Ḥajjī & Aḥmad Tawfīq, Rabat, 1977-86, vol. 1, p. 155)。また、ハジャリーもスペインから脱け出してモロッコ沿岸に到着した際に、キリスト教徒と間違われて命を落としそうになったことがあった。佐藤健太郎「17世紀モリスコの旅行記」、pp. 34-35。

63) *al-Anwār al-nabawīya*, p. 27. イブン・アブドゥッラフィーウが『預言者の光』を執筆したのは、このような非難に対して、モリスコのシャリーフたちが真に預言者ムハンマドに遡る高貴な血統を保持していることを示すためであった。

64) *al-Anwār al-nabawīya*, p. 34.

65) *El cántico islámico*, pp. 157-158.

66) *Tratado de los dos caminos*, p. 203.

次代に向かって
　　──あとがきに代えて──

　あの日から5年を経て、やはり人の記憶の覚束なさを実感する。トラウマとして生涯脳裏から削ることのできない人々もいる一方で、もはや実感できぬ人々、あるいは遠くの出来事と思う人々も多くいよう。編者は、3月11日から数か月経って、ある都市に校務で出張した際、煌々と輝く地下街の照明に、なぜか地下水が勢いよく湧き出す薄暗い地下鉄三田駅ホームが思い起こされて、別の国に来たような気持がしたものだ。

　だが自分自身も被災した方たちをどれだけ理解しているか覚束ない。家に被害が生じたわけでもなく、身近な者が亡くなったわけでもない。太平の夢から突然起こされただけかもしれない。被災者だけしか理解できない部分も多かろう。人はすでに自分が理解したものしか理解できないと説く人がいる。わが身を振り返っても21年前の阪神淡路大震災のとき、朝テレビを点けて、神戸の市街地のいたるところから煙が上がる空撮映像を見て、また横転した阪神高速道路の新聞1面写真を見て、たいへんな事態だと思いつつも、被災した実家へと繰り返しリュックを担いで帰った当時のゼミ生I君の心情を十分理解していたとは言えまい。

　1913年藤沢に生まれた亡父が話していた1922年の関東大震災の状況（たとえば村の有力者の屋敷の前には篝火が焚かれ、竹槍を構え殺気立った大人たちがいたという）や、一銭五厘で召集されて九死に一生を得たフィリピン戦線の話（亡父は鼻から頬へ抜ける貫通銃創を受けながらも生還した）も憶えてはいるが、ぼんやりし始めている。これらの話を娘たちに何回か話したが、彼女たちは憶えていないかもしれない。ひとつには戦

争は遠くなり、ひとつには実際に体験した者のみが有するリアリティが編者の語りにはなく、聞いた者が実感できないからだ。口伝えの昔話というのは、実際には、話してくれたおじいさんおばあさんが子供のときに聞いた話が多く、遡ってもせいぜい100年くらい前のものが多いと以前何かで読んだことがある。文字や記録にとどめなければ、記憶は簡単に空ろってしまう。

　本書のタイトルを決める際にも悩んだ。断絶を超えて、新生へと導く輝かしいイメージが湧かないのだ。それぞれの論文は力のこもったものであるが、描き出されるのは現実にもがきながらも、生き続けようとする人々の営みである。新しい知の挑戦に対して、時に人類の救いのヴィジョンに組み込もうとし、時に未来を知る術を見出そうとし、時に「誤読」をしながら世界観を再編しようとした人々。混乱とメディアの激変の中で、「ことば」に立ち帰ろうとする者らがいれば、「ことばを視ること」を重んじようとする人々もいる。統治の断絶に際して、伝統を以前よりも強調することによって正統性を主張し、あるいは新たな者らと共存して新たな共同体を築き、あるいは新しい宗教慣習を受け容れつつも戸惑い苦情を訴える人々がいた。そして信仰を棄てて故郷に残る人々の大変さ、信仰を守って去る人々の寂しさと追憶。

　旧約聖書の「コヘレトの言葉」は「なんという空しさ／なんという空しさ、すべては空しい。太陽の下、人は労苦するが／すべての労苦も何になろう。一代過ぎればまた一代が起こり／永遠に耐えるのは大地」（1章、2—4節）と説く。人の空しさや諦念が通奏低音のようにこだまする。だが、たとえ無力であるとして、不条理のうちでしか生きられないにしても、人は生きる者である。カミュ（1913—60）は、神々の怒りを買って巨岩を山頂に向かって押し運ぶが、運び終えた瞬間にその岩は転がり落ちてしまうという永遠の罰を受けたシーシュポスについて、人間を象徴するものとして肯定し、「「私は、すべてよし、と判断する Je juge que tout est bien」という言葉は、運命を人間のなすべきことがらへ、人間た

ちのあいだで解決されるべきことがらへと変える」[1]と言う。運命に委ねるのではなく、たとえ小さくとも、一歩が求められていよう。杉山平一（1914—2012）が「列車や電車の／トンネルのように／とつぜん不意に／自分たちを／闇の中に放り込んでしまうが／我慢していればよいのだ／一点／小さな銀貨のような光が／みるみるぐんぐん／拡がって迎にくる筈だ／負けるな」[2]と言うように。

　　2016年3月　あの日を忘れぬように

　　　　　　　　　　　　　　　　　　　　　　　　　編　者

註
1) アルベール・カミュ（清水徹訳）『シーシュポスの神話』（改版）（新潮文庫、2006年）215頁。なお引用箇所は、一部分を省略し原文を挿入した。
2) 杉山平一『希望』（編集工房ノア、2011年11月）12-13頁。

執筆者略歴（執筆順）

野元 晋（のもと しん）
1961 年生まれ。マギル大学大学院博士課程修了（Ph.D.）。現在、慶應義塾大学言語文化研究所教授。専攻は、イスラーム思想史。主要論文に「イブン・ルシュド」（内山勝利・小林道夫・中川純男他編）『哲学の歴史 第 3 巻 神との対話［中世］』（中川純男責任編集、中央公論新社、2008 年）、「イスマーイール派の預言者論——初期の新プラトン主義的学派を中心として」（竹下政孝・山内志朗編）『イスラーム哲学とキリスト教中世』III『神秘哲学』（岩波書店、2012 年）がある。

岩波敦子（いわなみ あつこ）
1962 年生まれ。ベルリン自由大学にて博士号 Dr.phil. 取得。現在、慶應義塾大学理工学部教授。専攻は、ヨーロッパ中世史。主著に *memoria et oblivio. Die Entwicklung des Begriffs memoria in Bischofs- und Herrschrukunden des Hochmittelalters*（Berlin, 2004）、『誓いの精神史——中世ヨーロッパの〈ことば〉と〈こころ〉』（講談社選書メチエ、2007 年）、『精神史における言語の創造力と多様性』（納富信留・岩波敦子編著、慶應義塾大学出版会、2008 年）などがある。

山内志朗（やまうち しろう）
1957 年生まれ。東京大学大学院人文社会系研究科博士課程単位取得満期退学。現在、慶應義塾大学文学部教授。専攻は、中世哲学。主著に、『普遍論争』（平凡社ライブラリー、2008 年）、『存在の一義性を求めて——ドゥンス・スコトゥスと 13 世紀の〈知〉の革命』（岩波書店、2011 年）などがある。

神崎忠昭（かんざき ただあき）
1957 年生まれ。慶應義塾大学大学院文学研究科後期博士課程単位取得退学。現在、慶應義塾大学文学部教授。専攻は、西洋教会史。主著に、『ヨーロッパの中世』（慶應義塾大学出版会、2015 年）などがある。

松田隆美（まつだ たかみ）
1958 年生まれ。ヨーク大学大学院博士課程修了（Ph.D.）。現在、慶應義塾大学文学部教授。専攻は、中世英文学。主著に、『ヴィジュアル・リーディング——西洋中世におけるテクストとパラテクスト』（ありな書房、2010 年）、『ロンドン物語——メトロポリスを巡るイギリス文学の 700 年』（共編著、慶應義塾大学出版会、2011 年）などがある。

藤井真生（ふじい まさお）
1973 年生まれ。京都大学大学院文学研究科博士課程研究指導認定退学。博士（文学）。現在、静岡大学人文社会科学部准教授。専攻は、中世チェコ史。著書に『中世チェコ国家の誕生——君主・貴族・共同体』（昭和堂、2014 年）、主要論文に「イタリア司教の目に映った 15 世紀のチェコ——エネアのボヘミア・レポートとその背景」（長谷部史彦編）『地中海世界の

旅人——移動と記述の中近世史』慶應義塾大学出版会、2014年）などがある。

池上俊一（いけがみ しゅんいち）
1956年生まれ。東京大学大学院人文科学研究科修士課程修了。博士（文学）。現在、東京大学大学院総合文化研究科教授。専攻は、西洋中世史。主著に、『公共善の彼方に——後期中世シエナの社会』（名古屋大学出版会、2014年、フォスコ・マライーニ賞受賞）、『魔女と聖女——ヨーロッパ中・近世の女たち』（講談社現代新書、1992年／ちくま学芸文庫（改訂版）、2015年）などがある。

原田晶子（はらだ あきこ）
エアランゲン大学大学院博士課程修了（Ph.D.）。現在、東京大学大学院総合文化研究科学術研究員。専攻は、中近世ドイツ史。主要著書・論文に、*Die Symbiose von Kirche und Stadt im Spätmittelalter: Das bürgerliche Gemeinschaftsbewusstsein und Stiftungen an die Pfarrkirchen in der Reichsstadt Nürnberg*, Dr. Kovač (Hamburg), 2014、「中世末期ドイツの都市における聖母マリア賛歌「サルヴェ・レジーナ」寄進の社会的意義——帝国都市ニュルンベルクを例に」（『比較都市史研究』31（2）、2012年）などがある。

関 哲行（せき てつゆき）
1950年生まれ。上智大学大学院文学研究科博士課程単位取得退学。現在、流通経済大学社会学部教授。専攻は、中近世スペイン史。主著に『スペインのユダヤ人』（山川出版社、2003年）、『スペイン巡礼史——「地の果ての聖地」を辿る』（講談社現代新書、2006年）、『旅する人びと』（岩波書店、2009年）などがある。

佐藤健太郎（さとう けんたろう）
1969年生まれ。東京大学大学院人文社会系研究科博士課程修了。博士（文学）。現在、北海道大学大学院文学研究科准教授。専攻は、マグリブ・アンダルス史。主著に、T. Miura & K. Sato ed., *The Vellum Contract Documents in Morocco in the Sixteenth to Nineteenth Centuries*（共編著、Tokyo: Toyo Bunko, 2015）、関哲行・立石博高・中塚次郎編『世界歴史体系　スペイン史1　古代〜近世』（共著、山川出版社、2008年）、私市正年・佐藤健太郎編『モロッコを知るための65章』（共編著、明石書店、2007年）などがある。

断絶と新生――中近世ヨーロッパとイスラームの信仰・思想・統治

2016 年 3 月 31 日　初版第 1 刷発行

編者――――――神崎忠昭
著者――――――野元　晋・岩波敦子・山内志朗・神崎忠昭・松田隆美・藤井真生
　　　　　　　池上俊一・原田晶子・関　哲行・佐藤健太郎
発行所―――――慶應義塾大学言語文化研究所
　　　　　　　〒108-8345　東京都港区三田 2-15-45 慶應義塾大学南別館 6 階
代表者――――――松田隆美
制作・発売所―――慶應義塾大学出版会株式会社
　　　　　　　〒108-8346　東京都港区三田 2-19-30
　　　　　　　　　TEL〔編集部〕03-3451-0931
　　　　　　　　　　　〔営業部〕03-3451-3584〈ご注文〉
　　　　　　　　　　　〔　〃　〕03-3451-6926
　　　　　　　　　FAX〔営業部〕03-3451-3122
　　　　　　　　　振替　00190-8-155497
　　　　　　　　　http://www.keio-up.co.jp/
装丁―――――――耳塚有里
印刷・製本―――萩原印刷株式会社
カバー印刷―――株式会社太平印刷社

Ⓒ 2016 Institute of Cultural and Linguistic Studies, Keio University

Printed in Japan　ISBN 978-4-7664-2322-8

慶應義塾大学出版会

地中海世界の旅人
移動と記述の中近世史

長谷部史彦 編著

10世紀～17世紀。西アジアや北アフリカ、そしてヨーロッパを旅した人々は、その情景、自身の思索、異文化との接触交流をいかに記述したのか。遺された多様な史料から、彼らを取り巻く世界や時代の刻印を読み解いてゆく。

A5判／上製／328頁
ISBN 978-4-7664-2129-3
◎3,500円　2014年3月刊行

◆**主要目次**◆

序　　長谷部史彦
中近世イベリア半島における宗教的マイノリティーの移動
　　――ユダヤ人とコンベルソ、マラーノを中心に　　関　哲行
17世紀モリスコの旅行記
　　――ハジャリーのイスラーム再確認の旅　　佐藤健太郎
イタリア司教の目に映った15世紀のチェコ
　　――エネアのボヘミア・レポートとその背景　　藤井真生
学知の旅、写本の旅
　　――中世地中海世界における科学知の継受と伝播　　岩波敦子
『ローマの都の驚異』考
　　――「ガイドブック」あるいは政治的文書　　神崎忠昭
近世オスマン帝国の旅と旅人
　　――エヴリヤ・チェレビーを中心に　　藤木健二
イブン・バットゥータの旅行記におけるナイル・デルタ情報の虚実
　　　　長谷部史彦
14世紀～16世紀前半の聖地巡礼記に見る「聖墳墓の騎士」
　　――儀礼へのフランチェスコ会の関与過程を中心に　　櫻井康人
中世のメッカ巡礼と医療
　　――クスター・イブン・ルーカーの巡礼医学書の記述から　　太田啓子
ナーセル・ホスロウとその『旅行記』――屋上に牛はいたのか　　森本一夫
地中海を旅した二人の改宗者
　　――イラン人カトリック信徒とアルメニア人シーア派ムスリム　　守川知子
インド洋船旅の風
　　――ポルトガル来航期におけるアラブの航海技術研究の一齣　　栗山保之

表示価格は刊行時の本体価格（税別）です。